KB252865

蔣中正總統檔案 중 한국관련자료 輯譯

이 책은 2007년도 정부(교육과학기술부)의 재원으로 한국학술진흥재단의 지원을 받아 완성되었음(KRF-327-2007-2-A00072)

蔣中正總統檔案 중 한국관련자료 輯譯

초판 1쇄 발행 2011년 11월 10일
초판 2쇄 발행 2012년 7월 10일

편 역 ｜ 김영신
발행인 ｜ 윤관백
발행처 ｜ 선인

편 집 ｜ 이경남·김민희·하초롱·소성순
표 지 ｜ 김현진
영 업 ｜ 이주하
제 작 ｜ 김지학

인 쇄 ｜ 대덕문화사
제 본 ｜ 광신제책

등록 ｜ 제5-77호(1998.11.4)
주소 ｜ 서울시 마포구 마포동 324-1 곳마루 B/D 1층
전화 ｜ 02)718-6252 / 6257   팩스 ｜ 02)718-6253
E-mail ｜ sunin72@chol.com

정가 24,000원
ISBN 978-89-5933-492-6 93900

· 잘못된 책은 바꿔 드립니다.

蔣中正總統檔案 중 한국관련자료 輯譯

김영신 편역

凡 例

1. 여기에 수록된 모든 자료는 현재 臺灣 國史館에 소장되어 있는 '蔣中正總統檔案' 가운데 한국과 관련된 자료를 추린 것이다.

2. 각 문건의 [卷名]은 원 자료의 내용을 축약한 것이다.

3. [入藏登錄號]는 각 문건 고유의 문서번호로 열람의 편의를 위해 국사관에서 붙인 것이다.

4. [發信]과 [受信]은 해당 문건의 발신자와 수신자를 의미한다.

5. [時間]은 원 문건에 기록된 일자이며, 發文日과 收文日이 혼재되어 있다. 시간은 발문일을 기준으로 하였으나, 발문일이 불명확한 경우에는 수문일을 기준으로 하였다. 월과 일이 불분명한 문건은 연도만 표시하였다. 날짜는 일률적으로 서력기원으로 바꾸었으며, 내용 가운데 중화민국기원으로 표시된 부분은 괄호 안에 서력기원을 병기하였다.

6. [番號]는 원 문건 수발 시 붙여진 것으로 [入藏登錄號]와는 다른 것이다.

7. '蔣中正總統檔案'의 원문은 표점부호가 없다. 이 책에서는 편의를 위해 편역자가 임의로 신식 표점부호를 넣었다.

8. '蔣中正總統檔案'은 복사가 금지되어 있다. 따라서 한 자 한 자 전사 과정을 거쳐야했기 때문에 이 과정에서 오자와 탈자가 있을 수 있다. 가능한 오류를 피하고자 하였으나 혹 여전히 잘못이 있다면 이는 전적으로 편역자의 불찰이다.

9. 원 당안의 글자가 모호하여 식별할 수 없는 경우는 '○'부호로 표시하였다.

10. 각 문건의 번역문과 원문은 따로 분류하여 번역문을 책의 앞에 싣고, 원문은 후반부에 수록하여 대조할 수 있도록 하였다.

導論 – 蔣中正總統檔案에 관하여

1. 장중정총통당안의 유래

장중정총통당안은 蔣介石의 일생 중 가장 중요한 시기인 1923년부터 1972년, 즉 중국국민당과 국민정부 및 중화민국정부의 당·정·군을 이끌던 시기에 생산된 수많은 문건과 사진 및 소수의 문물로 구성된 방대한 자료이다.

일본육군사관학교 진학을 목표로 일본에 유학하던 시절, 東京에서 孫文이 영도하던 혁명단체인 同盟會에 가담하여 혁명의 길로 접어든 장개석은, 신해혁명이 발생한 1911년에는 陳其美와 함께 上海에서 청조 타도를 위한 직접적인 혁명운동에 가담하기도 하였다. 그러나 장개석이 혁명진영에서 본격적으로 그 존재감을 알리기 시작한 것은, 廣州에서 손문이 조직한 대원수부의 참모장에 취임한 1923년부터이다. 이때부터 비로소 손문에 의해 중용되기 시작한 장개석은 黃埔에 육군군관학교가 설립되자 교장으로 취임하면서 혁명진영의 무력을 대표하는 인물로 부상하기 시작하였다.

국민혁명군의 북벌이 개시되자 북벌군 총사령을 맡은 장개석은 이후 국민정부 주석, 국민정부군사위원회 위원장, 중화민국 총통, 중국국민당 총재 등 요직을 두루 거치면서 당·정·군의 대권을 한 손에 장악한 중국현대사의 가장 중요한 인물로 자리하였다. 따라서 반 세기 간 국민정부와 중화민국의 최고 정책결정자로 확고한 자리를 차지한 장개석의 일거수일투족은 그대로 중국현대사의 일면이라 할 수 있으며, 이런 이유로 그와 관련된 자료는 중국현대사 연구에 있어 없어서는 안 될 가장 귀중한 자료들로 평가받고 있다.

장개석은 일생동안 자신과 관련된 개인자료의 보존과 정리에 지대한 관심을 표시하였다. 황포군관학교 교장직을 수행하고 있던 1925년, 장개석은 자신과 관련된 문건과 문물을 어릴적 스승이자 당시 자신의 비서를 맡고 있던 毛思誠에게 넘겨 보존하고 정리하도록 하였다. 1934년 모사성이 국민정부 감찰위원으로 자리를 옮기면서 그가 관리하고 있던 중요 자료들은 군사위원회시종실 제2처 처장 陳布雷가 넘겨받게 되었다. 이후 10여년 동안 진포뢰는 장개석의 최측근에서 기밀업무를 담당하는 한편으로 관련 문건과 문물의 수집 정리 및 보관에 심혈을 기울였다. 1946년 진포뢰가 국민정부국방최고위원회 부비서장에 취임하면서 업무가 늘어나자 장개석은 진포뢰의 부담을 덜어주기 위해 기요문건의 보존과 관리임무를 국민정부비서인 周宏濤에게 맡기었다.

국공내전에서의 전세가 극히 불리하게 전개되고 있던 1949년 5월, 장개석은 자신과 관련된 문건과 문물을 上海에서 선박편으로 대만의 高雄으로 옮기도록 하고, 그간 總統府機要室에서 담당하고 있던 보존업무를 중국국민당 총재판공실로 이관토록 조치하였다. 1949년 8월 고웅에서 臺北 인근의 桃園 大溪鎭公所 회의실로 옮겨진 자료들을 온전히 보존하기 위해 다음해 2월 총재판공실은 대계진공소에 大溪檔案室을 설치하였다. 이런 까닭에 오랫동안 장개석과 관련된 문건과 문물자료들은 대계당안이라는 이름으로 불리게 되었다.

1953년 8월 1일자로 대계에 보존되어 있던 문건과 문물에 대한 관리 책임은 다시 총재판공실에서 총통부기요실로 이관되었으며, 당시 기요실 주임은 대륙시기 진포뢰를 이어 관리책임을 맡았던 주굉도였다. 1958년 주굉도가 재정부차관에 취임하면서 당시 총통부 비서를 맡고 있던 秦孝儀가 대계당안의 관리책임을 맡게 되었다.

1979년 7월, 중국국민당당사위원회 주임위원을 맡고 있던 진효의는 상부의 비준을 얻어 자료들을 대북 근교 陽明山의 陽明書屋으로 이전하였다. 이곳은 장개석의 별장이 있던 곳으로, 당시는 중국국민당당사위원회가 일부를 사용하고 있었다. 1981년 총통부는 자료들이 이미 양명산으로 이전된 상황에서 더 이상 대계당안실이라 이름 붙이는 것은 실제와 맞지 않다는 판단에서 그 명칭을 資料庫로 바꾸기로 결정하였다. 이에 따라 그간 진효의의 주관하에 있던 자료의 관리권도 다시 총통부기요실로 이관하였다. 다만 이후에도 자료는 여전히 양명서옥의 지하실에 따로 수장되었다.

이 기간 자료고의 주된 임무는 당안의 정리와 보존 외에 진효의의 책임 아래 중국국민당당사위원회에서 편찬한 26冊에 이르는 방대한 분량의 『中華民國重要史料初編』의 편집과 출판을 지원하는 것이었다. 한편 이때까지도 자료의 접근과 이용은 지극히 제한적이어서 일반인은 물론이고 연구자들마저도 자료의 실체와 내용에 대해 아는 이가 드물었다. 다만 李國祁의 「北伐前後的戰略與政略」, 梁敬錞의 『史迪威事件』·『開羅會議』, 李雲漢의 『西安事變始末之研究』, 진효의 주편의 『蔣總統大事長篇』과 앞서 언급한 『中華民國重要史料初編』 등 극히 일부 자료집과 연구논저를 통해 어렴풋이나마 자료의 내용을 짐작할 수 있을 뿐이었다.

1995년 총통부기요실은 상부의 명을 받아 양명서옥에 보관해 오던 자료들을 국사관으로 이전하기로 결정하였다. 자료의 정리와 개방을 위한 준비작업에 착수한 국사관은 이 자료들을 '장중정총통당안'으로 명명하고, 장중정총통당안고에서 관리하도록 하였다. 1996년 6월부터 장중정총통당안 가운데 가장 사료적 가치가 높은 籌筆을 우선적으로 일반에 공개하기로 결정하고 정리와 개방작업에 나선 국사관은, 준비작업이 마무리되자 1997년 2월 마침내 정리가 끝난 자료들을 먼저 일반에 공개하고, 이어 순차적으로 다른 자료들을 공개하여 커다란 반향을 불러일으켰다.

2. 장중정총통당안의 내용

장중정총통당안은 장개석이 일생동안 남긴 문건과 문물을 망라하여 그 수량이 매우 방대하다. 이를 성질에 따라 크게 나누면 籌筆·革命文獻·特交文卷·特交文電·特交檔案·領袖家書·文物圖書·蔣氏宗譜·照片影輯·其他 등 10부분으로 나눌 수 있다.

1) 籌筆

대부분 장개석이 친히 작성한 函電과 諭令 등으로 내용은 중요 정치·군사문제에 대한 것이다. 시간상으로는 北伐時期·統一時期·抗戰時期·戡亂時期 등 네 시기로 구분되어 있다. 당안 가운데 毛筆原件이 총 17,861건, 22,730쪽, 291책으로 구성되어 있다. 이 가운데 북벌시기(1923년 8월~1928년 12월)가 16책, 1,297건, 1,331쪽이다. 통일시기(1929년 1월~1937년 7월)는 177책, 10,800건, 14,084쪽으로 가장 많은 분량을 차지하고 있다. 항전시기(1937년 7월~1945년 12월)는 57책, 3,690건, 4,213쪽이다. 감란시기(1946년 1월~1948년 10월)는 40책, 2,074건, 2,992쪽으로 구성되어 있다. 이외에 增補 1책, 108쪽은 시간상으로 1972년 6월까지의 자료가 포함되어 있다.

2) 革命文獻

중화민국사상의 중요한 역사사건을 주제로 각종 기록과 보고 및 함전 등을 편집하여 기사본말체식으로 엮은 것이다. 시간상으로는 1923년

6월부터 1952년 4월까지를 포함하며, 주필과 마찬가지로 북벌시기 · 통일시기 · 항전시기 · 감란시기로 구분되어 있으며 167책, 16,177건, 36,823쪽이다. 이를 다시 시기별로 나누어 보면 북벌시기가 28책, 2,135건, 3,011쪽이다. 통일시기는 34책, 3,438건, 6,454쪽, 항전시기는 50책, 4,374건, 11,115쪽, 감란시기가 55책, 6,230건, 16,243쪽으로 가장 많은 자료를 포함하고 있다.

3) 特交文卷

親批文卷과 交擬稿件으로 구성되어 있다. 46책, 3,415건, 3,407쪽으로 구성된 친비문건은 시간적으로는 1927년 1월부터 1947년 11월까지를 포함하고 있으며, 각 방면에서 장개석에게 보내온 函電으로 구성되어 있다. 26책, 2,294건, 1,957쪽으로 구성된 교의고건은 장개석이 각 방면에 보낸 函電의 文稿들로 시간상으로는 1927년 2월부터 1964년 8월까지에 생산된 자료들이다. 친비문권 46책 가운데는 대륙시기의 것이 45책, 대만시기의 것이 1책이다. 교의고건 26책 가운데는 대륙시기의 것이 25권, 대만시기의 것이 1책이다.

4) 特交文電

중화민국사상 중요사안의 인과시말과 관련된 각 방면의 電文과 이에 대한 장개석의 批示를 담은 약 1백만 건을 領袖事功 · 日寇侵略 · 共匪禍國 · 俄帝陰謀 등 네 부분으로 편집하여 총 38案, 436册으로 구분한 것이다. 목록을 제외한 각 부분의 要目은 다음과 같다.

(1) 領袖事功之部
領導北伐統一: 掃除軍閥 · 敉平石唐叛變 等.

領導國家建設: 鞏固國防 · 改革政經 · 實施憲政 · 積極治邊 等.
領導革命外交: 我與聯合國 · 對美關係 · 對英關係 · 對德關係 · 對法關係 · 對韓菲越關係 等.
領導對日抗戰: 盧溝橋事變 · 訪問印度 · 開羅會議 · 勝利受降 等.

(2) 日寇侵略之部

濟南慘案 · 瀋陽事變 · 淞滬事件 · 侵擾熱河 · 迭肇事端 · 汪僞組織 · 八年血債 等.

(3) 共匪禍國之部

挑發寧漢分裂 · 煽動西安事變 · 勾結閩逆叛變 · 製造各地暴亂 · 種種不法罪行 · 談判詭謀 · 武裝叛國 · 抗命禍國 等.

(4) 俄帝陰謀之部

雅爾達密約與中蘇協定 · 阻擾接收東北 · 俄帝侵華罪行 等.

5) 特交檔案

혁명문헌이나 특교문전이 각각의 사건을 주제로 상관된 函電 등을 편집하여 이루어진 데 비해 특교당안으로 분류된 문건은 특정한 주제가 정해진 것이 아니고 문건의 형식 또한 다양하다. 내용은 대부분 部屬과 각지에서 보내온 보고 등이며 형식 또한 簽呈 · 函札 · 電報 · 會議紀錄 · 報告 · 書籍 · 手稿 등으로 매우 다양한 것이 특징이다. 시간적으로는 1926년부터 1958년까지를 포함하며 1,081책, 106,590건이다. 특교당안은 크게 분류자료와 일반자료의 두 종으로 구분할 수 있다.

(1) 분류자료

政治·軍事·中日戰爭·政治防共·軍事剿匪·外交·國際·經濟·財政·內政·敎育·交通·社會·特件·其他 등 15종으로 구성되어 있다. 그 요목은 다음과 같다.

① 정치: 67책, 2,838건으로 시간적으로는 1932년부터 1963년까지를 포함하고 있다. 여기에는 中央憲政·中央法制·中央政府人事·各方建議 등이 포함되어 있다.

② 군사: 134책, 3,073건으로 1928년부터 1962년까지의 자료가 포함되어 있다. 세부적으로는 中央機關組織·國防設施計劃·作戰計劃及設防·中央情報機關·中央軍事機關人事·特種情報(軍統)·警備總部報告·軍事各學校 등 세목으로 구성되어 있다.

③ 중일전쟁: 66책, 3,838건으로 구성되어 있다. 세목은 國交調整·敵國各情·敵僞組織·瀋陽事變·華北局勢·全面抗戰·盟軍聯合作戰·日本投降 등이다.

④ 정치방공: 15책, 314건으로 구성되어 있으며 시간적으로는 1937년부터 1949년까지를 포함하고 있다. 세목은 國家措施·匪黨組織·各種陰謀活動·匪共參戰問題·國共協商 등이다.

⑤ 군사초비: 7책, 509건의 자료로 구성되어 있다. 시간상으로는 1932년부터 1948년까지의 자료를 포함하고 있으며, 세목은 全般措施·匪情報告·剿匪記實 등으로 구성되어 있다.

⑥ 외교: 80책, 3,192건으로 1932년부터 1971년까지의 자료가 포함되어 있다. 세목은 重要聲明·人事及經費·對聯合國外交·對美國外交·美國軍事援助·開羅會議·對韓外交 등 항목으로 구성되어 있다.

⑦ 국제: 4책, 123건으로 시간적으로는 1935년부터 1947년까지의 자료를 포함하고 있다. 세목은 各國政情·各國情報·協定條約 등이다.

⑧ 경제: 13책, 159건으로 1935년부터 1953년까지의 자료를 포함하고 있다. 세목은 組織法與官制 · 經濟計劃 · 經濟報告 · 工鑛 · 水利 · 農林 등으로 구성되어 있다.

⑨ 재정: 29책, 878건으로 되어 있으며 시간상으로는 1935년부터 1964년까지의 자료를 포함하고 있다. 세목은 金融 · 幣制 · 國庫 · 賦稅 · 各省財政 · 人事 · 經費 · 各種報告 · 各種建議 등으로 구성되어 있다.

⑩ 내정: 1책, 18건으로 시간상으로는 1950년부터 1953년까지의 자료를 포함하고 있다. 세목은 地政과 警政으로 구성되어 있다.

⑪ 교육: 3책, 101건으로 1937년부터 1964년까지의 자료를 포함하고 있다. 세목은 학교교육과 문화사업으로 구성되어 있다.

⑫ 교통: 4책, 176건이다. 시간상으로는 1933년부터 1953년까지의 자료를 포함하고 있다. 세목은 철도 · 공로 · 항운 등으로 구성되어 있다.

⑬ 사회: 15책, 224건으로 시간상으로는 1929년부터 1948년까지의 자료를 포함하고 있다. 세목은 社團 · 新生活運動 · 國防 · 政治 · 經濟 등으로 구성되어 있다.

⑭ 특건: 7책, 195건으로 시간상으로는 1929년부터 1947년까지의 자료를 포함하고 있다. 세목은 宗教 · 著述 · 名人書翰 · 武嶺學校 등으로 구성되어 있다.

⑮ 기타: 14책, 355건이다. 시간상으로는 1938년부터 1968년까지의 자료를 포함하고 있다. 세목은 祝壽電文 · 頌題詞及玉照 · 研究資料 · 輿圖 등으로 구성되어 있다.

(2) 일반자료

1926년부터 1948년까지 한 해를 단위로 편집하였으며 총 622책, 90,597건으로 구성되어 있다. 다만 이 가운데 일부는 결손된 부분이 없지 않다.

6) 領袖家書

장개석이 가족과 친지 등에게 보낸 서찰의 모음으로 原件 12책, 拓影本 17책 등 도합 29책으로 구성되어 있다. 그 대상에 따라 원건의 상세한 목록을 살펴보면 부인(宋美齡)에게 보낸 것이 7책, 577건이다. 큰아들(蔣經國)에게 보낸 것이 1책, 88건이며 둘째아들(蔣緯國)에게 보낸 것이 1책, 72건이다. 이외에 친우에게 보낸 서한이 3책, 231건으로 구성되어 있다. 이상의 서한들은 시간상으로는 1926년 11월부터 1967년 9월까지를 포함하고 있다.

7) 文物圖書

印信(17方)·印章(16方)·印譜(4册)·任狀及證書(12件)·勳章及紀念章(17個)·稿本及刊本(458册)·書畫(13幅)·書籍(328册)·輿圖(10捲)·其他文物(13件) 등 열 부류로 분류되어 있다. 특히 이 가운데 稿本과 刊本에는 事略稿本·困勉記初稿·游記初稿·學記初稿·省克記初稿 등 장개석의 生平事略에 관한 귀중한 자료들이 다수 포함되어 있다.

8) 蔣氏宗譜

48책으로 장개석 집안의 족보와 조상의 인물전기를 모은 것이다.

9) 照片影輯

照片影輯·影片·照片底片·縮影의 네 부류로 나뉘어 있다. 243책으로 구성된 조편영집에는 1907년부터 1986년까지의 사진 64,040장이 포함되어 있다. 영편은 67卷으로 구성되어 있으며, 조편저편은 23,732袋, 축영은 29卷으로 구성되어 있다.

10) 其他類

장중정총통당안의 마지막 부분인 其他類는 資料·底片·名章의 세 부분으로 구성되어 있다. 이 가운데 특히 주목되는 것은 자료류에 포함되어 있는『總統事略日記』115권이다.

3. 장중정총통당안 중 한국관련자료

대한민국임시정부가 上海에 성립된 이후 환국할 때까지 중국을 무대로 활동하였기에 중국과 한국독립운동의 관계는 매우 중요하다. 또한 해방 후에도 오랫동안 중화민국과 한국은 '혈맹관계'를 유지하였기에 장중정총통당안 가운데는 이 시기의 자료 또한 적지 않다.

1930년대 중반, 즉 蘆溝橋事變이 발생하기 이전까지는 중국정부도 일본의 간섭을 염려하여 한국임시정부에 대해 공개적인 지원을 하지 못하였다. 이때까지 한국임시정부에 대한 중국 측의 관심과 지원은 중국국민당 要人들에 의한 개인적인 차원에 머물러 있었다. 그렇기는 하지만 장개석이 오랫동안 중국국민당총재를 맡았기에 정부 차원의 공식적인 지원과 협조가 있기 전부터 장개석은 한국임시정부의 활동에 상당한 관심을 보였고, 자연 그의 일생사적을 정리한 장중정총통당안에는 관련 자료들이 적지 않다. 물론 일본과의 전면전이 개시된 이후에 생산된 문건에는 한국독립운동에 대한 공개적인 언급과 관련된 지시들이 이전에 비해 훨씬 증가한 사실을 확인할 수 있다.

장중정총통당안에는 대략 수천 건에 이르는 한국관련 자료를 확인할 수 있으며, 시간적으로는 대한민국정부 수립을 경계로 하여 그 전과 후의 자료가 절반 정도씩을 차지하고 있다. 다만 이 책에서는 대한민국정부 수립 이전까지의 자료만 모았다. 본서에 수록된 순서대로 한국관련 자료의 대강을 소개한다.

特交文電 - 領袖事功之部 - 領導革命外交 - 對韓菲越關係(一)과 (二)에는 한국광복군, 중국전장에 동원되었다가 포로로 잡힌 韓籍 일본군의 처리, 戰後 중국 각지에 산재한 韓僑의 처리문제, 이승만의 중국방문(대한민국정부 수립 전) 등과 관련된 자료들이 포함되어 있다. 이외에 장개석의 한국방문, 박정희의 대만방문 등 양국 요인들의 상호방문과 관련한 문건들이 다수 포함되어 있으나 본서에서는 대한민국정부 수립 이전의 자료만 채록하였다.

다음으로 特交檔案의 68~70册 對韓國外交(一) 항목에도 한국과 관련된 자료가 다수 포함되어 있다. 여기에 수록된 문건들은 시간적으로는 대한민국정부가 수립된 뒤인 1949년~1953년의 자료가 대부분인 까닭에 본서에서는 거의 채록하지 않았다. 내용은 한국전쟁 및 이승만 대통령의 대만방문과 관련된 문건들이 주를 이루고 있다.

마지막으로 소개할 부분이 革命文獻 - 蔣總統訪韓이다. 이 항목의 자료는 크게 두 부분으로 나누어 볼 수 있다. 첫째는 장개석이 1949년 8월 6~8일 한국을 방문하여 鎭海에서 이승만 대통령과 회담을 가진 역사적 사실과 관련된 자료 및 태평양반공연맹 결성과 관련된 것이다. 두 번째는 한국임시정부에 대한 중국측의 재정적 원조와 관련된 자료들이다. 역시 본서에서는 대한민국정부 수립 이전의 자료만 채록하였다.

目 錄

【譯文目錄】

一. 特交文電－領袖事功之部－領導革命外交－對韓菲越關係(一)·37

二. 特交文電 – 領袖事功之部 – 領導革命外交 – 對韓菲越關係(二)·57

三. 特交檔案 – 對韓國外交(一) · 129

【原文目錄】

譯文

一. 特交文電－領袖事功之部－領導革命外交 －對韓菲越關係(一)

001. [卷名] 韓人 동지 백여 명이 군관학교에 입학하여 훈련할 수 있도록 도움을 달라는 電文

[入藏登錄號] 002-090103-00009-021

[發　信] 陳果夫

[受　信] 蔣介石

[時　間] 1933年 10月 27日

[番　號] 來電17849號

[內　容]

南昌에 주재하고 계시는 蔣 위원장님 보십시오. 지난해 韓人들이 우리 군관학교에 입학할 수 있도록 허락하시어 군관학교 내에 특별히 한인을 위한 훈련반을 개설하도록 하였습니다. 그러나 근자에 군관학교 분교의 교육장이 자주 바뀌어 일을 추진하기가 쉽지 않습니다. 지금 한인 동지 백여 명이 군관학교에 입학하여 훈련하기를 기다리고 있습니다. 위원장님께서 군관학교 분교[1]의 祝 교육장[2]에게 밀전을 보내시어

---

1) 1924년 6월 16일 제1기 신입생의 입학식을 거행한 黃埔軍官軍校는 1925년 潮州에 첫 번째 정식 분교를 설립한 이래 북벌시기 廣西의 南寧, 湖南의 長沙, 湖北의 武漢 등 여러 곳에 분교를 증설하였다. 이후 항일전쟁시기 中央陸軍軍官學校(황포군관학교)는 洛陽分校(제1분교), 武漢分校(제2분교), 江西分校(제3분교), 廣州分校(제4분교), 昆明分校(제5분교), 南寧分校(제6분교), 西安分校(제7분교), 湖北分校(제8분교), 迪化分校(제9분교) 등 9곳에 분교를 설치하였다. 이 전문에서 칭하는 분교는 낙양분교를 말한다. 처음 낙양분교를 세운 목적은 서북개발에 필요한 인재를 양성하기 위해서였기에 초기에는 군사훈련 외에도 개간과 관련한 교육이 행해졌다. 당시 학생의 대다수는 張學良을 따라 동북에서 서북으로 철수

이들 한인 청년들의 입학이 허용될 수 있도록 조치해 주시기 바랍니다.
果夫 올림.

002. [卷名] 공작 진행을 위해 사업비 지원을 요청한 한국광복군 제1지대 제2구대장 李蘇民의 보고를 전하는 代電

[入藏登錄號] 002-090103-00009-023

[發　信] 顧祝同[3]

[受　信] 蔣介石

[時　間] 1943年 1月 24日

[番　號] 來電2220號

[內　容]

重慶 蔣 위원장님께 급히 올립니다. 한국광복군 제1지대 제2구대장 李蘇民이 "본대는 이전에는 조선의용대에 속하였으나 지금은 광복군으로 개편되어 군사위원회에 직속되어 있습니다. 아울러 군사위원회로부터 제3전구 장관부에 배속명령을 받았습니다. 우리 부대는 아래와 같이 향후 공작계획 세 가지를 마련하였습니다. (一) 대원들을 적후에 잠입

한 동북군 기층 군관들이었다. 노구교사변 후 낙양분교는 陝西 南鄭으로 이전하고 학교 이름도 군관학교 제1분교로 정하였다. 중일전쟁이 끝난 뒤 폐교되었으며, 1938~1943년까지 이곳에서는 20,471명이 훈련을 받았다. 한편 1932년 12월 진과부는 장개석의 동의를 얻어 김구와 상의한 끝에 중앙육군군관학교 낙양분교 내에 특별반을 설립하여 한국 군사인재 육성에 도움을 주기로 하였다.

2) 祝紹周(1893~1976). 保定軍官學校 출신으로 1933년 8월 18일 개교한 중앙육군군관학교 낙양분교의 초대 주임으로 임명되었다. 진과부가 전보에서 祝을 교육장이라 칭한 것은 착오로 보인다. 중앙육군군관학교(교장은 장개석 겸임, 교육장 張治中)나 무한분교(교육장 錢大鈞)와는 달리 당시 낙양분교에는 교육장이라는 직함이 없었고, 대신 주임이라 칭하였다.

3) 顧祝同(1893~1987). 江蘇 漣水 출신. 保定軍官學校 제6기 보병과 졸업. 당시 제3전구 사령장관.

시켜 敵僞의 정보를 탐지한다. (二) 적후에 진입하여 조선 교포들을 끌어들인다. (三) 적위의 지휘관들을 암살하고 군사시설을 파괴한다. 본대의 주된 활동지구는 杭州·南京·上海 등지가 될 것이며, 이상의 공작 임무를 완수하기 위해 첩보대를 조직할 것입니다. 다만 경비마련이 곤란하여 공작을 진행하는데 어려움을 겪고 있으니 사업비 약간을 보조해 주시기 바랍니다”라는 내용의 보고를 올렸습니다.

살피건대 본 전구에는 지금 이소민 구대와 더불어 한국광복군 제2지대 金文鎬 분대 등 두 부대가 활동하고 있습니다. 이 두 부대의 공작을 어떻게 지휘하고 협조해야할지 처리 방침을 내려주시면 그대로 따르도록 하겠습니다. 顧祝同.

003. [卷名] 張善道 등의 적 점령구역 탈출경과를 상세하게 조사하여 보고해 줄 것을 청하는 代電

[入藏登錄號] 002-090103-00009-024

[發　信] 軍事委員會辦公廳機要室

[受　信] 湯恩伯[4]

[時　間] 1943年 11月 25日

[番　號] 戌有渝辦一參字第5280號

[內　容]

安徽 臨泉에 주둔하고 있는 제31집단군 湯恩伯 총사령 보십시오. 한국광복군총사령 李靑天이 安徽 阜陽에서 활동하고 있는 초모원 金學奎의 보고를 대신 전해왔습니다. 이청천의 보고에 따르면 김학규가 적 점령구역에서 탈출한 韓人 張善道 등 7명의 유지비 발급을 요청하였다

---

4) 湯恩伯(1899~1954). 浙江 金華 출신. 일본육군사관학교 18기 졸업. 당시 제1전구 부사령장관 겸 제31집단군 총사령.

합니다. 가까이에 있는 귀사령부에서 사람을 보내어 김학규의 보고가
확실한지 조사해주시고, 아울러 장선도 등의 탈출과정을 상세하게 보
고해주시면 일처리에 도움이 될 것 같습니다.

004. [卷名] 적 점령구역을 탈출해 28군사령부에 머물고 있는 金利甲 에 대한 조사를 요청한 代電

[入藏登錄號] 002-090103-00009-025

[發　信] 軍事委員會辦公廳機要室

[受　信] 陶柳[5]

[時　間] 1943年 11月 25日

[番　號] 戌有渝辦一參字第5279號

[內　容]

浙江 於潛에 주둔하고 있는 제28군 陶 군장 보십시오. 한국광복군총
사령 李靑天의 보고에 따르면 얼마 전인 10월 24일 적 점령구역으로부
터 탈출하였다는 金利甲이란 자의 전보를 받았다 합니다. 전보에 따르
면 金은 현재 28군 사령부에 머물고 있으며 속히 여비와 증명서를 보내
주면 重慶으로 가 직접 그간의 사정을 얘기하겠다고 하였답니다. 군장
께서 이청천의 보고가 사실인지 여부와 김이갑의 탈출경과 및 경력과
신분 등을 조사하여 군사위원회에 代電을 보내주시면 일처리에 도움이
될 것입니다.

---

5) 陶柳(1890~1949). 湖南 醴陵 출신. 1943년 3월 17일자로 陶廣을 이어 부군장에서
   승진.

005. [卷名] 寶鷄포로수용소에 수용 중인 韓籍 포로 10명의 감화와 훈련을 한국광복군 제2지대에 맡겨줄 것을 건의한 代電

[入藏登錄號] 002-090103-00009-026

[發　信] 朱紹良[6]·胡宗南[7]

[受　信] 蔣介石·徐永昌[8]

[時　間] 1942年 12月 31日

[番　號] 來電27號

[內　容]

重慶의 蔣 위원장님과 徐 부장님 보십시오. 얼마 전 西安에 주둔하고 있는 한국광복군 제2지대장 이범석이 代電을 보내왔습니다. 이범석의 전보에 따르면 현재 보계포로수용소에는 韓籍 포로가 매우 많은데 언어와 습관이 달라 이들을 감화시키는데 어려움이 있을 터이니 모든 감화와 훈련공작을 한국광복군에 맡겨달라는 것입니다. 한적 포로들을 맡겨주면 한국광복군이 책임지고 훈련시켜 항전역량을 증강시키는데 이바지하겠다고 하였습니다. 이에 본 전구사령부에서는 보계포로수용소 馬益祥 소장에게 전보를 보내 현재 수용되어 있는 한적 포로 12명의 상세한 신상조사표를 요청하였습니다. 마 소장이 보내온 조사표에 따르면 한적 포로 가운데 2명만이 적의 奴化교육으로 개전의 여지가 없을 뿐, 鄭仁敎 등 나머지 10명은 사상이 올바르고 수용소 규정도 잘 지키고 있다합니다. 아울러 마 소장은 보고서에서 정인교 등은 모두 열혈

---

6) 朱紹良(1891~1963). 江蘇 武進 출신. 1910년 東京에서 同盟會에 가입. 1916년 일본육군사관학교 졸업. 당시 제8전구 사령장관.

7) 胡宗南(1896~1962). 浙江 鎭海 출신. 황포군관학교 제1기 졸업. 당시 제8전구 부사령장관(1942년 7월 23일자로 제34집단군 총사령에서 승진).

8) 徐永昌(1887~1959). 山西 崞縣 출신. 1938년부터 항전승리까지 8년간 군사위원회 군령부장 역임.

청년으로 한국광복군 제2지대에서 복무하고 싶다는 뜻을 강하게 내비
쳤다 합니다. 살피건대 한국광복군 제2지대는 평소 규율이 엄하고 훈련
이 잘 된 부대입니다. 정인교 등 한적 포로 10명을 그들에게 맡겨 훈련
시키면 항전역량을 증강시킬 수 있을 것입니다. 이런 사정을 보고 드리
오니 살펴보시기 바랍니다. 職 주소량·호종남이 陝西에서 올림.

006. [卷名] 한국광복군 제1지대 제2구대의 밀린 經費를 속히 지급해 줄 것을 요청한 代電

[入藏登錄號] 002-090103-00009-027

[發　信] 顧祝同

[受　信] 軍事委員會

[時　間] 1945年 5月 16日

[番　號] 來電13616號

[內　容]

重慶 군사위원회에 올립니다. 일전 한국광복군 제1지대 제2구대장
李蘇民의 보고를 받았습니다. 보고에서 이소민은 "韓籍 적병들에 대한
反正 공작을 강화하면서 상당한 성과를 보이고 있습니다. 다만 지난해
7월부터 광복군총부로부터 본대에 경비가 지급되지 않고 있어 현상을
유지하는데도 많은 어려움이 있습니다. 신속하게 군사위원회에 연락하
여 본대의 경비 분배를 책임지고 있는 주관당국에 경비지급을 재촉해
주십시오. 더불어 우선 급한 대로 15만 원을 빌려주셨으면 합니다"고
어려움을 호소하였습니다.

이에 본 전구에서는 어려움에 처한 이소민 부대를 구제하기 위해 우
선 15만 원을 빌려주었습니다. 속히 이소민 부대에 밀린 경비를 지급해
주기 바라며, 아울러 본 전구에서 빌려준 15만 원도 갚아주었으면 합니다.

007. **[卷名]** 한국광복군 제1지대 제3구대 경비예산표의 정정 요청과
　　　　매달 필요경비를 보고한 代電

[入藏登錄號] 002-090103-00009-028

[發　信] 薛岳[9]

[受　信] 蔣介石

[時　間] 1945年 7月 5日

[番　號] 來電18498號

[內　容]

　重慶의 蔣 위원장님 보십시오. 6월 20일과 28일자 代電 잘 받았습니다. 한국광복군 제1지대 제3구대 경비예산표는 받아보셨으리라 생각합니다. 살펴보니 지난번 보낸 예산표에 교육비 330원이 누락되어 있었습니다. 식비항목의 3,450원도 14,385원을 잘못 기재한 것이었습니다. 이 부분을 바로잡아 주시고, 상비금 12,514원 1각을 증액하여 매달 필요경비를 296,956원 1각으로 책정하였으니 살펴보시고 지시내리시면 그대로 따르도록 하겠습니다. 職 薛岳 올림.

008. **[卷名]** 대리국무장관 애치슨을 만나 미국의 대한방침을 확인하
　　　　였음을 전하는 代電

[入藏登錄號] 002-090103-00009-029

[發　信] 魏道明[10]

[受　信] 蔣介石

[時　間] 1945年 9月 26日

---

9) 薛岳(1896~1983). 廣東 樂昌 출신. 보정군관학교 제6기. 당시 제9전구 사령장관.

10) 魏道明(1900~1978). 江西 九江 출신. 파리대학 법학박사. 당시 주미대사(1942년 9
　　월~1946년 6월).

[番　號] 來電20717號

[內　容]

　重慶의 蔣 위원장님께 올립니다. 9월 24일자 전보 잘 받았습니다. 미국의 대한방침을 재확인하기 위해 오늘 오전 대리국무장관 애치슨 씨를 예방했습니다. 그는 "지금 상황에서 미국은 戰後 한국문제는 우선 중·미·영·소 네 나라에 의한 공동관리의 과정을 거치는 것이 바람직하다는 생각을 갖고 있다. 그 원칙에 대해서는 이전 이미 宋(子文) 원장과도 상의하였고, 영국과 소련도 이에 찬동하였다. 목하 구체적인 방법에 대한 연구를 진행하고 있으며, 수주일 내로 작업이 완성되면 중·영·소 삼국과 재차 논의를 진행할 것이다. 전후 한국에 대한 관리방법에 있어 지금 미국이 가장 주안점을 두고 있는 것은 어떻게 하면 일을 쉽게 진행할 수 있을지에 있으며, 전후 한국문제의 처리방침이 적의 투항을 앞당기고 질서유지에 도움이 될 수 있을지 여부에 모아져 있다. 전후 한국을 국제공동관리에 둔다 해도 미국은 그 기간이 불필요하게 길어지는 것을 원치 않는다. 급선무는 속히 공동관리의 구체적인 방법을 마련하는 것이며, 설령 전쟁이 끝날 때까지 국제연합이 정식으로 성립되지 않는다 해도 한국에 대한 공동관리는 우선적으로 진행되어야 한다. 국제연합이 정식으로 성립된 뒤 한국에 대한 공동관리권을 국제연합에 넘겨도 늦지 않을 것이다. 한국정부 성립은 공동관리에 대한 4강의 의견일치가 이루어진 뒤 논의되어야 할 문제이다"는 입장을 표시하였습니다.

　애치슨 씨는 한국의 복잡한 사정에 대해 누구보다도 잘 알고 있는 듯 하였습니다. 현재 重慶에서 활동하고 있는 한국임시정부가 장래 조직될 정식정부의 기초가 되어야 한다는 우리의 의견에 대해서도 매우 중시하는 태도를 보이며, 이 문제에 대해서는 장래 유관 각국 간에 더욱 심도 있는 논의가 필요하다는 입장이었습니다. 한편 애치슨 씨는 각 방면에서 활동하고 있는 한국인들에 대해, 현지의 군사당국이 필요하다고 여길 시에는 개인자격으로 행정사무에 참여시키는 것에 반대하지 않는다는 의견을 표시하였습니다. 魏道明 올림. 9월 26일.

009. **[卷名] 老河口와 西安에서 새로 초모한 광복군대원의 군량 보급에 협조하라는 지령**

[入藏登錄號] 002-090103-00009-030

[發　信] 蔣介石

[受　信] 劉峙[11]·胡宗南[12]

[時　間] 1945年

[番　號] 會電A1653-1654號

[內　容]

老河口에 주재하는 劉 사령장관, 西安에 주재하는 胡 대리사령장관에게 전합니다. 한국광복군 측에서 보내온 보고에 따르면 현재 노하구에 24명, 서안에 14명의 새로 초모한 광복군이 있으나 이들에 대한 군량 지급이 제대로 이루어지지 않고 있다며 도움을 청하였습니다. 각 전구사령장관부에서 적절한 조치를 취해주기 바랍니다. 中正.

010. **[卷名] 적 점령구역을 탈출한 한국청년들의 안치방법을 전하는 會電**

[入藏登錄號] 002-090103-00009-031

---

11) 劉峙(1892~1972). 江西 吉安 출신. 보정군관학교 제2기 보병과 졸업. 당시 제5전구 사령장관(1945년 2월 11일 중경위수총사령부 총사령에서 전임). 주재지는 湖北 白河.

12) 제1전구 대리사령장관(1945년 1월 12일 제8전구 부사령장관에서 제1전구 대리사령장관으로 이동. 7월 13일자로 實任). 주재지는 西安.

[發　信] 蔣介石

[受　信] 胡宗南 등 각 전구 사령장관

[時　間] 1945年

[番　號] 會電1781~1790號(각 단위와 직명은 附表와 같음)

[內　容]

각 전구 사령장관부에 전합니다. 보고에 따르면 한국청년들이 계속하여 후방으로 도망쳐오고 있는데 그 숫자가 상당하다 합니다. 이에 이들을 안치하기 위해 잠정적으로 아래 두 가지 방안을 마련하였습니다. (一) 한국광복군이 주둔하고 있는 전구의 경우, 해당 각 전구장관부가 현지 광복군 支·區隊와 긴밀히 회동하여 한국청년들의 수용을 책임지는 한편 광복군 대원으로 충당할 수 있도록 한다. 이들에게는 실제 숫자에 맞추어 군량과 의복을 지급하되 비밀리에 행동을 감시하여 漢奸의 침투를 막도록 한다. (二) 한국광복군이 주둔하지 않는 전구의 경우, 해당 각 전구장관부가 한국청년들의 수용을 책임지고, 광복군 지·구대가 있는 부근 전구로 호송하여 광복군 대원으로 충당시키거나 직접 重慶으로 보내도록 한다. 이들에 대한 감시 방법은 전항과 같다. 이상 두 가지 방안을 전달하오니 확실히 준수하여 주시기 바랍니다. 中正.

附: 전달받을 각 단위와 직명표

第一戰區 胡 대리사령장관[13]

第二戰區 閻 사령장관[14]

第三戰區 顧 사령장관[15]

第五戰區 劉 사령장관[16]

---

13) 胡宗南.

14) 閻錫山.

15) 顧祝同.

第六戰區 孫 사령장관[17]

第七戰區 余 사령장관[18]

第八戰區 朱 사령장관[19]

第九戰區 薛 사령장관[20]

第十戰區 李 사령장관[21]

中國陸軍總司令部 何 총사령[22]

011. [卷名] 이후 포로수용소에 수감 중인 韓籍 인원에게 공작을 맡길 필요가 있을 때에는 사전에 한국임시정부와 접촉하고 군사위원회에 보고할 것을 청하는 會電

[入藏登錄號] 002-090103-00009-032

[發 信] 軍事委員會

[受 信] 龍雲 등 각 행영 주임·전구 사령장관

[時 間] 1945年 6月 5日

[番 號] 會電(각 단위와 직명은 附表와 같음)

[內 容]

각지의 韓籍 포로들은 본회가 정한 한국광복군원조방법에 의거하여 감화시킨 뒤 한국광복군에 이관하기로 이미 결정되었습니다. 그런데 한국임시정부 김구 주석이 편지를 보내와 만일 중국정부가 각 수용소

---

16) 劉峙.

17) 孫連仲.

18) 余漢謀.

19) 朱紹良.

20) 薛岳.

21) 李品仙.

22) 何應欽.

에 수감 중인 한적 포로에게 공작을 맡길 필요가 있을 경우에는 사전에 한국임시정부와 접촉할 것을 청하였습니다. 이에 전달하오니 아국 정부 각 기관이 포로수용소에 수감 중인 한적 인원에게 공작을 맡길 필요가 있을 때에는 그때그때 한국임시정부에 통지하고, 아울러 이후 아국 정부 각 기관이 포로수용소에 수감 중인 한적 인원에게 공작을 맡길 필요가 있을 때에는 반드시 사전에 본회에 보고해주기 바랍니다. 이런 사정을 전하오니 그대로 따라 주시기 바랍니다.

附: 전달받을 각 단위와 직명표

昆明行營 龍 주임[23]

成都行營 張 주임[24]

鉛山東南行營 顧 주임[25]

漢中行營 李 주임[26]

昆明中國陸軍總部 何 겸임총사령[27]

西安第一戰區 胡 사령장관[28]

山西第二戰區 閻 사령장관[29]

鉛山第三戰區 顧 사령장관[30]

草店市第五戰區 劉 사령장관[31]

恩施第六戰區 孫 사령장관[32]

---

23) 龍雲.
24) 張群.
25) 顧祝同.
26) 李宗仁.
27) 何應欽.
28) 胡宗南.
29) 閻錫山.
30) 顧祝同.
31) 劉峙.

龍南第七戰區　余 사령장관[33]

蘭州第八戰區　朱 사령장관[34]

汝城第九戰區　薛 사령장관[35]

立煌第十戰區　李 사령장관[36]

012. [卷名] 한국광복군이 西安과 阜陽에 훈련반을 설치할 예정이니 현지 군정당국은 이에 협조하라는 會電

[入藏登錄號] 002-090103-00009-033

[發　信] 蔣介石

[受　信] 李品仙[37](立煌)·胡宗南[38](西安)·王懋功[39](阜陽)

[時　間] 1945年 6月 10日

[番　號] 會電A7825-7827號

[內　容]

李 사령장관·胡 대리사령장관·王 주석에게 전합니다. 한국임시정부 김구 주석이 서안과 부양에 훈련반을 개설할 예정이라며 현지 군정당국의 협조를 청하는 편지를 보내왔습니다. 김 주석의 요청을 수락하기로 하였으며, 이런 사정을 현지 군정당국에 전하니 참고하시기 바랍니다. 中正.

---

32) 孫連仲.

33) 余漢謀.

34) 朱紹良.

35) 薛岳.

36) 李品仙.

37) 제10전구 사령장관. 주재지는 安徽 金寨.

38) 제1전구 대리사령장관. 주재지는 西安.

39) 제10전구 부사령장관 겸 강소성정부 주석.

013. [卷名] 새로 개설한 훈련반에 입교할 인원의 수송에 편의를 제공해달라는 한국광복군의 요청을 각 전구에 알리며 협조제공을 청하는 지령

[入藏登錄號] 002-090103-00009-034

[發 信] 蔣介石

[受 信] 胡宗南 等

[時 間] 1945年 6月 16日

[番 號] 會電A2871-2875號

[內 容]

西安에 주재하는 제1전구 胡(宗南) 대리사령장관, 白河에 주재하는 제5전구 劉(峙) 사령장관, 阜陽에 주재하는 제10전구 何(柱國) 부사령관, 鉛山에 주재하는 제3전구 顧(祝同) 겸임사령장관,[40] 汝城에 주재하는 제9전구 薛(岳) 사령장관에게 전합니다. 한국광복군당국이 보내온 전보에 따르면 成都에 개설한 간부훈련반이 8월 1일부터 훈련을 개시할 예정이라 합니다. 현재 한국광복군 각 지대에 소속된 인원이 여러 곳에 흩어져있는 관계로 성도까지 이동하기 위해서는 현지 각 전구사령부의 도움이 필요하다며 협조를 요청하였습니다. 한국광복군의 요청을 수락하기로 하였으며, 이런 사실을 각 전구에 전하오니 가능한 협조를 제공해주기 바랍니다. 中正.

014. [卷名] 한국광복군에 관리를 넘긴 韓籍 청년들의 군량과 복장의 보급과 결산에 관한 잠정방법의 내용을 전하는 會電

[入藏登錄號] 002-090103-00009-035

[發 信] 蔣介石

---

40) 당시 군사위원회 위원장 동남행영주임 겸임.

［受　信］胡宗南

［時　間］1945年 7月 21日

［番　號］會電A3479-3488號

［內　容］

　각 단위에 전합니다. 지난 3일자 會電은 모두 받았으리라 생각합니다. 각 포로수용소에 수용되어 있다 한국광복군으로 이관시킨 韓籍 청년들의 군량과 복장의 수령 및 결산에 관해 아래와 같이 잠정적인 방안을 마련하였으니 참고하시기 바랍니다. (一) 군량은 군량의 수령과 결산에 관한 잠정규정 제2·3·4조의 규정에 따라 각 수령단위에서 매달 말일 이전까지 수령인원통계표를 작성하여 각 전구사령장관부의 병참주관기관에 통보하고, 병참주관기관으로부터 수령증을 발급받은 뒤 군량고에서 수령하도록 한다(6월 1일부터는 무상으로 보급한다). 매달 말일에는 각 수령단위에서 결산표를 작성하여 병참주관기관에 제출하고, 만일 부족한 부분이 있으면 보충 발급하도록 한다. (二) 군량의 신청과 배급시에는 실제 인원에 맞는 정확한 배분을 우선적으로 주의하도록 한다. 韓籍 청년들에 대한 군량 보급 시에는 동맹군에 대한 예에 따르도록 한다. (三) 韓籍 청년들에게 지급되는 군량은 잠정적으로 각 전구의 군량 가운데 여분으로 충당하며, 장래 인원이 증가하여 부족할 경우에는 糧食部에서 부족한 부분을 메우도록 한다. (四) 韓籍 청년이 필요로 하는 복장을 수령하기 위해서는 계절이 바뀌기 전 한국임시정부가 광복군의 편제인원수에 맞추어 軍政部에 보고하고, 이에 의거하여 군정부는 각 전구의 보급기구에 규정에 따라 적절한 수량을 분배하도록 지시한다. 결산보고는 일반적인 규정에 따라 처리하도록 한다.

　이상의 각항 규정은 이미 한국임시정부를 통해 한국광복군에도 전달되었습니다. 각 전구에서도 규정에 따라 실행할 것을 청하는 바입니다.

中正.

　行文單位(共十單位)

　第一戰區 胡長官

　第二戰區 閻長官

　第三戰區 顧長官

　第五戰區 劉長官

　第六戰區 孫長官

　第七戰區 余長官

　第八戰區 朱長官

　第九戰區 薛長官

　第十戰區 李長官

　中國陸軍總司令部 何兼總司令

015. [卷名] 한국임시정부가 초모공작 진행을 위해 李白建을 江蘇와
　　　浙江의 연해지역에 파견하기로 결정하였으니 해당지역 군정기관
　　　은 이에 협조할 것을 청하는 지령

[入藏登錄號] 002-090103-00009-036

[發　信] 蔣介石

[受　信] 顧祝同[41] · 李品仙[42]

[時　間] 1945年

[番　號] 分電A3660-3661號

[內　容]

鉛山에 주재하는 顧 사령장관, 立煌에 주재하는 李 사령장관 보십시

---

41) 제3전구 사령장관. 주재지는 江西 鉛山.

42) 제10전구 사령장관. 주재지는 安徽 金寨.

오. 한국임시정부대표 金若山이 보내온 전보에 따르면, 한국임시정부는 李白建(본명 李表一)을 초모공작특파원에 임명하여 江蘇와 浙江 연해 지역에서 공작을 진행할 예정이라 합니다. 이에 한국임시정부는 해당 지역 각 전구에 지령을 내려 이백건의 활동에 협조와 지도를 제공해 줄 것을 요청하였습니다. 한국임시정부의 요청을 받아들이기로 하고 이에 이미 답전을 보내었습니다. 제3전구와 제10전구 사령장관부에서도 이백건의 초모공작에 가능한 협조와 지도를 제공해주기 바랍니다. 中正.

016. **[卷名] 조만간 교육을 시작할 한국광복군 간부훈련반에 가능한 모든 지원을 아끼지 말 것을 청하는 전문**

[入藏登錄號] 002-090103-00009-037

[發　信] 蔣介石

[受　信] 萬耀煌[43]

[時　間] 1945年

[番　號] 會電A3676號

[內　容]

成都의 중앙군관학교 萬 교육장에게 전합니다. 중앙군관학교 내에 한국광복군 간부훈련반을 부설하는 문제는 이미 결정이 내려진 부분이며, 이에 관해서는 중앙군관학교 당국도 통보를 받은 것으로 알고 있습니다. 이제 간부훈련반의 개학에 임하여 필요로 하는 각종 기물 등을 중앙군관학교에서 제공해주시면 불필요한 지출을 줄일 수 있을 것입니다. 한국광복군에도 이런 사실을 전하였으니 군관학교에서도 가능한 모든 협조와 지원을 아끼지 말아주기 바랍니다. 中正.

---

43) 萬耀煌(1891~1977). 湖北 黃岡 출신. 보정군관학교 제1기 졸업. 1938년부터 여산 군관훈련단 부교육장, 육군대학 교육장, 성도 중앙군관학교 교육장 역임.

017. **[卷名]** 九江에 수용되어 있는 한국청년 6백 명을 한국광복군 강
남독립지대로 편성하였다는 한국임시정부 대표의 말이 사실인지
여부를 조사해 달라는 會電

[入藏登錄號] 002-090103-00009-038

[發　信] 軍事委員會

[受　信] 薛岳

[時　間] 1945年 10月 8日

[番　號]

[內　容]

제9전구 薛 사령장관[44] 보십시오. 한국임시정부 대표의 보고에 따르
면 현재 九江에는 한국청년 6백여 명이 수용되어 있다합니다. 한국 측
은 이들을 잠정적으로 한국광복군 강남독립지대로 편성하고 張興을 지
대장으로 임명하였다며 필요한 경비와 군량의 지원을 요청하였습니다.
이것이 사실인지 조사하여 보고해주시면 일처리에 도움이 될 것입니다.

018. **[卷名]** 阜陽에서 徐州로 이동하는 한국광복군 제3지대에 협조제
공을 청하는 會電

[入藏登錄號] 002-090103-00009-039

[發　信] 軍事委員會

[受　信] 李品仙[45]

[時　間] 1945年 10月 20日

[番　號] 會電

[內　容]

---

44) 주재지는 湖南 汝城.

45) 李品仙(1892~1987). 廣西 蒼梧 출신. 보정군관학교 제1기. 당시 제10전구 사령장관.

제10전구 李 사령장관 보십시오. 한국임시정부 대표인 金若山과 李青天이 10월 9일자 代電에서 "공작의 필요에 부응하기 위해 한국광복군 제3지대를 阜陽에서 徐州로 이동시키고자 하니 승인해 주십시오. 아울러 서주 전진지휘소에 협조를 요청하는 전보를 보내 주시고 군량과 의복도 지원해 주시기 바랍니다"고 청하였습니다. 이에 한국광복군의 이동을 승인하는 한편 軍政部에도 이런 사실을 알렸습니다. 제10전구 사령장관부에서도 협조를 제공해 주시고 군량과 의복도 지원해 주시기 바랍니다.

019. [卷名] 金學奎가 요청한 30만 원 차용과 군량미 지원 건을 승인한다는 會電

[入藏登錄號] 002-090103-00009-040

[發　信] 軍事委員會

[受　信] 李品仙

[時　間] 1945年 10月 20日

[番　號] 會電

[內　容]

제10전구 李 사령장관 보십시오. 보내주신 9월 27일자 代電 받았습니다. 한국광복군 金學奎 부대가 요청한 30만 원 차용과 군량미 지원 건은 그대로 따라 주시기 바랍니다. 이에 관해서는 이미 軍政部에 대전을 보냈고, 한국임시정부에도 公函을 보내 김학규 부대에 대신 알려주도록 청하였습니다. 이에 특별히 전해 드립니다.

020. [卷名] 직접 트루먼 대통령으로부터 한국문제에 대한 미국의 정책이 무엇인지 확인할 것이며, 현재 중경에서 활동하고 있는 임

인물입니다. 총사령께서 신속하게 이들에게 도움의 손길을 내밀어 주신다면 금후 항일운동의 기운을 더욱 장대하게 할 수 있을 것입니다.

내몽고지역은 전체적으로 교육수준이 낮고 혁명을 영도할만한 인물도 거의 찾아볼 수 없습니다. 실사구시의 견지에서 볼 때 내몽고지역의 항일운동을 책임지고 전개할만한 인물을 찾기는 쉽지 않습니다. 다년간 몽고인들과 접촉한 본인의 경험으로 볼 때, 그나마 이 지역 항일운동의 영도책임을 맡길만한 인물은 전임 몽고사무처 吳鶴齡 처장 한 사람 뿐이라고 여겨집니다. 오군은 두뇌가 명석하고 생각이 밝으며 맡은 바 임무를 착실히 수행할 수 있는 사람입니다. 오군의 사람됨은 이전에도 총사령께 진언한 바 있습니다. 그가 多倫으로 돌아가 청년자제들과 몽고기병을 훈련시키려는 것은 항일역량을 충실히 하고 북방문제에 대한 중앙의 염려를 덜기 위해서입니다. 오군이 현재 진행하고자 하는 혁명사업은 긴급하면서도 반드시 실행되어야 할 것들입니다. 한국혁명운동을 지원하는 동시에 오군의 공작을 돕는다면 이는 항일역량을 키우는 동시에 내몽고지역을 안정시키는 효과도 거둘 수 있을 것이라 생각됩니다.

총사령께서 이상 두 가지 사안의 실행가능성을 높이 평가하신다면, 즉시 蕭錚 동지를 통해 濮精一과 吳鶴齡을 불러들여 직접 두 사람으로부터 의견을 듣고 일의 진행방향을 논의하는 것이 좋을 것이라고 생각합니다. 아울러 황포군관학교 출신 몇 명을 보내시어 함께 공작을 진행하도록 조치하신다면 일의 진행에 커다란 도움이 되리라 생각합니다. 다만 인원을 선발하여 보내실 때는 인내심이 강하고 북방의 언어에 능통하며 북방의 열악한 환경에 잘 적응할 수 있는 인원을 우선적으로 뽑아 주시기 바랍니다. 저는 南京에 일주일 정도 머문 뒤 곧장 북쪽으로 출발할 것입니다. 남경에 머무는 동안 통신처는 荳菜橋 11-3號입니다.

편안하시기 바랍니다. 貢沛誠 올림. 7월 6일.

024. [卷名] 김구 저격범 李雲煥의 체포소식을 알리는 代電

[入藏登錄號] 002-090103-00010-003

[發　信] 張治中[50]

[受　信] 蔣介石

[時　間] 1938年 5月 13日

[番　號] 來電16611號

[內　容]

武昌의 蔣 위원장께 올립니다. 長沙에 머물고 있던 한국국민당이사장 김구 등이 같은 당의 당원인 李雲煥에 의해 저격당한 사건의 경과와 처리과정에 대해서는 이미 10일자 대전을 통해 보고 드린 바 있습니다. 보고에 따르면 범인으로 의심되는 이운환은 湘潭의 易家灣으로 도망하였으나, 장사에서 급파된 경비부 특무인원에 의해 현지에서 체포되었습니다. 이운환은 廣州로 도망하기 위해 차에 오르다 체포된 것으로 보고되었습니다. 그의 신분을 확인한 특무인원들에 의해 이운환은 지금 장사로 압송중에 있습니다. 엄밀히 심문한 뒤 결과를 따로 보고 드리도록 하겠습니다. 職 張治中 올림.

025. [卷名] 김구 저격범 체포문제와 관련한 代電

[入藏登錄號] 002-090103-00010-004

[發　信] 谷正倫[51]

---

50) 張治中(1891~1969). 安徽 巢縣 출신. 보정군관학교 제3기 보병과 졸업. 당시 호남성정부 주석.

51) 谷正倫(1889~1953). 貴州 安順 출신. 일본 振武學校 유학시절 同盟會에 가담.

[受　信] 蔣介石

[時　間] 1938年 5月 8日

[番　號] 來電15664號

[內　容]

특급. 武昌에 주재중인 군사위원회 蔣 위원장께 올립니다. 어제 오후 6시 한국혁명당원 李靑天·玄益哲 등이 長沙 南木廳 五行家에 金九·柳東說 등 동지들을 초청한 자리에서 돌연 총성이 울렸습니다. 이로 인하여 현익철이 사망하고, 김구와 유동열은 중상, 이청천은 경상을 입었습니다. 범인으로 지목된 李雲漢은 원래 김구 등과 같은 당의 당원이었으나 당적이 박탈된 자로, 현재 도주중에 있습니다. 헌병들을 동원하여 경비부 인원들과 함께 이운한의 뒤를 쫓고 있습니다. 후속 소식이 있는 즉시 다시 상세히 보고 드리겠습니다. 谷正倫 올림.

026. [卷名] 이승만과 한길수 두 세력의 미국내 활동상황에 관한 보고

　[入藏登錄號] 002-090103-00010-005

[發　信] 宋子文[52]

[受　信] 蔣介石

[時　間] 1942年 4月 6日

[番　號] 來電B2559號

[內　容]

　1911년 무창기의에 가담하였다. 신해혁명 성공 후 재차 일본으로 건너가 육군사관학교 포병과에 입학하였다. 남경위수사령, 대리남경시장, 헌병대사령, 헌병학교 교육장 등을 역임하였다. 중일전쟁 후 남경이 함락되자 헌병사령부를 이끌고 長沙에 진주하였다.

52) 1941년 외교부장에 임명된 뒤 미국으로부터 원조를 얻기 위해 장기간 미국에 머물고 있었다.

보내주신 代電 잘 받았습니다. 지령하신 대로 미국에서 활동하고 있는 韓僑의 양대 세력과 긴밀히 접촉하고 있습니다. (一) 이승만 일파는 미국이 즉각 김구가 영도하는 임시정부를 승인해주기를 바라고 있습니다. 그 목적은 (甲) 우방의 동정과 실제적 원조를 획득하고자 함이며, (乙) 한인들의 옹호를 얻고, (丙) 임시정부 내에서 개인적인 지위를 공고히 하기 위함입니다. 이승만은 김약산과 한길수 등을 좌경분자로 지목하고, 만일 각 우방이 먼저 임시정부를 승인하면 김과 한이 소련 세력의 비호 아래 한국에 공산정부를 세우는 것을 미연에 방지할 수 있다고 주장하고 있습니다. (二) 한길수 일파는 한인들의 항전 참가를 최우선시하고 있습니다. 이들은 우방과 공동으로 敵寇를 격파하기 위해 함께 노력하는 것이 급선무이며, 임시정부 승인문제는 장래 기회를 보아 논하는 것이 마땅하다는 입장입니다. 미국정보부 관계자는 한길수 일파는 암중 상당한 활약을 하고 있으며, 미국의 입장에서는 오히려 이승만 일파보다도 활용가치가 높은 것으로 보고 있습니다. 다만 이들은 이승만 일파에 비해 과격하고 미국의 명령에 대한 복종도도 덜하다 합니다.

한국의 정치문제는 중국이 앞장서 지도하는 것이 가장 바람직하다는 것이 한인들의 기대이고 바람인 것처럼 보입니다. 대부분의 한인들은 중국 경내에서 한인들을 훈련시킨 뒤 한국으로 잠입시켜 파괴공작을 진행토록 하고, 이들로 하여금 중국과 미국의 한국진공 시 내부에서 호응토록 하는 것이 최상의 방책이라는 견해를 가지고 있습니다.

미국이 重慶에 파견한 GALE군은 한인들에 대한 훈련과 한국문제에 대한 연구의 사명을 띠고 있습니다. 각 방면의 의견을 종합해 볼 때 목하 한국문제의 쟁점은 (1) 한인의 항전참여를 촉진하고 비밀공작을 진행토록 하는 문제, (2) 한국임시정부 승인문제의 두 가지가 가장 핵심적인 것으로 보입니다. 저의 생각으로는 이 두 가지 문제는 반드시 동시에 해결되어야 할 것입니다.

현재 미국에서 활동하고 있는 한인의 양대 세력이 갈등과 반목의 관계에서 벗어나 하나의 정부 아래 함께 힘을 합쳐 대일항전을 진행할 수 있다면, 이야말로 최상책이라 할 수 있습니다. 또한 그렇게 되어야만 한국혁명세력이 다른 나라에 이용되지 않을 수 있을 것입니다. 이점에 주의하여 수시로 한인 독립운동가들과 연계를 취하도록 하겠습니다.

이상 참고삼아 미주 한교사회의 상황을 보고 드립니다. 이승만의 말에 따르면 한국의용군이 우리정부에 의해 해산되었다고 하는데 진상이 무엇인지 알려주시기 바랍니다. 子文 올림.

027. [卷名] 당장 한국임시정부를 승인하기에는 시간이 너무 촉박하며, 이 문제는 오해의 소지를 없애기 위해 최소한 사전에 미국과 협의하는 것이 바람직하다는 장개석의 의견

[入藏登錄號] 002-090103-00010-006

[發　信] 蔣介石

[受　信] 王寵惠[53]

[時　間] 1942年 4月 10日

[番　號] 去電2991號

[內　容]

2시간 내로 重慶에 도착하도록 할 것. 기밀. 陳 주임을[54] 통해 王 비

---

53) 王寵惠(1881~1958). 廣東 東莞 출신. 중화민국시기의 정치가, 외교가, 법학가. 북양정부의 외교총장, 사법총장, 국무총리를 지냈다. 4년간 헤이그국제사법재판소 재판관을 지낸 뒤 1936년 귀국하여 다음해 3월부터 1941년 4월까지 국민정부 외교부장을 역임하였다. 외교부장직에서 물러난 뒤에는 국방최고위원회 비서장을 맡았다. 후일 장개석과 함께 카이로회의에 출석하였다.

54) 陳布雷(1890~1948). 浙江 慈溪 출신. 1911년 浙江高等學堂(浙江大學 전신) 졸업

서장에게 전합니다. 한국임시정부 승인문제는 사전에 전혀 준비가 되어있지 않습니다. 불필요한 오해의 소지를 없애기 위해서라도 이 문제는 최소한 미국 측과 협의를 진행하거나 사전에 통보해주어야 할 것입니다. 따라서 본인으로서는 11일 한국임시정부를 승인하는 것은 시간적으로 너무 촉박하지 않은가 생각합니다. 이처럼 급하게 일을 서두를 필요는 없다고 보입니다. 中正. 昆明에서.

028. [卷名] 조선문제, 동북의용군 및 동북 僞軍과 동북 각계 비밀단체의 활동에 관한 정보

[入藏登錄號] 002-090103-00010-009

[發　信] 蔣介石

[受　信] 宋子文

[時　間] 1942年 4月 14日

[番　號] 去電A1029號

[內　容]

1일자 함전 잘 받았습니다.

(一) 조선문제에 관해서, (甲) 조선의 독립에 찬성하며, 소련이 적극적으로 의사를 표시하기 전에 조선문제에 대한 우리의 정책을 공포하는 것이 시기적으로 가장 적당하다고 생각합니다. (乙) 현재 조선국내

후 상해에서 평론가로 활동하였다. 1927년 南昌에서 장개석을 처음 만나 陳果夫의 소개로 국민당에 가입하였다. 이후 절강성정부 비서장, 국민당중앙당부비서처 서기장, 절강성 교육청장, 국민정부교육부 상무차장을 역임하였다. 1934년 4월 남창행영설계위원회 주임위원을 맡은 뒤부터 줄곧 장개석의 최측근으로 黨國의 대계에 참여하였다. 이 기간 군사위원회시종실 제2처주임, 중앙선전위원회 부주임위원, 국민당 중앙위원, 중앙정치회의 부비서장, 국방최고위원회 부비서장 등을 맡아 장개석의 막료장 역할을 수행하였다.

에는 많은 비밀단체들이 활동하고 있습니다. 다만 일본의 엄밀한 통제 때문에 이들의 역량은 그다지 크지 않은 형편입니다. 물론 이들 단체 가운데 일부는 소련과 관계를 맺고 있기도 할 것입니다. 우리정부는 오랫동안 조선혁명을 열심히 도와왔습니다. 다만 중일전쟁이 최후의 단계에 이르러 전선이 조선 변경 혹은 동삼성까지 확대되기 이전에는, 현재 아국 경내에서 조직되어 활동하고 있는 한국광복군이 전선에 적극 참여하는 것을 원치 않습니다. (丙) 미국의 전쟁물자 지원문제에 있어, 동북지역 항일세력에 대한 지원은 미국이 자체적으로 처리하는 것에 대해 이견이 없습니다. 그러나 조선혁명세력에 대한 지원문제는 공산당이 개입되는 것을 막기 위해 중국정부의 주도하에, 중국정부를 통해 완급과 허실을 참작하여 한국광복군(현재 약 5백 명)과 조선의용대 및 조선국내의 비밀단체에 제공하는 것이 비교적 확실한 방법이 되리라 생각합니다.

(二) 동북의용군의 최근 정황으로 말하자면, 요녕·길림·흑룡강 3성에는 각기 성정부가 구성되어 있으며 이 지역에는 모두 유격대가 활동하고 있습니다.

(三) 동북 僞軍의 상황입니다. 동북의 위군은 모두 조국을 잊지 않고 있습니다. 그러나 어쩔 수 없는 처지에 놓여 敵寇에 협조하는 척하고 있을 뿐입니다. 적과 우리의 세력이 근접한 수준에 이르게 되면 그들의 대부분은 反正의 길을 택하게 될 것입니다.

(四) 학계와 상계를 비롯한 각계의 비밀단체 조직을 보면, 동북 각계의 항일 비밀단체는 여전히 지하에 잠복하여 활동하고 있습니다. 그러나 때때로 기밀이 탄로되어 적에게 발각되는 경우가 없지 않습니다. 이로 인하여 희생된 자도 적지 않습니다. 이상 몇 가지 사항을 전해드립니다. 中正.

029. [卷名] 重慶에서 활동 중인 한국 각 당파의 사정과 중국정부의
처치방략을 전하는 代電

[入藏登錄號] 002-090103-00010-011

[發　信] 蔣介石

[受　信] 宋子文

[時　間] 1942年 3月 14日

[番　號] 寅寒侍六字第5193號

[內　容]

워싱턴 중국대사관 송 부장 보십시오. 3월 5일자 代電에서 이곳에서
활동하고 있는 조선 각 당파의 사정과 우리정부의 처치방략에 대해 문
의해 왔기에 답해 드립니다.

(一) 重慶에서 활동하고 있는 한인들은 크게 보아 한국독립당과 조선
혁명당의 두 계열로 나눌 수 있습니다. 전자는 金九가 영도하며 광복군
을 조직하고 있습니다. 金若山이 영도하는 후자는 예하에 조선의용군
을 거느리고 있는데, 지금은 何(應欽) 총장이 두 부대를 통일적으로 장
악하여 각기 별도로 운용하고 있습니다.

(二) 이곳의 한국임시정부는 대부분 독립당의 김구 계열이 장악하고
있습니다. 한국독립당과 조선혁명당 두 파는 갈등과 분쟁이 심한데, 우
리정부는 아직 한국임시정부를 승인할 의향이 없습니다. 이 문제는 국
제정세의 변화와 한국 각 당파의 통일 상황을 보아 추후 다시 결정할
것입니다.

(三) 한국독립당과 조선혁명당 두 계열 인사들의 미국에서의 활동상
황과 실력을 주의 깊게 살펴주시고, 아울러 두 계열 인사들과 각기 별
도로 연계를 맺도록 하십시오.

(四) 조선에 대한 미국정부의 태도변화에 수시로 주의를 기울여 주십

시오. 듣자하니 미주의 한교들도 대부분 김구를 중시하고, 미국정부 역시 비교적 김구 계열을 중시한다는데 이것이 사실인지 알려주시기 바랍니다. 中正.

030. [卷名] 국방최고위원회 상무회의에서 외교부로 하여금 한국임시정부를 승인할 준비를 갖추도록 하자는 결의안이 통과된 사정을 보고하는 簽呈

[入藏登錄號] 002-090103-00010-012

[發　信] 王寵惠

[受　信] 蔣介石

[時　間] 1942年 4月 6日

[番　號]

[內　容]

위원장님 보십시오. 오늘 국방최고위원회 상무회의에서 孫(科) 원장이 오는 4월 11일이 한국임시정부 성립 23주년 기념일이니 이때에 맞추어 우리정부가 한국임시정부를 정식으로 승인하는 것이 좋지 않겠느냐고 제의했습니다.

회의에서 이 문제를 토론한 결과 (一) 한국과 소련은 장구한 역사적 관계를 갖고 있는데 우리가 먼저 한국임시정부를 승인한다면 소련이 반감을 갖지 않을까? (二) 영국의 태도를 어떨까? 하는 두 가지 문제가 고려되었습니다.

이에 대해 손 원장은 (二)항은 크게 신경 쓰지 않아도 좋을 것이라 하였습니다. 다만 (一)항의 경우, 소련이 오랫동안 한국에 공을 들여 상당한 잠재력을 갖고 있는바 오히려 한국의 혁명역량이 어느 한 쪽에 의해 완전히 조종되는 것을 막고, 한국 내부의 통일을 기하기 위해서라도, 한국임시정부 승인문제를 더욱 적극적으로 추진할 필요가 있다고 하였습니다.

결국 회의에서는 외교부로 하여금 11일 한국임시정부를 승인할 준비를 갖추도록 하자는 결의안을 통과시켰습니다. 그러나 이 문제는 여전히 위원장님의 의사가 중요한 만큼 가부간의 결정 내려주시면 그대로 따르도록 하겠습니다. 속히 결정 내려 주시기 바랍니다. 아울러 외교부 송 부장도 이 문제로 簽呈을 보내왔기에 참고하시도록 따로 올리도록 하겠습니다. 職 王寵惠 올림.

031. [卷名] 국방최고위원회 상무회의에서 외교부로 하여금 한국임시정부를 승인할 준비를 갖추도록 하자는 결의안이 통과된 사정을 보고하는 代電

[入藏登錄號] 002-090103-00010-013

[發　信] 王寵惠

[受　信] 蔣介石

[時　間] 1942年 4月 7日

[番　號] 渝發字第10819號

[內　容]

긴급히 위원장님께 올립니다. 오늘 국방최고위원회 상무회의에서 孫(科) 원장이 오는 4월 11일이 한국임시정부 성립 23주년 기념일이니 이때에 맞추어 우리정부가 한국임시정부를 정식으로 승인하는 것이 좋지 않겠느냐고 제의했습니다.

회의에서 이 문제를 토론한 결과 (一) 한국과 소련은 장구한 역사적 관계를 갖고 있는데 우리가 먼저 한국임시정부를 승인한다면 소련이 반감을 갖지 않을까? (二) 영국의 태도를 어떨까? 하는 두 가지 문제가 고려되었습니다.

이에 대해 손 원장은 (二)항은 크게 신경 쓰지 않아도 좋을 것이라 하였습니다. 다만 (一)항의 경우, 소련이 오랫동안 한국에 공을 들여 상당한 잠재력을 갖고 있는바 오히려 한국의 혁명역량이 어느 한 쪽에 의해 완전히 조종되는 것을 막고, 한국 내부의 통일을 기하기 위해서라도, 한국임시정부 승인문제를 더욱 적극적으로 추진할 필요가 있다고 하였습니다.

결국 회의에서는 외교부로 하여금 11일 한국임시정부를 승인할 준비를 갖추도록 하자는 결의안을 통과시켰습니다. 그러나 이 문제는 여전히 위원장님의 결정이 중요한 만큼 가부간의 결정 내려주시면 그대로 따르도록 하겠습니다. 속히 결정 내려 주시기 바랍니다. 아울러 외교부 송 부장도 이 문제로 簽呈을 보내왔기에 참고하시도록 따로 올리도록 하겠습니다. 職 王寵惠 올림.

032. **[卷名] 한국독립운동에 대한 원조에 감사의 뜻을 전하고 조속한 한국임시정부 승인을 요청하며 재미한족연합위원회가 장개석에게 보낸 전문**

[入藏登錄號] 002-090103-00010-015

[發　信] 美國高麗民衆聯合委員會

[受　信] 蔣介石

[時　間] 1942年 2月 6日

[番　號] 來電4305號

[內　容]

重慶의 蔣 위원장께 드립니다. 미국과 하와이에 거주하는 전체 한국동포를 대표하여 한국임시정부에 아낌없는 성원과 지지를 보내주신 각하께 삼가 깊은 감사의 뜻을 전합니다.

우리는 일본이야말로 세계평화를 위협하는 가장 큰 침략세력임을 잘 알고 있습니다. 포츠머스강화회의에서 원동에서의 한국의 지위에 대한 명확한 규정이 이루어지지 않은 당시부터, 우리는 동아의 영원한 평화를 얻기 위해서는 반드시 한국이 독립된 지위를 확보해야 한다고 굳게 믿었습니다. 또한 세계평화의 유지를 위해서는 무엇보다도 동아의 평화가 우선적으로 확보되어야 한다는 사실을 의심하지 않았습니다. 따라서 인도와 정의를 위해, 2천 3백만 한국민중의 자유를 위해 각하께서 한국임시정부를 정식으로 승인해주시기를 간절히 바랍니다.

아울러 한국이 동맹국회의의 27번째 회원국으로 참가할 수 있도록 도와주실 것을 청합니다. 만일 우리의 청이 이루어진다면 전체 한국민중은 각하의 대덕을 영원히 잊지 않을 것입니다. 각하의 건강과 우리 모두의 공동의 적인 일본과의 전쟁에서 중국이 승리하기를 축원합니다. 재미한족연합위원회 올림.

033. [卷名] 한국광복군 李蘇民·金文鎬 부대의 공작을 어떻게 지휘해야할지 처리 방침을 요청한데 대한 答電

[入藏登錄號] 002-090103-00010-020

[發　信] 蔣介石

[受　信] 顧祝同

[時　間] 1943年 2月 1日

[番　號] 東渝辦一參字第3145號

[內　容]

上饒에 주둔하고 있는 제3전구 顧 사령장관 보십시오. 1월 24일자 代電 잘 받았습니다. 한국광복군 이소민 구대와 김문호 분대에 대해 직접 공작을 지휘하지 말고 계통에 따라 유관기관에 의견을 구하시기 바랍니다. 상기 두 부대 인원들은 아직 점검을 받지 않았고 공작계획도 비준을 받지 않은 상태입니다. 점검과 비준이 끝난 뒤 상기 부대의 공작에 대한 지시가 있을 것이니 독자적인 행동을 취하지 말고 기다려 주시기 바랍니다. 中正.

034. [卷名] 한국광복군에 전보 발신비 우대를 적용하지 말라는 代電

[入藏登錄號] 002-090103-00010-021

[發　信] 軍事委員會

[受　信] 胡宗南

[時　間] 1943年 3月 25日

[番　號] 會電A955號

[內　容]

　제8전구 사령장관부에 알립니다. 3월 16일자 代電 잘 받았습니다. 이후 한국광복군 및 예하 각 부대의 전보료는 모두 현금으로 받도록 하시고, 군사전보 발신 우대요금을 적용하지 않도록 하십시오. 군사위원회. 25일.

035. [卷名] 군사위원회가 발급한 증명서가 없는 한국광복군 초모인원에게는 협조를 제공하지 말 것을 지시한 代電

[入藏登錄號] 002-090103-00010-022

[發　信] 蔣介石

[受　信] 蔣鼎文[55]

---

55) 蔣鼎文(1895~1974). 浙江 諸暨 출신. 절강육군강무학교 졸업. 당시 제1전구 사령장관으로 洛陽에 주재.

[時　間] 1943年 6月 4日

[番　號] 支渝辦一參字第1750號

[內　容]

洛陽 제1전구 蔣 사령장관 보십시오. 5월 17일자 代電 잘 받았습니다. 한국광복군 제1지대가 鄭州와 鄳縣 등지에 설립한 한인초모처는 군사위원회에 등록되어 있지 않은 기관입니다. 각지에서 활동하는 한국광복군 초모인원은 반드시 군사위원회가 발급한 증명서가 있어야만 협조를 제공할 수 있습니다. 이에 특별히 연락드리니 반드시 이에 따르도록 하시고, 소속 각 기관에도 이를 꼭 지키도록 지시해 주시기 바랍니다. 中正.

036. [卷名] 제3전구 사령장관부로 이송된 金利甲의 심문결과를 보내

줄 것을 요청한 代電

[入藏登錄號] 002-090103-00010-023

[發　信] 軍事委員會

[受　信] 顧祝同

[時　間] 1943年 12月 6日

[番　號] 魚渝辦一參字第51285號

[內　容]

建陽의 제3전구 顧 사령장관 보십시오. 한국광복군총사령 李靑天의 보고에 따르면 적 점령구역으로부터 탈출하였다는 金利甲이란 자가 전보를 보내 현재 18군[56] 사령부에 머물고 있으니 속히 여비와 증명서를 보내주면 重慶으로 가 직접 그간의 사정을 얘기하겠다고 하였다며 어떻게 해야 할지 도움을 청해 왔었습니다. 이에 본회에서는 28군 陶 군

---

56) 군장은 陶柳.

장에게 연락을 취하였던 바, 이미 김이갑을 제3전구 사령장관부로 이송하였다고 답전을 보내왔습니다. 김이갑의 심문 결과와 더불어 사령장관의 의견을 함께 군사위원회로 보내주셨으면 합니다.

037. [卷名] 阜陽에서 활동하고 있는 광복군 초모위원 金學奎 등의 언행을 조사하여 보고해달라는 代電

[入藏登錄號] 002-090103-00010-024

[發　信] 蔣介石

[受　信] 湯恩伯[57]

[時　間] 1943年 12月 10日

[番　號] 亥灰渝辦一參字第3688號

[內　容]

　臨泉의 제31집단군 湯 총사령 보십시오. 본회 정치부가 山東·江蘇·安徽·河南邊區 총사령부 정치부로부터 받은 보고에 따르면, 현재 阜陽에는 한국광복군 초모위원회 주임 金學奎 등 10여 명의 공작인원이 활동하고 있다합니다. 아울러 이 보고는 김학규 등이 좌경적인 색채를 갖고 있지 않은지 물어왔습니다. 살피건대 우리 군사위원회에서는 오직 김학규 한 사람만 광복군 부양주재 초모원으로 인정하고 있으며, 기타 초모위원의 활동을 공식적으로 비준한 사실이 없습니다. 또한 이들은 공작상황과 활동내역을 거의 보고하지 않고 있습니다. 가까이 계신 총사령께서 사람을 파견하여 한국광복군 초모위원들의 언행을 상세히 조사하여 보고해 주셨으면 합니다. 아울러 이들이 허가된 범위 이외의 행동을 할 경우에는 즉시 취체하거나 활동을 정지시키고, 군사위원회에 보고하여 본회의 허가가 있은 뒤에 활동할 수 있도록 조치해 주십시오.

---

57) 제1전구 부사령장관 겸 제31집단군 총사령.

038. **[卷名]** 요청이 있을 시 **韓籍** 포로 11명을 한국광복군에 넘기고자
하는데 이에 관한 지시를 내려 달라는 **代電**

[入藏登録號] 002-090103-00010-027

[發　信] 李宗仁[58]

[受　信] 蔣介石

[時　間] 1943年 12月 25日

[番　號] 亥參字第28140號

[内　容]

重慶 蔣 위원장님 보십시오. 현재 제5전구 사령장관부에는 洪寅英·
金一東 등 귀순한 한인 2명 외에도 11명의 한인 포로가 더 있습니다.
11명 가운데 9명은 미국공군 라이스 대위가 新四軍(大悟山 총부)으로부
터 데리고 온 자들입니다. 이들의 말에 따르면 현재 신사군은 일본인이
나 일어에 능통한 한인들을 더 이상 수용하지 않고 있다 합니다. 조사
결과 이 포로들은 모두 21세의 신병들로 5명은 소학교를 졸업하였으나
나머지 6명은 학교를 다닌 적이 없습니다. 이들은 모두 금년 9월경 일
본군에 징집되어 중국으로 오게 되었다 합니다. 10월경 長江 하류지역
에 도착한 이들은 작전부대에는 편입되지 않았습니다. 日人들을 위해
희생되고 싶지 않다는 생각을 갖고 있던 이들은 후방에 한국임시정부
가 조직되어 있다는 소식을 듣자 곧장 일본군진영을 탈출해 왔다 합니
다. 만일 한국광복군 제1지대 제1구대의 요청이 있다면 이들 11명의 포
로들을 광복군에 넘겨 공작을 진행할 수 있도록 하려는데 그렇게 해도
될지 지시 내려 주시기 바랍니다. 職 李宗仁 올림.

---

58) 제5전구 사령장관.

039. [卷名] 적 점령구역에서 넘어온 韓人의 처치방법을 문의하는 代電

[入藏登錄號] 002-090103-00010-028

[發　信] 李宗仁

[受　信] 蔣介石

[時　間] 1943年 12月 26日

[番　號]

[內　容]

重慶 蔣 위원장님 보십시오. 한국광복군 제1지대 제1구대장이 여러 차례 "본 구대는 戰區에서 활동을 시작한 이래 적 점령구역에 거주하고 있는 韓人들에게 大義를 깨닫게 하기 위해 직접적인 공작과 간접적인 선전을 진행하였습니다. 그 결과 한국광복군에 참가하고자 스스로 넘어온 사람들이 갈수록 늘어나고 있습니다. 이후 鄭州와 鄴縣 등지에 넘어온 한인들을 본 구대가 수용할 수 있게 해주시거나 혹은 이들을 우대하여 공작 진행을 더욱 강화할 수 있도록 해 주십시오" 하며 도움을 청하였습니다.

근자에 많은 한인들이 적 점령구역에서 넘어오고 있는 것은 분명한 사실입니다. 다만 韓籍 포로의 처치에 관한 군사위원회의 훈령 규정에 따르면 이들에 대한 대우는 일본 포로들과 동일하게 적용하도록 되어 있습니다. 그러나 鄴縣에서 활동하고 있는 한국광복군이 더욱 열심히 노력하여 공작을 진행할 수 있도록 격려하는 한편, 한적 포로와 귀순자들을 우대하기 위해 우리 전구에서는 아래 두 가지 방법을 마련하였습니다. (一) 한적 포로들을 위해 따로 수용소를 마련한다. 이들의 관리감독은 제5전구 사령장관부에서 책임지되 한국광복군을 수용소에 파견하여 감화교육을 실시한다. (二) 스스로 적 점령구역을 탈출해 온 한인의 처치방법은 한적 포로와 동일하게 할 것인지 아니면 우대하여 귀순을 더욱 장려할 것인지에 대해서는 상부로부터 분명한 규정이 내려올 때까지 잠시 현상을 유지한다. 이상 두 가지 방안을 올리오니 살펴보시고 지시 내리시면 그대로 따르도록 하겠습니다. 職 李宗仁 올림.

040. **[卷名] 金學奎가 국민참정회 참정원에게 올리는 電文을 어떻게 처리해야할지 문의하는 代電**

[入藏登錄號] 002-090103-00010-029

[發　信] 陳大慶[59]

[受　信] 軍事委員會辦公廳機要室

[時　間] 1944年 9月 15日

[番　號] 來電B7118號

[內　容]

重慶 군사위원회 정치부장에게 급히 전해주기 바랍니다. 邊區幹訓團 한국광복군 훈련반 金學奎가 전체 학생들과 함께 국민참정회에 경의를 표하는 전보를 보내왔습니다. 이 전보를 어떻게 처리해야할지 정치부에서 살펴보시고 전달해 주셨으면 합니다. 전문의 내용은 다음과 같습니다.

"중경 국민참정회 제3기 대회에 출석하신 여러 참정원 선생님들께 올립니다. 무력을 남용하여 전쟁을 일삼는 日寇의 야심은 東亞의 獨覇에만 있는 것이 아니라 세계를 정복하여 평화를 파괴하는데 있습니다. 침략에 맞선 동맹국가들은 이번 전쟁의 목적을 이미 대서양헌장과 4강 선언에서 분명하게 천명하였습니다. 평화를 사랑하는 모든 인사들은 동맹국을 옹호하고 전쟁의 목적을 완수하기 위해 애쓰지 않는 사람이 없습니다.

---

59) 陳大慶(1904~1973). 江西 崇義 출신. 황포군관학교 제1기 졸업. 당시 제31집단군 부총사령.

우리 대한은 귀국과 국경을 맞대고 있어 지난 수천 년간 마치 입술과 이와 같은 긴밀한 사이였습니다. 비록 지금은 일구에게 멸망되었지만 국권회복을 바라는 인민들의 마음은 여전히 죽지 않고 있습니다. 망국 후 지난 34년간 우리의 혁명지사들은 독립을 위해 분주히 활동하였고, 그 과정에서 적지 않은 희생도 발생하였습니다.

지난 31년(1942) 국민참정회에서 중국정부에 한국임시정부를 정식으로 승인해줄 것을 제청한 사실에 대해 우리는 더없는 감사의 마음과 존경의 뜻을 품고 있습니다. 이제 盟軍의 승리가 눈앞에 다가온 지금, 우리는 함께 손잡고 노력해야 할 것입니다. 조국을 사랑하는 마음이 누구에게도 뒤지지 않는 學奎는, 우리의 공동의 적에 대한 적개심으로 변구까지 와 항전에 협력하고 한국 동포들을 발동하여 적군을 와해시키기 위해 노력하고 있습니다.

우리 임시정부가 重慶에서 중국의 협조하에 활발한 활동을 전개하고 있다는 소식이 알려지면서 적 점령구역을 탈출해오는 한인의 숫자가 이미 수백 명에 이를 정도로 공전의 반응을 얻고 있습니다. 스스로 적진으로부터 넘어온 이들은 대부분 대학생의 학력을 가진 사람들로 문화수준이 비교적 높고 항전의지 또한 굳건합니다. 이들은 제1전구 湯恩伯 부사령장관의 도움으로 안전한 곳에 수용되어 혁명기술을 증진하기 위한 훈련을 받아 혁명정신이 날로 강화되고 있습니다.

평소부터 원대한 이상과 포부를 지니신 여러 참정원 선생님들을 존경하였습니다. 바라옵건대 이번 대회에서 재차 한국임시정부 승인안을 제출하시어 실현될 수 있도록 도와주시기 바랍니다. 만일 이것이 실현된다면 우리 한인들에게는 더없는 은혜이자 동아의 평화를 위해서도 큰 이익이 될 것입니다. 국민참정회 제3기 대회 개막에 즈음하여 여러 참정원 선생님들에게 존경의 뜻을 표하며 대회의 성공과 선생님들의

건강을 축원합니다. 江蘇·河南·安徽邊區 간부훈련단 부설 한국광복
군훈련반 주임 金學奎와 전체 학생 올림." 安徽 臨泉에서 職 陳大慶.

041. [卷名] 한국광복군 제2지대원들이 일으킨 소동의 진상을 조사하
고 현재 상황을 보고하라는 代電

[入藏登錄號] 002-090103-00010-030

[發　信] 軍事委員會辦公廳機要室

[受　信] 胡宗南

[時　間] 1944年 1月 12日

[番　號] 子文渝辦一參字第001號

[內　容]

西安 제8전구 胡 부사령장관 보십시오. 한국광복군 제2지대 대원들
이 지대장 李範奭에 반대하여 소동을 일으켰다 합니다. 한국광복군 李
총사령과 趙 참모장60)을 보내 철저히 조사하고 대원들을 훈도하게 하
는 한편 진상을 조사하여 이 같은 일이 재발하지 않도록 하고 현재상황
이 어떠한지 연락해주시기 바랍니다. 何應欽.

042. [卷名] 속히 전쟁포로와 韓籍 귀순 관병의 우대방법과 표준에
관한 규정을 정하여 주기를 청하는 代電

[入藏登錄號] 002-090103-00010-031

[發　信] 何應欽

[受　信] 蔣介石

[時　間] 1945年 6月 6日

[番　號]

---

60) 趙德樹.

[內　容]

重慶 장 위원장님 보십시오. 5월 28일 王 사령관이[61] "각 예하 부대의 보고에 따르면 근자에 전쟁포로 및 韓籍 귀순 관병이 날로 증가하고 물가 또한 크게 오르고 있습니다. 그러나 전쟁포로와 한적 귀순 관병의 우대에 관해 의거할만한 표준이 아직 정해져 있지 않습니다. 속히 우대 방법과 표준에 관한 규정을 정하여 따를 수 있도록 해 주십시오" 하는 내용의 代電을 보내 왔습니다.

살피건대 왕 사령관이 대전에서 밝힌 내용들은 모두가 사실입니다. 일선 부대에서 준거로 삼을 수 있도록 속히 전쟁포로와 한적 귀순 관병의 우대방법과 표준에 관한 규정을 정하여 주셨으면 합니다. 昆明에서 職 何應欽 올림.

043. [卷名] 朱勝裕 등 10명의 韓人은 한국광복군 제1지대 제1구대에 감화훈련을 맡겼음을 보고하는 代電

[入藏登錄號] 002-090103-00010-032

[發　信] 顧祝同

[受　信] 蔣介石

[時　間] 1945年 5月 11日

[番　號] 來電13213號

[內　容]

重慶 蔣 위원장님 보십시오. 보내주신 代電 잘 받았습니다. 저희 제3 전구 임시포로수용소에는 현재 적 점령구역을 탈출한 朱勝裕 등 10명의 韓人이 수용되어 있다는 사실은 지난 7일자 대전에서 이미 보고 드

---

61) 제4방면군 王耀武 사령관. 제4방면군은 중국육군총사령부(총사령 何應欽, 昆明 주재) 예속 부대로 당시 湖南 辰溪에 주재하고 있었다.

렸습니다. 주승유 등은 지시하신대로 이미 한국광복군 제1지대 제1구대에 감화훈련을 맡겼습니다. 이에 보고 드립니다. 職 顧祝同 올림.

044. [卷名] 귀순한 韓籍 적병 盧在變 등 10명을 新編 15師에 맡겨 훈련시키도록 하였음을 보고하는 代電

[入藏登錄號] 002-090103-00010-033

[發　信] 王陵基[62]

[受　信] 蔣介石

[時　間] 1945年 7月 6日

[番　號] 午江巳18702號

[內　容]

重慶 蔣 위원장님께 급히 보고 드립니다. 예하 72군[63]이 투항한 韓籍 적병 盧在變 · 崔德奎 · ○○○ · 李正熙 · 韓長植 · 徐智錫 · 洪八鎬 등 7명의 심문서를 보내왔습니다. 조서에 따르면 이들은 모두 강박에 의해 적군에 끌려왔으나 적들의 압박을 견디다 못해 몰래 적진을 탈출해 우리 측에 귀순하였으며, 중국군대에 가입하여 함께 倭寇를 소멸시키고 싶다고 말하고 있습니다. 살펴본 결과 이들의 말은 모두 사실인 것으로 밝혀졌습니다. 이에 이들을 72군 예하 新編 15師 45團에 맡겨 훈련을 실시하도록 하고 우대하여 전시공작에 대비토록 하였습니다. 이에 보고 드립니다. 職 王陵基 올림.

045. [卷名] 제3전구에서 활동하고 있는 한국광복군 두 부대 가운데 어느 부대를 지원해야할지 지시를 청하는 代電

---

62) 王陵基(1883~1967). 四川 樂山 출신. 四川武備學堂 졸업. 당시 제30집단군 총사령.
63) 군장은 傅翼으로 당시 주둔지는 江西 修水.

[入藏登錄號] 002-090103-00010-034

[發　信] 李品仙[64]

[受　信] 蔣介石

[時　間] 1945年 7月 6日

[番　號] 巳陷18718號

[內　容]

重慶 蔣 위원장님 보십시오.

(一) 韓籍 적병 鄭鍾實 · 李熙贊 · 崔鍾植 · 鄭文弼 · 徐相哲 · 安繼永 · 李景雲 · 李榮秀 · 崔文太 · 李丙步 · 梁相益 · 韓仁鎬 등 12명이 漢口를 출발 공산당 활동지역을 거쳐 鄒縣에서 우리 측에 귀순하였습니다. 심문 결과 이들은 적의 압박을 견디다 못해 함께 적진을 탈출하였음이 확인되었습니다. 기타 특별히 의심되는 부분이 없어 이들을 모두 한국광복군에 넘기기로 하였습니다.

(二) 본 전구에서 활동하고 있는 한국광복군은 金昌國이 구대장인 제1지대 독립구대와 金學奎가 지대장인 제3지대 두 부대입니다. 이 가운데 전자는 민족혁명당 계열이고, 후자는 독립당 계열이라 피차간에 전혀 합작이 이루어지지 않고 오히려 상호 갈등과 대립의 양상을 보이고 있습니다. 이후 귀순한 韓籍 적병 및 한적 포로들을 위 두 부대 가운데 어느 부대에 넘겨야할지, 두 부대 모두를 본 전구에서 활동하게 할지 아니면 어느 한 부대만 활동을 허용해야할지 지시를 내려주시면 그대로 따르도록 하겠습니다. 職 李品仙 올림.

046. [卷名] 戰區 내 韓籍 청년과 일본군 포로의 처리 상황을 보고하

---

64) 당시 제10전구 사령장관. 주재지는 安徽 金寨.

는 代電

[入藏登錄號] 002-090103-00010-035

[發　信] 劉茂恩[65]

[受　信] 蔣介石

[時　間] 1945年 7月 7日

[番　號] 午冬總謀濤18788號

[內　容]

重慶 장 위원장님 보십시오. 제1구 王 專員이 6月 28日 鄭縣 崔 현장의 보고를 대신 올렸습니다. 이 보고는 "(一) 관할구역에서 金義成이라는 韓籍 청년을 사로잡았습니다. 심문 결과 김은 금년 23세로 화북대학 정치경제학과에 재학중이던 지난해 鄭州의 적군에서 번역관으로 5개월간 근무한 적이 있다합니다. 지금은 중경으로 가 한국임시정부에서 국권회복을 위해 일하고 싶다고 하였습니다. (二) 6月 19日 仁愛鄉에서 일본군 板本鳩石九란 자를 체포하였습니다. 심문 결과 이 자는 平漢鐵道에서 운전수로 근무하던 자로 자동차와 자동차부품을 수리할 수 있다하였습니다"는 내용이었습니다. 이에 재차 심문해도 별 이상한 점이 발견되지 않으면 사람을 보내 禹縣 縣府로 이송하도록 지시하고, 연도의 기관들에는 호송에 편의를 제공하도록 조치하였습니다. 이런 사정을 보고 드립니다. 職 劉茂恩 올림.

047. [卷名] 귀순한 韓籍 적병들을 한국광복군 제1지대 제3구대로 조직 편제하였음을 보고하는 代電

[入藏登錄號] 002-090103-00010-036

---

65) 劉茂恩(1898~1959). 河南 鞏縣 출신. 보정육군군관학교 제6기 졸업. 당시 제15군 군장 겸 하남서부경비사령으로 洛陽 일대 방어와 치안 업무 관장.

[發　信] 薛岳[66]

[受　信] 蔣介石

[時　間] 1945年 7月 9日

[番　號] 午佳19161號

[內　容]

重慶 蔣 위원장님 보십시오. 4일자 代電 잘 받았습니다. 韓籍 적병들이 계속 본 전구로 귀순하여 현재 120명에 이르렀습니다. 이들을 우대하라는 지시대로 적절히 조치하였으며, 이미 한국광복군 제1지대 제3구대로 조직 편제하여 대적공작을 훈련시키고 있습니다. 職 薛岳 올림.

048. [卷名] 제30집단군 王陵基 총사령이 예하 72군이 보고한 투항한 조선적 적병의 심문서를 보내왔음을 알리는 代電

[入藏登錄號] 002-090103-00010-037

[發　信] 顧祝同

[受　信] 蔣介石

[時　間] 1945年 7月 10日

[番　號] 午灰19336號

[內　容]

重慶 蔣 위원장님 보십시오. 제30집단군 王陵基 총사령이 5일 예하 72군이 보고한 투항한 조선적 적병 盧在燮 · 崔德奎 · ○○○ · 李正熙 · 韓長植 · 徐智錫 · 洪八鎬 등 7명의 심문서를 보내왔습니다.

보고에 따르면 "이들은 모두 강박에 의해 적군에 끌려왔으나 적들의 압박을 견디다 못해 몰래 적진을 탈출해 우리 측에 귀순하였으며, 중국 군대에 가입하여 함께 倭寇를 소멸시키고 싶다고 말하고 있습니다. 살

---

66) 당시 제9전구 사령장관. 주재지는 湖南 汝城.

퍼본 결과 이들의 말은 모두 사실인 것으로 밝혀졌습니다. 이에 이들을 72군 예하 新編 15師 45團에 맡겨 훈련을 실시하도록 하고 우대하여 전시공작에 대비토록 하였습니다"는 내용이었습니다. 이에 보고 드립니다. 職 顧祝同 올림.

049. [卷名] 포로수용소에 수용 중인 韓籍 軍民을 한국광복군에 넘겨
　　　집중 훈련시키는 문제에 대한 지시를 구하는 代電

[入藏登錄號] 002-090103-00010-038

[發　信] 顧祝同

[受　信] 蔣介石

[時　間] 1945年 7月 11日

[番　號] 午眞19327號

[內　容]

重慶 蔣 위원장님 보십시오. 지난번 보내드린 대전 잘 받으셨으리라 생각합니다. 포로수용소에 수용 중인 韓籍 軍民을 한국광복군에 넘겨 집중 훈련시키고자 하는데 가부간에 지시 내려주시면 그대로 따르도록 하겠습니다. 職 顧祝同 올림.

050. [卷名] 적 점령구역을 탈출한 韓人 5명을 한국광복군 제1지대
　　　제2구대에 넘겨 감화훈련을 진행하고 있음을 보고하는 代電

[入藏登錄號] 002-090103-00010-039

[發　信] 顧祝同

[受　信] 蔣介石

[時　間] 1945年 7月 14日

[番　號] 午寒19690號

[內　容]

重慶 장 위원장님 보십시오. 현재 제3전구에는 적 점령구역을 탈출한 韓人 김영남·김봉옥·최용덕·정병장·구재영 등 5명이 있습니다. 이들은 이미 군사위원회의 4월 3일자 지시에 따라 한국광복군 제1지대 제2구대에 넘겨 감화훈련을 진행하고 있습니다. 광복군 제1지대 제2구대에 수시로 감화훈련 상황과 향후 운용방안을 보고하도록 지시하였으며, 이런 사정을 보고 드립니다. 職 顧祝同 올림.

051. [卷名] 韓籍 포로 1명과 적 점령구역을 탈출한 韓人 2명을 한국 광복군 제1지대 제2구대에 넘겨 감화훈련을 진행하고 있음을 보고하는 代電

[入藏登錄號] 002-090103-00010-040

[發　信] 顧祝同

[受　信] 蔣介石

[時　間] 1945年 8月 27日

[番　號] 未感24453號

[內　容]

重慶 蔣 위원장님 보십시오. 현재 제3전구에는 韓籍 포로 이병순과 적 점령구역을 탈출한 허장·황종순 등 총 3명의 한인이 있습니다. 이들은 이미 군사위원회의 4월 3일 및 6월 9일자 지시에 따라 한국광복군 제1지대 제2구대에 넘겨 감화훈련을 진행하고 있습니다. 광복군 제1지대 제2구대에 수시로 감화훈련 상황과 향후 운용방안을 보고하도록 지시하였으며, 이런 사정을 보고 드립니다. 職 顧祝同 올림.

052. [卷名] 崔東一이 北平에 조직한 한인단체를 지도하도록 한국광

복군에 연락하여 사람을 보내도록 하였는데 이 조치가 합당한지
문의하는 代電

[入藏登錄號] 002-090103-00010-041

[發　信] 胡宗南

[受　信] 軍事委員會辦公廳機要室

[時　間] 1945年 9月 20日

[番　號] 申號臻仁

[內　容]

重慶 蔣 위원장님께 급히 올립니다. 보고에 따르면 전지간부훈련단
한청반 졸업생인 최동일이 비밀리에 北平에 한인단체를 조직하였다 합
니다. 최동일이 단장을 맡고 단원이 천여 명에 이르는 이 단체는 北平
과 天津 일대를 중심으로 근 1년여 간이나 활동을 진행하였습니다. 현
재 북평에 유격대원 5백여 명을 집중시키고 있는 이 단체가 사람을 보
내 지도해 줄 것을 청하였습니다. 이에 한국광복군에 연락하여 사람을
보내 이 단체를 지도하도록 하였는데 이런 조치가 마땅한 것인지 의견
주시기 바랍니다. 胡宗南 올림.

053. [卷名] 新鄕·開封 지역 韓僑會의 활동을 승인해야할지 묻는 代電

[入藏登錄號] 002-090103-00010-042

[發　信] 胡宗南

[受　信] 軍事委員會辦公廳機要室

[時　間] 1945年 9月 23日

[番　號] 申號臻仁廷

[內　容]

重慶 蔣 위원장님께 급히 올립니다. 河南 북부 특파원 牛平章이 新鄕

한교대표 李正賢의 呈文을 보내왔습니다. 이에 따르면 현재 신향에 거주하고 있는 한교는 약 천오백여 명에 이르는데 한 곳에 집중되어 日人들과 같이 생활하고 있습니다. 그러나 한교들은 이미 한국이 독립되었으니 더 이상 일인들의 보호를 받을 필요가 없다는 생각에서 開封의 한교들과 연합하여 신향·개봉지역 한교회를 조직하고, 안전을 보장받기 위해 신향의 유관기관에 보호를 요청해 달라는 것입니다. 살피건대 이는 국제적인 문제인지라 함부로 처리하기가 곤란합니다. 도대체 어떻게 처리해야할지 지시를 내려 주시기 바랍니다. 胡宗南 올림.

054. [卷名] 한국광복군이 제1전구사령장관부에 여비를 빌려달라고
　　　 청한 사실이 없음을 보고하는 代電

[入藏登錄號] 002-090103-00010-043

[發　信] 胡宗南

[受　信] 蔣介石

[時　間] 1945年 9月 23日

[番　號] 申梗27628號

[內　容]

重慶 蔣 위원장님 보십시오. 9월 16일자 代電 잘 받았습니다. 한국광복군이 제1전구사령장관부에 여비를 빌려달라고 청한 사실이 없음을 보고 드립니다. 胡宗南 올림.

055. [卷名] 중국군대를 따라 北平과 天津 일대로 공작원을 파견하고
　　　 싶다는 李範奭의 요청을 어떻게 처리해야할지 문의하는 代電

[入藏登錄號] 002-090103-00010-044

[發　信] 何應欽

[受　信] 蔣介石

[時　間] 1945年 9月 27日

[番　號] 申感28032號

[內　容]

重慶 蔣 위원장님 보십시오. 한국광복군 제2지대장 이범석이 이달 11일에 올린 代電을 다음날 孫 사령장관[67]이 전해 왔습니다.

이범석의 대전은 "본대는 우리 임시정부의 명령을 받아 華北 각지 韓僑의 분포상황과 생활상태를 조사하여 구제의 자료로 삼기 위해 정훈조원 李泰鉉과 張敏 두 사람을 중국군대를 따라 北平과 天津 일대로 파견하여 공작을 진행시키고자 합니다"는 것이었습니다. 이에 대해 손 사령장관이 이범석의 요청을 수락할 것인지 여부를 문의해 왔기에 보고드립니다. 何應欽 올림.

056. [卷名] 제3전구와 동남지역 광복군 및 한교단체의 합법적인 대표기구와 책임자의 권한을 통일하도록 한국임시정부에 청해줄 것을 바라는 代電

[入藏登錄號] 002-090103-00010-045

[發　信] 顧祝同

[受　信] 軍事委員會辦公廳機要室

[時　間] 1945年 10月 22日

[番　號] 酉養戰際字際31072號

[內　容]

---

67) 孫連仲(1893~1990). 河北 雄縣 출신. 馮玉祥을 수뇌로 한 西北軍의 핵심 장령. 당시 제11전구 사령장관으로 北平·天津 및 화북지구의 방위책임을 맡았으며 하북성정부 주석을 겸하였다.

즉시 重慶 蔣 위원장님께 전해 주기 바랍니다. 등록되어 있지 않은 광복군 및 韓僑 단체의 활동을 금지하라는 10월 9일자 군사위원회의 辦參一 代電 잘 받았습니다. 본 전구에는 군사위원회로부터 활동을 승인받은 광복군 제1지대 제2구대 李蘇民 부대가 활동하면서 우리 사령장관부와 부단히 연계를 취해 왔습니다. 그런데 광복군 제3지대 제1구대 제1분대를 자칭하는 金文慈 부대가 최근 한국임시정부로부터 추인을 받아 본 전구 내에서 활동하고 있습니다. 그러나 김문자 부대와 이소민 부대는 상호 예속 관계에 있지 않습니다. 본 전구와 동남지역 광복군 및 한교단체의 합법적인 대표기구와 책임자의 권한을 통일하도록 한국임시정부에 요청하여 주시기 바랍니다. 아울러 김문자 부대의 활동을 허락할 것인지 여부도 지시해 주시면 그대로 따르도록 하겠습니다. 顧祝同 올림.

057. [卷名] 한국청년단의 공개적인 활동을 수락할 것인지 방침을 내려 주기 바라는 代電

[入藏登錄號] 002-090103-00010-046

[發　信] 何應欽

[受　信] 蔣介石

[時　間] 1945年 10月 1日

[番　號] 來電26344號

[內　容]

重慶 蔣 위원장님 보십시오. 湯 총사령관[68]이 한국청년단 김 단장의 보고를 전하는 9월 20일자 代電을 보내왔습니다.

　김 단장의 보고는 "우리 한국청년단은 지금으로부터 5년 전 한국임

---

68) 제3방면군 사령관 湯恩伯.

시정부의 밀령을 받아 上海에서 지하활동을 전개하였습니다. 이제 日寇가 투항하였으니 우리 청년단도 공개적인 활동을 위해 外灘 215호에 사무실을 열고 단무를 정리하여 교포들의 등록업무 등을 처리하고자 합니다. 아울러 단원들로 의용총대를 조직하여 군사훈련을 실시하고자 합니다. 내부 조직장정과 공작경과 및 이후 공작방침은 重慶의 한국임시정부에 올려 비준을 받을 예정이며, 한국광복군 주상해판사처와도 긴밀한 연계를 취하고자 하니 저희의 요청을 수락해 주십시오" 하는 내용이었습니다.

김 단장의 보고를 전하면서 탕 총사령관은 이들의 공개적인 활동을 수락할지 여부를 문의해 왔습니다. 살피건대 현재 南京에서도 비슷한 일이 일어나고 있습니다. 일단 탕 총사령관에게는 잠시 공개적인 활동을 허락하지 말고 상부의 지시를 기다리도록 지령을 내렸습니다. 이런 사정을 보고 드리니 방침을 내려 주시기 바랍니다. 南京에서 何應欽 올림.

058. [卷名] 한국임시정부주화대표단을 승인해야할지 여부를 결정해 달라는 代電

[入藏登錄號] 002-090103-00010-047

[發　信] 何應欽

[受　信] 蔣介石

[時　間] 1945年 12月 11日

[番　號] 亥佳37303號

[內　容]

重慶 蔣 위원장님 보십시오. 한국임시정부 김구 주석이 지난달 1일 "우리 한국임시정부 同仁들은 이미 날짜를 잡아 귀국하기로 결정하였습니다. 우리는 이후 교민사무의 뒤처리나 貴國과의 접촉문제들을 처

리하기 위해서 주화대표단을 조직하는 것이 좋겠다는 결정을 내리게 되었습니다. 이에 濮純 동지를 단장으로 하고 李靑天·閔石麟 등 동지를 대표로 파견하기로 결정하였습니다. 한국임시정부주화대표단은 이미 11월 1일 정식으로 성립되었습니다. 이에 편지 올리오니 살펴보시고 여러모로 협조해 주셨으면 합니다”는 내용의 公函을 보내 왔습니다. 주화대표단을 승인해야할지 여부를 결정해 주시기 바랍니다. 南京에서 何應欽 올림.

059. [卷名] 한국광복군 주상해판사처와 주상해지대의 성립이 비준되었는지 문의하는 代電

[入藏登錄號] 002-090103-00010-048

[發　信] 錢大鈞[69]

[受　信] 軍事委員會辦公廳機要室

[時　間] 1945年 12月 1日

[番　號] 亥東36178號

[內　容]

즉시 重慶 蔣 위원장님께 전해 주기 바랍니다. 한국광복군총사령부에서 公函이 도착하였습니다. 편지는 “우리 광복군총사령부는 이전 군사위원회 程 대리총장[70]으로부터 상해에 판사처를 설치하고 金學奎 少將을 주임으로 파견할 수 있도록 허락받았습니다. 판사처의 주된 임무는 상해 일대 한국청년들과 한국광복군을 수용하는 것입니다. 우리는

---

69) 錢大鈞(1893~1982). 江蘇 吳縣 출신. 일본육군사관학교 중화민국학생대 12기 포병과 졸업. 군사위원회시종실제1처 주임 역임. 당시 상해시장 겸 송호경비총사령.

70) 程潛(1883~1968). 湖南 醴陵 출신. 일본육군사관학교 재학 시 同盟會에 가담. 중일전쟁 초기에는 제1전구 사령장관 겸 하남성정부 주석을 역임하였다. 1940년 군사위원회 부참모총장, 1944년 대리참모총장을 지냈다.

상해의 한국광복군을 잠정적으로 주상해지대로 편제하고 번호는 군사위원회의 군대편제방법이 확정된 뒤 다시 개편하기로 하였습니다"는 내용입니다.

한국광복군 주상해판사처 및 주상해지대의 성립이 비준되었는지 살펴봐 주시기 바랍니다. 우리는 아직 상부로부터 아무런 명령도 받지 못하였습니다. 이에 보고 드리오니 지시 바랍니다. 錢大鈞 올림.

060. [卷名] 韓籍 사병과 한교들의 집중방법 시행을 잠시 미루어달라는 김구의 요청을 전하고 지시를 청하는 代電

[入藏登錄號] 002-090103-00010-049

[發　信] 湯恩伯

[受　信] 軍事委員會辦公廳機要室

[時　間] 1945年 11月 27日

[番　號] 戌有35666號

[內　容]

[내　용]

긴급하게 重慶 蔣 위원장님께 올려주기 바랍니다. 보내주신 代電 잘 받았습니다. 일본교포수용소와 전쟁포로수용소 관리처에 지시사항을 전달하였으며 아울러 신문에도 공고하였습니다. 포고가 나가자 한국임시정부 김구 주석이 편지를 보내 왔습니다.

김 주석의 편지는 "귀사령부가 일본군 내 韓籍 사병과 한교들의 집중방법을 포고한 이후 상해 일대 한국 軍民의 인심이 크게 동요하고 있습니다. 교활한 자들은 심지어 공산당 쪽으로 도망간 자들도 있습니다. 중한 두 민족은 본시 오랫동안 친목관계를 유지하였으며, 우리나라가 독립할 수 있게 된 것도 귀국 주석님의 협조가 크게 작용하였습니다.

중국당국은 결코 韓僑들을 日僑와 동일시하지 않을 것으로 굳게 믿고 있습니다. 우리는 이미 蔣 주석께 사정을 참작하여 집중방법을 수정해 주시기를 요청하였습니다. 아울러 귀사령관께서도 실제상황을 고려하여 집중방법의 실시를 잠시 미루어주실 것을 청합니다"는 내용이었습니다.

이에 보고 드리오니 지시 내려 주시면 그대로 따르도록 하겠습니다. 上海에서 湯恩伯 올림.

061. [卷名] 廣州 지역 韓籍 적병 2천여 명을 현지 한교협회가 집중관리 하는 문제에 대한 代電

[入藏登錄號] 002-090103-00010-050

[發　信] 何應欽

[受　信] 軍事委員會辦公廳機要室

[時　間] 1945年 11月 26日

[番　號] 戌敬團凱

[內　容]

신속히 重慶 蔣 위원장님께 올려주기 바랍니다. 張 사령관[71]의 보고에 따르면 현지 한교협회와 新一軍 참모인 崔德新(韓籍) 중령이 廣州 방면의 韓籍 적병 2천여 명을 집중시키고 자신들이 관리와 훈련을 책임지고 진행하겠다고 하였답니다. 總隊의 대장은 최덕신이 겸하기로 하였으며, 필요한 경비 역시 한교협회에서 마련하겠다고 하였답니다.

살피건대 한적 적병을 현지 한교협회와 한적 군관이 관리하고 훈련시키는 것은 다른 지역에서의 상황과는 전혀 다른 것입니다. 장 사령관에게 더욱 자세한 상황을 조사하여 보고하고, 범죄자들이 여기에 가담

---

71) 張發奎(1896~1980). 廣東 始興 출신. 당시 제2방면군 사령관.

하고 있는지도 아울러 조사하도록 지시하였습니다. 더불어 이런 사정을 보고 드리오니 지시 내려 주시기 바랍니다. 何應欽 올림.

062. [卷名] 武昌에서 훈련중인 한국광복군 제5지대의 처리방침을 청하는 代電

[入藏登錄號] 002-090103-00010-051

[發　信] 孫蔚如[72]

[受　信] 蔣介石

[時　間] 1945年 11月 3日

[番　號]

[內　容]

重慶 蔣 위원장님 보십시오. 보고에 따르면 武昌 湖邊 모범제5소학교에는 현재 한국광복군 제5지대 관병 530명이 훈련을 진행하고 있습니다. 훈련과목은 學科와 術科로 나누어져 있습니다. 학과과목은 한국 역사와 우방혁명사이며, 교관으로는 강기봉·진경운·홍정훈 등이 있습니다. 술과과목은 체육과 군사훈련입니다. 少將 계급의 지대장 權楊은 우리 군관학교 4기 졸업생인데 지금은 重慶으로 간 상태입니다. 살피건대 우리 전구에는 한국광복군 조직에 관한 자세한 정보가 없습니다. 이들을 어떻게 처리해야할지 지시 내려주시기 바랍니다. 孫蔚如 올림.

063. [卷名] 한국광복군 제2지대장 李範奭의 두 가지 요청 사항을 전하며 지시를 청하는 代電

[入藏登錄號] 002-090103-00010-052

---

72) 孫蔚如(1895~1979). 陝西 長安 출신. 섬서육군측량학교 졸업. 당시 제6전구 사령장관. 주재지는 湖北 恩施.

[發　信] 胡宗南

[受　信] 蔣介石

[時　間] 1945年 11月 1日

[番　號] 酉陷32204號

[內　容]

重慶 蔣 위원장님 보십시오. 한국광복군 제2지대장 이범석이 아래 두 가지 사안을 요청하였습니다. "(一) 제1전구에서 항복을 받은 일본군 내에 韓籍 사병이 있다면 이들을 한국광복군 제2지대에 넘겨 편제와 훈련을 진행할 수 있도록 허락해 주십시오. 아울러 한국광복군 제2지대에 4~6개월분의 군량과 의복을 지원해 주기 바랍니다. (二) 한국광복군 제2지대에 소총 8백 자루를 비롯한 보병용 경장비와 기차 3량 및 통신 기재를 지원하시어 훈련과 통신에 활용할 수 있도록 해 주십시오." 이와 같은 이범석의 요청을 어떻게 처리해야할지 지시 내려 주시기 바랍니다. 胡宗南 올림.

064. [卷名] 한국광복군 제1지대 제3구대의 경비 문제를 어떻게 처리해야할지 지시를 청하는 代電

[入藏登錄號] 002-090103-00010-053

[發　信] 薛岳

[受　信] 蔣介石

[時　間] 1945年 10月 25日

[番　號] 酉養31115號

[內　容]

重慶 蔣 위원장님 보십시오. 우리 제9전구에서 한국광복군 제1지대 제3구대에 입체하고 있는 경비는 군정부의 지령에 따라 금년 5월분부

터는 한국광복군총사령부에서 지급하도록 하였습니다. 그러나 얼마 전 한국광복군 李靑天 총사령이 전보를 보내왔는데, 그 내용에 따르면 한국광복군 제1지대 제3구대는 중국군사위원회의 명에 의해 성립된 부대로 아직까지도 한국광복군 建制에 포함되지 않았으므로 해당 부대의 경비도 군사위원회에 요청하라는 것입니다. 이 문제를 어떻게 처리해야할지 속히 지시 주시면 그대로 따르겠습니다. 薛岳 올림.

065. [卷名] 한국임시정부가 西安과 雲陽 두 곳에 훈련소를 성립하는 문제와 관련한 전보의 진위를 묻는 代電

[入藏登錄號] 002-090103-00010-054

[發 信] 何杜國[73]

[受 信] 軍事委員會辦公廳機要室

[時 間] 1945年 7月 5日

[番 號] 午微6965號

[內 容]

군사위원회 판공청 기요실에 알립니다. 방금 重慶에서 보내온 經第五處77號 代電을 받았습니다. 내용은 한국임시정부가 西安과 雲陽 두 곳에 훈련소를 성립하는 문제와 관련된 것입니다. 그런데 이 대전의 말미에는 발신자의 성명과 韻目이 없습니다. 이 전보를 정말 군사위원회 기요실에서 보낸 것인지 상세하게 조사하여 알려주셨으면 합니다. 沈邱에서 何杜國.

066. [卷名] 鄧縣에 주둔하고 있는 한국광복군 제1지대 제1구대의 상

---

73) 何杜國(1897~1985). 廣西 容縣 출신. 보정육군군관학교, 일본육군사관학교 졸업. 당시 제15집단군 총사령. 주재지는 河南 沈邱.

황을 조사하고 필요시 협조 제공을 지시하는 會電

[入藏登錄號] 002-090103-00010-055

[發　信] 蔣介石

[受　信] 劉汝珍[74]

[時　間] 1945年 3月

[番　號] 會電A1751號

[內　容]

湖北 老河口 제5전구 劉 단장 보십시오. 현재 鄧縣에 주둔하고 있는 한국광복군 제1지대 제1구대의 상황을 조사해 주십시오. 필요하다면 한국광복군 제1지대 제1구대가 중국 부대와 함께 행동할 수 있도록 허락하고, 활동상의 편의를 제공해 주기 바랍니다. 中正.

067. [卷名] 적 점령구역에서 넘어온 韓人 40여 명을 한국광복군 제5지대 제3구대로 편제하라는 會電

[入藏登錄號] 002-090103-00010-056

[發　信] 蔣介石

[受　信] 薛岳

[時　間] 1945年 4月 14日

[番　號] 會電A2051號

[內　容]

제9전구 薛 사령장관 보십시오. 보내주신 代電 잘 받았습니다. 적 점령구역에서 넘어온 韓人 김재덕 · 정공주 등 40여 명을 한국광복군 제5지대 제3구대(예하에 3개 분대, 각 분대 대원은 20명)로 편제하고 잠시 제9전구 사령장관부에서 지휘해 주시기 바랍니다. 맡은바 공작이 일단락

---

74) 劉汝珍(1901~1999). 劉汝明의 동생. 당시 68군 군장으로 湖北 鄖縣에 주둔.

되면 귀환시켜 조직 편제를 다시 하시기 바랍니다. 이 문제는 한국광복군에도 통보할 것이니 적당한 인원을 신중하게 선발하여 구대장으로 삼고 결과를 보고해 주시기 바랍니다. 中正.

068. [卷名] 阜陽 부근에 한국광복군이 새로 초모한 대원 약 120명이 있다고 하는데 이것이 사실인지 여부를 상세히 조사하여 보고하라는 會電

[入藏登錄號] 002-090103-00010-057

[發　信] 蔣介石

[受　信] 何柱國

[時　間] 1945年

[番　號] 會電A2102號

[內　容]

臨泉지휘소 何 주임 보십시오. 한국광복군의 보고에 따르면 현재 阜陽 부근에 새로 초모한 대원 약 120명이 있다고 합니다. 이것이 사실인지 여부를 상세히 조사하여 보고해 주시기 바랍니다. 中正.

069. [卷名] 韓人 朱勝裕 등 10명을 한국광복군 제1지대 제1구대에 감화훈련을 맡겼다는 代電의 내용을 승인하는 會電

[入藏登錄號] 002-090103-00010-058

[發　信] 蔣介石

[受　信] 顧祝同

[時　間] 1945年 5月 16日

[番　號] 會電A2292號

[內　容]

鉛山 顧 사령장관 보십시오. 韓人 朱勝裕 등 10명을 한국광복군 제1
지대 제1구대에 감화훈련을 맡겼다는 5월 11일자 代電 잘 받았습니다.
사령장관의 의견대로 일을 처리하시기 바랍니다. 中正.

070. [卷名] 瀏陽과 湘陰縣 부근에 수용중인 한인 40여 명을 한국광
　　　　복군 제1지대 제3구대에 편입시키라는 會電

[入藏登錄號] 002-090103-00010-059

[發　信] 蔣介石

[受　信] 薛岳

[時　間] 1945年 6月 4日

[番　號] 會電A2747號

[內　容]

湖南 汝城에 주재하는 제9전구 薛 사령장관 보십시오. 제99군 梁 군
장75)이 瀏陽과 湘陰縣 부근에 수용중인 한인 40여 명을 편대하여 훈련
을 실시하고 우리 군대를 따라 공작에 임하게 하였으면 하고 보고하였
습니다. 양 군장의 청대로 허락하시기 바랍니다. 유양 등 여러 현에 수
용중인 한인은 잠정적으로 한국광복군 제1지대 제3구대에 편입시키고,
99군으로 하여금 지휘 운용할 수 있게 하십시오. 이후 군사위원회에서
귀순한 僞軍의 편조와 훈련 및 운용에 관한 방법이 마련되어 반포되면
상기 한인들은 이 방법에 따라 다시 처리하면 될 것입니다. 이에 특별
히 전해드리니 규정대로 따라 주시기 바랍니다. 中正.

071. [卷名] 군사위원회에서 다른 방법을 정하기 이전까지 韓籍 적군
　　　　포로 관병 및 기술인원들은 간첩 혐의가 없으면 한국광복군에

---

75) 梁漢民. 湖南 瀏陽에 주재.

맡겨 훈련받을 수 있도록 하라는 會電

[入藏登錄號] 002-090103-00010-060

[發　信] 蔣介石

[受　信] 顧祝同

[時　間] 1945年 6月 9日

[番　號] 會電A2806號

[內　容]

鉛山에 주재하는 顧 사령장관 겸 동남행영 주임 보십시오. 5월 29일자 代電 잘 받았습니다. 韓籍 적군 포로 관병 및 기술인원들은 군사위원회에서 다른 방법을 정하기 이전까지는 조사 결과 간첩 혐의가 없는 경우 모두 한국광복군에 맡겨 훈련받을 수 있도록 조치하십시오. 中正.

072. [卷名] 속히 전쟁포로와 韓籍 귀순 관병의 우대방법과 표준에 관한 규정을 정하여 주기를 청하는 代電에 대한 會電

[入藏登錄號] 002-090103-00010-061

[發　信] 蔣介石

[受　信] 何應欽

[時　間] 1945年 6月 17日

[番　號] 會電A2889號

[內　容]

昆明에 주재하는 何 겸임총사령[76] 보십시오. 6월 6일자 대전 잘 받았습니다. 전쟁포로에 대한 우대표준은 군정부가 따로 정하여 통지할 것입니다. 이외 적 점령구역에서 넘어온 한인들에 대한 대우는 군사위원회가 2월 28일 반포한 관련규정에 따라 우대해 주시기 바랍니다. 이들

---

76) 何應欽. 당시 중국육군총사령부 총사령 겸 군사위원회 참모총장.

의 膳食 등 비용은 잠정적으로 군정부가 정한 전쟁포로 대우 표준(주식인 쌀의 배급량은 국군사병과 동등하게, 부식비는 1인당 매달 2천 원)에 준하도록 하시기 바랍니다. 中正. 6월 17일.

073. [卷名] 김구 주석이 요청한 훈련반 개설에 협조를 청하는 會電

[入藏登錄號] 002-090103-00010-062

[發　信] 蔣介石

[受　信] 胡宗南 等

[時　間] 1945年 6月 30日

[番　號] 會電A3191-3194號

[內　容]

西安의 胡 대리사령장관,[77] 西安의 祝 주석,[78] 立煌의 李 사령장관,[79] 臨泉지휘소 何 주임(총사령)[80] 보십시오. 한국임시정부 김구 주석이 5월 28일 편지를 보내 西安·阜陽 두 곳에 훈련반을 개설하고자 하니 두 곳의 군정장관에게 수시로 훈련반에 협조를 제공하도록 지시하는 전문을 보내주도록 청하였습니다. 김구 주석의 요청을 받아들이기로 결정하였기에 이를 전하오니 가능한 협조를 제공해 주시기 바랍니다. 中正.

074. [卷名] 阜陽에서 立煌으로 이주하는 한국광복군 제3지대가 도착

---

77) 胡宗南. 제1전구 부사령장관. 당시 제1전구 사령장관은 陳誠.

78) 祝紹周. 당시 섬서성정부 주석.

79) 李品仙. 당시 제10전구 사령장관.

80) 何柱國. 1945년 1월 15일자로 제15집단군 총사령에서 제10전구 부사령장관으로 승진.

하면 수시로 지도와 협조를 제공하라는 會電

[入藏登錄號] 002-090103-00010-063

[發　信] 蔣介石

[受　信] 李品仙

[時　間] 1945年 6月 30日

[番　號] 會電A3196號

[內　容]

　立煌의 제10전구 李 사령장관 보십시오. 한국광복군 이청천 총사령의 代電에 따르면 원래 阜陽에 주둔하고 있던 한국광복군 제3지대가 立煌으로 이주하고, 부양에는 소규모 대원만 남아 초모공작을 계속할 것이라 합니다. 이에 이 총사령은 제10전구 사령장관부에 연락하여 한국광복군 제3지대가 입황에 도착하면 수시로 협조와 지도를 제공할 수 있도록 부탁하였습니다. 이미 이 총사령에게 요청을 수락한다는 전보를 보냈으니 협조와 지도 부탁드립니다. 中正.

075. [卷名] 포로수용소에 수용 중인 韓籍 포로와 기술인원을 한국광　　　복군에 넘겨 집중 훈련시키는 문제는 군사위원회가 정한 방법대　　　로 따르라는 會電

[入藏登錄號] 002-090103-00010-064

[發　信] 蔣介石

[受　信] 顧祝同

[時　間] 1945年 7月 21日

[番　號] 會電A3477號

[內　容]

鉛山에 주재하는 顧 사령장관 보십시오. 7월 11일자 代電 잘 받았습니다. 포로수용소에 수용 중인 韓籍 포로와 기술인원을 한국광복군에 넘겨 집중 훈련시키는 문제는, 이미 6월 9일자 會電에서 군사위원회가 다른 방법을 마련하기 이전까지는 조사 결과 간첩 혐의가 없는 경우, 모두 한국광복군에 맡겨 훈련받을 수 있도록 조치하라고 지시하였습니다. 수용소에 수용중인 여타 한인의 경우도 6월 9일자 회전에 지시된 내용을 참조하여 처리하면 될 것입니다. 中正.

076. [卷名] 한국광복군의 經費를 각 전구에서 발급할 필요는 없다는 會電

[入藏登錄號] 002-090103-00010-065

[發　信] 蔣介石

[受　信] 李品仙

[時　間] 1945年 7月 22日

[番　號] 會電A3478號

[內　容]

立煌에 주재하는 李 사령장관 보십시오. 6월 1일자 代電 잘 받았습니다. 수용중인 韓籍 인원 가운데 장차 한국광복군에 넘겨 대원으로 충당할 청년들의 군량과 의복 등 경비의 수령과 지급 방법은 따로 군사위원회에서 정하여 통지할 것입니다. 그 외 한국광복군의 모든 경비는 한국임시정부에서 통일적으로 수령하여 발급하고 있으니 각 전구에서 발급할 필요는 없습니다. 中正.

077. [卷名] 적진에서 귀순한 韓籍 병사들을 한국광복군에 넘기는 문제는 사령장관의 뜻대로 하라는 會電

[入藏登錄號] 002-090103-00010-066

[發　信] 蔣介石

[受　信] 李品仙

[時　間] 1945年 7月 28日

[番　號] 會電A3594號

[內　容]

　立煌에 주재하는 제10전구 李 사령장관 보십시오. 6월 30일자 代電 잘 받았습니다. 적진에서 귀순한 韓籍 병사들을 한국광복군에 넘기는 문제는 사령장관의 뜻대로 하시기 바랍니다. 이후 제10전구에 귀순한 韓籍 병사들은 지원에 따라 한국광복군 제3지대 혹은 제1지대에 넘기시면 될 것입니다. 각 지대의 활동범위는 잠시 제한을 두지 말고 자유롭게 활동할 수 있게 해 주십시오. 中正.

078. [卷名] 한국광복군 제1지대 제1구대에서 새로 초모한 청년 51명의 의복과 생활비 등은 우선 제10전구에서 대신 지출하라는 會電

[入藏登錄號] 002-090103-00010-067

[發　信] 蔣介石

[受　信] 李品仙

[時　間] 1945年 8月 1日

[番　號] 會電A3658號

[內　容]

　立煌에 주재하는 제10전구 李 사령장관 보십시오. 한국임시정부 대표 金若山 등의 보고에 따르면 한국광복군 제1지대 제1구대 金昌國 부대가 立煌·六安 등지에서 귀순한 청년 51명을 새로 초모하였다 합니다. 김약산은 이들에게 필요한 의복과 생활비 등의 지원을 요청하였습니다. 김창국 부대가 수용하고 있는 인원의 의복과 생활비 등은 우선

제10전구에서 대신 지출해 주십시오. 그러면 장래 한국임시정부가 한
국광복군에 연락하여 갚을 것입니다. 이런 사정을 軍政部에도 알릴 것
이니 이대로 따라주시고 보고 바랍니다. 中正.

079. [卷名] 韓籍 포로 鄭斗星 등 9명을 한국광복군 제1지대에 맡겨 훈련시켜도 좋다는 會電

[入藏登錄號] 002-090103-00010-068

[發　信] 蔣介石

[受　信] 顧祝同

[時　間] 1945年 8月 7日

[番　號] 會電A3721號

[內　容]

鉛山에 주재하는 顧 사령장관 보십시오. 7월 29일자 代電 잘 받았습
니다. 韓籍 포로 정두성 등 9명을 한국광복군 제1지대에 맡겨 훈련시키
는 문제는 사령장관의 의견대로 따르도록 하겠습니다. 中正.

080. [卷名] 한국광복군 성도훈련반은 개설하지 않기로 하였으니 지급했던 여비를 회수하라는 會電

[入藏登錄號] 002-090103-00010-069

[發　信] 軍事委員會

[受　信] 胡宗南 等

[時　間] 1945年 9月 16日

[番　號] 會電A3630-3634號

[內　容]

제1전구 胡 사령장관,[81] · 제5전구 劉 사령장관,[82] · 제10전구 李 사령

장관,[83) 제3전구 顧 사령장관,[84) 제9전구 薛 사령장관[85) 보십시오. 한국광복군이 成都에 훈련반을 개설하는 문제로 지난번에 연락을 드린 적이 있습니다. 당시 전보에서는 한국광복군 훈련반에 입소하는 대원들의 성도까지 여비는 각 해당 전구에서 지급하라는 것이었습니다. 그런데 한국광복군 성도훈련반은 개설하지 않기로 결정되었습니다. 각 전구에서 한국광복군에 지급했던 여비를 아직 되돌려 받지 못한 경우에는 즉시 군사위원회에 보고하여 대한차관 항목에 여비를 계상할 수 있도록 조치해 주십시오. 中正.

081. [卷名] 공작진행을 위해 南京과 上海에 출장 가는 李靑天에게 편의를 제공하라는 會電

[入藏登錄號] 002-090103-00010-070

[發　信] 軍事委員會

[受　信] 何應欽

[時　間] 1945年 10月 6日

[番　號] 會電A4999號

[內　容]

南京 何 겸임총사령 보십시오. 일전 한국광복군 이 총사령이 공작진행을 위해 남경과 상해에 다녀오기를 청하였습니다. 이 총사령의 요청을 허락하는 한편 군사위원회에서 한국광복군에 파견된 연락원 王繼賢이 동행하도록 조치했습니다. 이들에게 협조를 부탁드립니다.

---

81) 胡宗南. 주재지는 西安.

82) 劉峙. 주재지는 湖北 白河.

83) 李品仙. 주재지는 安徽 金寨.

84) 顧祝同. 주재지는 江西 鉛山.

85) 薛岳. 주재지는 湖南 汝城.

082. [卷名] 중국정부로부터 공식적인 인정을 받지 않은 상해한국청년단의 활동을 정지시키라는 會電

[入藏登錄號] 002-090103-00010-071

[發　信] 軍事委員會

[受　信] 何應欽

[時　間] 1945年 10月 9日

[番　號] 會電A5060號

[內　容]

南京 何 겸임총사령 보십시오. 9월 29일자 代電 잘 받았습니다. 韓僑 단체 및 한국광복군이 우리정부의 비준도 받지 않고 각지에서 임의로 활동을 전개하는 경우가 많습니다. 이는 우리의 주권을 존중하지 않는 행위입니다. 우리의 주권을 지키고 유폐를 막기 위해 이미 한국임시정부 김구 주석과 한국광복군 이 총사령에게 우리정부의 비준을 받지 않은 어떤 한교 단체나 광복군도 각지에서 활동을 하지 못하도록 公函을 보냈습니다. 上海의 한국청년단 역시 정부로부터 아직 공식적인 활동 허가를 받지 않았습니다. 이들의 활동을 중지시켜 주시기 바랍니다.

083. [卷名] 崔東一이 비밀리에 北平에 조직했다는 한교단체의 활동을 정지시키라는 會電

[入藏登錄號] 002-090103-00010-072

[發　信] 軍事委員會

[受　信] 胡宗南

[時　間] 1945年 10月 9日

[番　號] 會電A5061號

[內　容]

西安의 胡 사령장관 보십시오. 9월 22일과 23일자 代電 잘 받았습니다. 韓僑 단체 및 한국광복군이 우리정부의 비준도 받지 않고 각지에서 임의로 활동을 전개하는 경우가 많습니다. 이는 우리의 주권을 존중하지 않는 행위입니다. 우리의 주권을 지키고 유폐를 막기 위해 이미 한국임시정부 김구 주석과 한국광복군 이 총사령에게 우리정부의 비준을 받지 않은 어떤 한교 단체나 광복군도 각지에서 활동을 하지 못하도록 公函을 보냈습니다.

최동일이 비밀리에 북평에 조직했다는 한교단체도 우리정부로부터 공식적인 인가를 받지 않은 단체입니다. 즉시 활동을 멈추도록 조치해 주십시오. 新鄕 지역의 한교들이 한교회를 조직한 문제도 이색분자들의 침투활동을 막는데 신경을 써야할 것입니다. 다만 각지의 선량한 한교들에 대해서는 각별한 보호를 부탁드립니다.

084. [卷名] 上海 外灘의 韓人 지하활동과 新鄕 지역 韓僑會의 활동에 대한 지령

[入藏登錄號] 002-090103-00010-073

[發　信] 軍事委員會

[受　信] 何應欽

[時　間] 1945年 10月 24日

[番　號] 去電A5335號

[內　容]

南京의 중국육군총사령부 何 겸임총사령에게 전합니다. 10월 9일자 代電은 접수하셨으리라 믿습니다.

한국임시정부 김구 주석이 지난 15일자 函電에서 언급한 상해 외탄 일대 한인들의 지하활동과 신향 지역 한교회 조직문제 등에 대해 "우리정부는 사전에 전혀 이런 내용을 인지하지 못하고 있었습니다. 다만 북평과 천진 일대 韓籍 사병들을 초모하고 훈련시키기 위해 우리정부에서는 비밀리에 趙城山 등 동지들을 파견한 사실이 있습니다. 아울러 조 동지 등을 통해 이 지역에서 한국인회 등을 조직하여 지하활동을 전개하도록 지령을 내린 사실은 있습니다. 포악한 일본제국주의가 투항하고 중앙의 주요인물들이 북평에 진주하자 조성산 동지는 먼저 北平行營의 王 참모장,[86] 呂 전진지휘소주임,[87] 천진경찰국 李 국장[88] 등에게 각기 공작경과를 보고하고 당장에서 적극적인 지원을 약속받은 바 있습니다.

한인 최 모 등이 북평과 천진 일대에서 신일용 등과 조직한 한교지도위원회는 이미 오래 전부터 섬서 북부(延安의 공산당-편역자 주)와 연락을 취해 왔으며, 某路軍(제18집단군-편역자 주)이 그 배후에서 조직을 조종하는 동시에 조직의 확대를 꾀하고 있습니다. 이들을 그대로 내버려둔다면 장래 우려할만한 상황이 발생하게 될 것입니다"는 내용의 편지를 보내왔습니다.

이런 사정을 각 유관 전구에 통지하여 참고토록 해주시기 바랍니다. 군사위원회. 10월 24일.

085. [卷名] 九江에서 활동하고 있는 한국광복군 강남독립지대의 활동을 제지하라는 會電

[入藏登錄號] 002-090103-00010-074

[發　信] 軍事委員會

---

86) 王鴻韶.

87) 呂文貞.

88) 李漢元.

[受　信] 薛岳

[時　間] 1945年 10月 24日

[番　號] 會電A5337號

[內　容]

제9전구 薛 사령장관 보십시오. 10월 12일자 대전 잘 받았습니다. 한국임시정부 대표에게 현재 九江 일대에서 활동하고 있는 한국광복군 강남독립지대의 활동을 잠시 중지시키라는 代電을 보냈습니다. 사령장관께서도 이들의 활동을 제지하여 주시기 바랍니다.

086. [卷名] 韓僑의 생명과 재산을 보호하고 한교들에게 정확한 정치의식을 주입시키기 위해 수복구에 한국광복군 파견을 독려하라는 代電

[入藏登錄號] 002-090103-00010-075

[發　信] 軍事委員會

[受　信] 何應欽

[時　間] 1945年 10月 25日

[番　號] 去電A5372號

[內　容]

南京의 중국육군총사령부 何 겸임총사령에게 전합니다. 한국임시정부 대표 김약산과 이청천이 10월 19일자 代電을 통해 한국광복군 제2지대장 이범석의 10월 4일자 보고 내용을 전해 왔습니다. 이 대전에 따르면 일구가 투항한 이후 광복군 제2지대는 그간 적 후방에 거주하고 있던 한교들의 생명과 재산의 안전을 보장하고, 수복구 내 일반 한교들에게 정확한 정치의식을 심어주기 위해 박익득·장재민 두 대원을 하남성 동부 방면에 파견하여 공작을 진행하고 있다 합니다. 아울러 하북성 각지의 한인단체 및 개인과 연락을 취하기 위해 부관주임 서곤을 洛陽에 파견하고, 전시 제11전구 참모로 근무한 대원 오정웅은 선전을 위해 北平에 파견하기로 결정하였다며 이런 사실을 유관기관에 보고하고 협조를 청하였다 합니다. 한국광복군의 요청을 수락하기로 결정하였으니 즉시 각 유관 전구에 통지하여 가능한 협조를 제공해주시기 바랍니다. 군사위원회. 10월 25일.

087. [卷名] 한국광복군 제2지대장 李範奭의 보고가 사실인지 조사하여 달라는 會電

[入藏登錄號] 002-090103-00010-076

[發　信] 軍事委員會

[受　信] 胡宗南

[時　間] 1945年 10月 26日

[番　號] 會電A5373號

[內　容]

　제1전구 胡 사령장관 보십시오. 한국임시정부 대표 김약산과 이청천이 10月 19日 代電을 보내왔습니다. 이 대전은 "한국광복군 제2지대장 이범석의 10월 4일자 보고에 따르면 32년(1943) 분대장 장이호를 파견하여 石家莊·新鄉·洛陽 일대에서 중국별동대와 적후첩보공작을 진행하도록 하였습니다. 日寇가 투항한 뒤 장이호는 제1전구 낙양선견지휘소 裴 부장관과 접촉하여 적군 중의 韓籍 청년 40명을 넘겨받아 본 지대의 독립분대로 편제하였습니다. 독립분대의 편제를 정식으로 승인해주십시오" 하는 내용이었습니다.

　이범석의 보고에 적혀 있는 내용들이 사실인지 상세하게 조사하시어 군사위원회에 통보해 주시기 바랍니다. 군사위원회. 10월 26일.

088. [卷名] 적 점령구역에서 넘어온 한국청년들과 **韓籍** 적군 관병
및 기술인원의 처리를 같이할 것인지 지시를 바라는 **代電**

[入藏登錄號] 002-090103-00010-077

[發　信] 顧祝同

[受　信] 蔣介石

[時　間] 1945年 5月 30日

[番　號] 來電15147號

[內　容]

重慶 蔣 위원장님 보십시오. 적 점령구역에서 넘어온 한국청년들은
각 전구가 한국광복군과 협동하여 수용하라는 4월 3일자 渝辦一參 지
령 잘 받았습니다. 본 전구에서 활동하고 있는 한국광복군 제1지대 제2
구대가 관병 인수와 훈련계획 등을 보고했습니다. 그런데 韓籍 적군 관
병 및 기술인원까지도 귀순한 한국청년들과 함께 한국광복군에 넘겨
훈련시키고 적당한 공작을 맡겨야 하는 것인지 지시를 내려 주시기 바
랍니다. 職 顧祝同 올림.

089. [卷名] 한국광복군 주북경판사처장 **崔用德**에게 지도와 편의를
제공하라는 **會電**

[入藏登錄號] 002-090103-00010-078

[發　信] 蔣介石

[受　信] 何應欽 等

[時　間] 1945年 10月 25日

[番　號] 會電A5374-5375號

[內　容]

南京 何 겸임총사령, 北平行營 李 주임 보십시오. 한국임시정부 대표

김약산과 이청천이 최용덕을 한국광복군 북경주재판사처 처장에 임명하여 곧 북평으로 향할 예정이니 현지 유관기관에 협조와 지도를 부탁해 달라고 代電을 보내왔습니다. 이미 이들의 요청을 수락한다는 답전을 보냈습니다. 하 겸임총사령과 이 주임도 예하 각 기관에 지도와 편의를 제공하라고 지시해 주시기 바랍니다. 中正. 10월 25일.

090. [卷名] 제5전구에서 한국광복군에 지급했던 여비 47만 원은 대한차관 항목으로 계상되었음을 알리는 會電

[入藏登錄號] 002-090103-00010-079

[發　信] 軍事委員會

[受　信] 劉峙

[時　間] 1945年 11月 1日

[番　號] 會電A5508號

[內　容]

湖北 白河에 주재하는 제5전구 劉 사령장관 보십시오. 10월 5일자 代電 잘 받았습니다. 한국광복군 성도훈련반은 개설하지 않기로 하였습니다. 이에 각 전구에서 한국광복군에 지급했던 성도까지의 여비는 모두 軍政部에 보고하여 대한차관 항목에 계상하기로 결정되었습니다. 제5전구에서 한국광복군에 지급했던 여비 47만 원도 이미 군정부에 연락하여 대한차관 항목으로 넣기로 하였습니다. 이에 전해드리오니 참고하시기 바랍니다. 군사위원회. 11월 1일.

091. [卷名] 經費를 마련하기 위해 上海에서 활동하다 경비사령부에 체포된 李蘇民의 석방을 청하는 지령

[入藏登錄號] 002-090103-00010-080

[發　信] 軍事委員會

[受　信] 錢大鈞

[時　間] 1945年 11月 1日

[番　號] 去電A5509號

[內　容]

　上海에 주재하는 淞滬警備總司令部 錢 총사령에게 전합니다. 한국임시정부대표 김약산 등이 보내온 代電을 받았습니다. 이 전보에 따르면 한국광복군 제1지대 제1구대장 李蘇民이 경비 마련을 위해 제3전구를 벗어나 上海에서 활동하다가 체포되어 淞滬警備部에 구금되어 있다며 원활한 공작진행을 위해 이소민을 석방해줄 것을 청하였습니다. 즉시 이소민의 현재상황을 파악하시어 만일 특별한 혐의나 불법을 저지른 사실이 없다면 석방하고 결과를 보고해주시기 바랍니다. 군사위원회. 11월 1일.

092. [卷名] 上海市黨部가 나서 金九 등의 상해에서의 활동에 편의를
　　　제공해 줄 것을 청하는 지령

[入藏登錄號] 002-090103-00010-081

[發　信] 軍事委員會

[受　信] 錢大鈞

[時　間] 1945年 11月 4日

[番　號] 去電1365號

[內　容]

　上海 錢 시장 보십시오. 한국임시정부 김구 주석 일행이 상해에 도착하면 市黨部가 나서 이들을 성의껏 접대하고 너무 형식에 치우치지 않도록 주의 바랍니다. 더불어 혹 김구 등이 상해에서 安重根의 아들 등

반동분자를 처치하고자한다면 협조를 제공해주시기 바랍니다. 中正. 11
월 4일.

093. [卷名] 신속하게 미국정부와 한국정부 성립문제와 관련한 정책
　　　을 논의할 것을 청하는 지령

[入藏登錄號] 002-090103-00010-082

[發　信] 蔣介石

[受　信] 魏道明

[時　間] 1945年 9月 24日

[番　號] 去電575號

[內　容]

워싱턴에 주재하는 魏 대사에게 전합니다. 한국문제에 대한 미국의
정책이 도대체 무엇인지 트루먼 대통령으로부터 분명한 답을 얻어주기
바랍니다. 우리정부는 이전 루스벨트 대통령과 협의한 내용대로 움직
일 것입니다. 이에 따라 우선 네 나라(영·미·중·소)가 공동으로 한국
에 訓政政府가 들어설 수 있도록 협조하고, 이를 바탕으로 삼아 한국인
들이 완전한 독립을 이룰 수 있도록 도울 것입니다.

그러나 한국에 훈정정부를 조직하는 것보다는 현재 重慶에서 활동하
고 있는 임시정부를 기초로 조직을 확대하여 정식정부로 탈바꿈시키는
것이 더욱 바람직하다는 생각입니다. 기존의 임시정부를 제쳐두고 새
로 정부를 세우게 되면, 공산당에 의해 조종될 가능성이 없지 않을 것
입니다. 여러 사정을 감안해 볼 때 현재의 임시정부를 장차 한국정부의
기초로 삼는 것이 최선의 방책이라 생각됩니다. 이 문제는 너무나 중요
한 것이니 속히 미국정부와 충분히 의견을 교환하고 그 경과를 상세히
보고해주기 바랍니다. 中正. 9월 24일.

094. [卷名] 각 수복구에 거주하는 韓僑 가운데 범죄행위에 연루되지 않은 자들은 한국임시정부가 파견한 韓僑宣撫團과 협의하여 이들을 안치하라는 지령

[入藏登錄號] 002-090103-00010-084

[發　信] 蔣介石

[受　信] 何應欽

[時　間] 1945年 11月 8日

[番　號] 去電A5733號

[內　容]

何 겸임총사령 보십시오. 한국임시정부 김구 선생이 10월 29일 편지를 보내왔습니다. 이 편지에서 김 주석은 현재 중국에 거주하고 있는 韓僑의 처리문제는 중한 두 민족의 전도와 깊은 관련을 맺고 있다며 지대한 관심을 보이고, 우리 측이 적절한 조치를 취해줄 것을 당부하였습니다. 아울러 김 주석은 각 수복구의 군정 당국이 한교와 관련한 안건을 처리할 때 한국임시정부가 각지에 파견한 한교선무단과 긴밀히 연계하여 충분한 협의를 진행해주기를 청하였습니다. 김 주석은 이런 사실을 각 수복구에 하달하고, 특별한 범죄혐의가 없는 한교들은 해당지역에 파견된 한교선무단과 협의하여 그들의 생명과 재산의 안전이 보장받을 수 있도록 협조를 요청하였습니다. 中正. 11월 8일.

095. [卷名] 韓僑는 일본군 포로와 동등하게 대우해서는 안 된다는 지령

[入藏登錄號] 002-090103-00010-085

[發　信] 蔣介石

[受　信] 湯恩伯

[時　間] 1945年 12月 1日

[番　號] 去電A6036號

[內　容]

湯 사령관 보십시오. 11월 23일자 대전 잘 받았습니다. 韓僑를 일본
군포로와 동등하게 대우해서는 안 될 것입니다. 이후 한교와 관련된 문
제를 처리할 때는 반드시 何 총사령에게 보고하여 지시를 받기 바랍니
다. 中正. 11월 30일.

096. [卷名] 韓僑가 휴대할 수 있는 현금과 휴대품의 수량에 대해 미
　　　 군당국과 협의를 진행하고 있음을 알리는 代電

[入藏登錄號] 002-090103-00010-086

[發　信] 何應欽

[受　信] 蔣介石

[時　間] 1946年 4月 8日

[番　號] 來電9729號

[內　容]

重慶의 蔣 위원장께 보고합니다. 견송 시 韓人이 휴대할 수 있는 현
금과 휴대품의 수량은 일본군포로 및 日僑의 그것과 동등하게 규정한
바 있습니다. 그러나 일전 미군당국은 한인들은 귀국 시 1인당 250파운
드까지 물품을 휴대할 수 있다고 우리 측에 통지하였습니다. 이에 각지
의 유관기관에 이런 사실을 통지하였습니다. 한인들이 휴대할 수 있는
현금의 상한도 마땅히 상향조정되어야 할 것으로 생각합니다.

　한인들이 항구에서 귀국선에 오를 때 얼마까지 현금을 휴대하도록
허용할지 목하 미군당국과 협의중에 있습니다. 아울러 항구에 집결하
기 위해 내지를 여행하는 한인들의 경우, 휴대품과 소지할 수 있는 현

금의 수량에 대해 제한을 두지 않도록 각지의 유관기관에 통보하였습니다. 南京에서 職 何應欽. 4월 8일.

097. [卷名] 중국통일을 위해 분투하는 장개석에게 경앙의 뜻을 전하는 金弘一의 전문

[入藏登錄號] 002-090103-00010-087

[發　信] 金弘一

[受　信] 蔣介石

[時　間] 1946年 12月 12日

[番　號]

[內　容]

남한에 임시입법회의가 성립됨에 즈음하여 삼가 각하께 본인과 전체 한국인민의 경앙과 감사의 뜻을 전합니다. 중국의 완전한 통일을 위해 불철주야 분투하시는 각하야말로 실로 우리의 앞날을 비추는 등대와 같습니다. 각하는 중국을 세계 강대국의 반열에 올려놓은 역사적 인물로 중국의 상징이기도 합니다. 한국은 지금 통일과 완전한 독립을 위해 분투하고 있습니다. 이런 우리를 위해 각하께 새로운 용기와 격려를 부탁드립니다. 남한임시입법회의주석 金逸署(金弘一).

098. [卷名] 한국독립을 위해 지원을 아끼지 않은 장개석에게 감사의 뜻을 전하는 韓景職 등의 전문

[入藏登錄號] 002-090103-00010-090

[發　信] 韓景職 等

[受　信] 蔣介石

[時　間] 1947年 2月 2日

목하 북위 38도선 이북에서 벌어지고 있는 상황에 대해 각하께서 특별한 주의를 기울여주시기 바랍니다. 소련군이 북한을 점령한 이후 북한인민들은 먹을 것이 부족하여 연일 대동강에 몸을 던지는 자가 부지기수입니다. 북한의 진남포에서는 식량부족문제로 소동이 일어나 백여 명이 감옥에 갇히고 살해되었습니다. 이런 소식을 들을 때마다 우리는 가슴이 찢어지는 아픔을 느끼지만 달리 방도가 없어 애태울 따름입니다. 각하께서 자비심을 발휘하여 가능한 모든 방법으로 북한인민들을 구원해주시기를 간절히 바랍니다.

아울러 우리는 소련당국이 이 문제에 대해 특별한 주의를 기울여주기를 바라며, 세계대중의 동정심을 환기시킬 수 있기를 희망합니다. 각하께서 우수한 부하관원들을 충분히 활용하여 고난에 처한 북한인민들을 구원해주시기를 간절히 바랍니다. 이것이 바로 우리의 요구이자 바람입니다. 金九.

102. [卷名] 조만간 南京을 방문할 이승만에게 도움을 줄 것을 청하는 김구의 전문

[入藏登錄號] 002-090103-00010-094

[發　信] 金九

[受　信] 蔣介石

[時　間] 1947年

[番　號] 來電A1706號

[內　容]

불쑥 각하께 연락을 드리게 되었습니다. 한국민주당대표회의 주석 이승만 박사가 조만간 南京을 방문하여 한국독립문제에 관해 각하께 가르침을 청하고자 합니다. 중한 두 나라 사이의 전통적인 우호관계를 생각하시어 이 박사에게 아낌없는 원조와 지지 보내주시기를 정성으로 청합니다. 아울러 각하께 깊은 경의와 지고한 존중의 뜻을 보내며, 중국의 국운이 창성하기를 축원합니다. 金九.

103. [卷名] 미국조야와 미국군부의 이승만에 대한 평판이 좋지 못하니 그를 너무 예우하지 말 것을 청하는 전문

[入藏登錄號] 002-090103-00010-095

[發　信] 何應欽(華盛頓)[90]

[受　信] 蔣介石

[時　間] 1947年 3月 31日

[番　號] 來電A2984號

[內　容]

南京의 蔣 주석께 전합니다. 이승만이 조만간 아국을 방문하는 것으로 알고 있습니다. 이승만은 이미 연로한데다 성격이 외고집이어서 미국인과 한국인들 모두 그를 그다지 옹호하지 않는 것으로 전해지고 있습니다. 미국군부도 이승만을 지지할 의향이 별로 없는 것으로 압니다. 그가 아국을 방문할 때 너무 과도한 예우는 삼가는 것이 좋을 것입니다. 職 應欽. 3월 31일.

104. [卷名] 미국정부와 주한미군이 이승만에 대해 별다른 호감을 갖고 있지 않다는 사실을 알리는 代電

[入藏登錄號] 002-090103-00010-096

[發　信] 顧維鈞

---

90) 국제연합안전보장이사회 군사참모단 중국대표단 단장으로 1946년 6월 이후 미국에 체류하였다.

[受　信] 蔣介石

[時　間] 1947年 4月 2日

[番　號] 來電A3043號

[內　容]

南京의 蔣 주석께 전합니다. 이승만은 1일 미국을 출발하여 일본에 이틀 정도 머문 뒤 남경으로 가 주석을 예방할 것으로 보입니다. 미국국무원 관계자가 은밀히 전하는 말에 따르면 미국정부 및 주한미군당국은 최근 이승만의 언행이 사리에 맞지 않는 부분이 적지 않은데 대해 모두 상당한 불만을 갖고 있다고 합니다. 특히 미국당국은 이승만이 인민들을 부추겨 주한미군 철수를 주장하고, 주한미군당국을 공격하는가 하면 신탁통치를 반대하는 등 일련의 움직임을 보이는 것은 원대한 식견이 부족한 탓이라고 이승만에 대해 곱지 않은 시선을 보내고 있습니다.

　이승만은 전체 인민을 이끌만한 호소력이 부족한데다 나이도 적지 않습니다. 더구나 성격이 외골수인지라 그와 합작을 논한다는 것은 결코 쉽지 않습니다. 그가 한국의 정치문제에 대해 논의하고자 한다면 막을 수 없는 노릇이고, 그가 한국 인민의 지지를 얻어 정권을 잡는다면 그 역시 반대할 수 없을 것입니다. 그러나 이승만에 대해 상당히 냉담한 입장을 가지고 있는 미국정부가 그에게 적극적인 도움의 손길을 내밀지 않으리라는 것은 분명해 보입니다. 이승만을 어떻게 대우하는 것이 미국과 소련의 의구심을 불식시키는 길인지 주석께서 잘 판단하시어 지령 내려주시기 바랍니다. 顧維鈞.

105. [卷名] 국제연합대회에 출석하는 중국대표단을 통해 한국문제를
　　　 재차 토론해줄 것을 청하는 電文

　[入藏登錄號] 002-090103-00010-097

[發　信] 李承晩

[受　信] 蔣介石

[時　間] 1947年

[番　號] 來電A3043號

[內　容]

국제연합대회에 출석한 중국대표단이 한국문제에 대해 4강이 재차 논의할 것을 강력히 주장하고 있다는 소식을 접하였습니다. 모스크바 회의에서 제안된 신탁통치안에 대해 한국민족은 끝까지 결연한 반대의 입장을 견지할 것이며, 우리는 더 이상 이를 한국문제 해결의 방안으로 고려하지 않을 것입니다. 그런데 어찌하여 중국은 소련의 뜻에 찬동하여 일을 복잡하게 만드는 것인지 모르겠습니다. 속히 중국대표단에 타전하여 뜻을 굽히도록 조치해 주시기 바랍니다.

각하께서는 한국이 신속하게 독립지위를 회복하기를 간절하게 바라고 계시는 것으로 알고 있습니다. 우리는 지금 남한만이라도 국회의원을 선출하여 임시정부를 성립할 수 있기를 바라고, 이와 관련한 준비를 진행하고 있습니다. 우리는 또한 38도선의 철폐와 외국군대의 철수를 강력히 원하고 있습니다. 우리는 우리 스스로의 힘으로 국가를 보위할 무력을 조직하여 중한 두 나라의 이익을 지키기 위해 노력할 것입니다. 각하와 부인의 안부를 물으며 이만 줄입니다. 李承晩.

106. [卷名] 이승만의 중국방문과 관련한 代電

[入藏登錄號] 002-090103-00010-098

[發　信] 毛景彪[91]

---

91) 毛景彪. 浙江 奉化 출신. 그의 부친이 蔣經國의 생모와 사촌간인 관계로 蔣介石의 신임을 받았다. 당시 국방부 제5청부청장 겸 제1처 처장.

[受　信] 俞濟時[92]

[時　間] 1947年 4月 7日

[番　號] 去電B381號

[內　容]

俞 軍務局長께 전합니다. 한국주화대표단 閔石麟 단장이 "아국 이승만 박사가 4월 11일 上海에 도착할 예정입니다. 이 박사가 중국에 머무는 시간은 단 이틀에 불과합니다. 이 박사는 상해 도착 즉시 南京으로 가 蔣 주석을 예방할 계획입니다. 이 박사가 상해 도착 당일 남경으로 갈 수 있도록 비행기 한 대를 내어 주셨으면 합니다"는 내용의 전보를 보내왔습니다. 이에 보고 드리니 살펴보시고 가부간에 지시 내려주시기 바랍니다. 職 毛景彪. 4월 7일.

107. [卷名] 南京 및 각지의 韓籍 사병과 韓僑의 운송상황에 대한 보고

[入藏登錄號] 002-090103-00010-341

[發　信] 何應欽

[受　信] 蔣介石

[時　間] 1946年 3月 16日

[番　號] 來電7727號

[內　容]

重慶의 蔣 위원장님께 아래 몇 가지 사항을 보고 드립니다.

(一) 그간 南京에 수용되어 있던 韓籍 사병 710명은 3월 3일자로 이미 上海로 이동하였고, 지금 기타 韓僑들에 대한 수송작업이 진행되고 있습니다. 기타 각지의 韓籍 관병과 교민들도 가까운 항구로 집결하도

---

92) 俞濟時(1904~1990) 浙江 奉化 출신. 황포군관학교 제1기 졸업. 軍事委員會委員長 侍衛長으로 오랫동안 장개석을 보좌하였다. 당시 국방부 군무국장.

록 각 분구에 지령하였습니다. 이와 관련하여서는 이미 3월 9일자 대전을 통해서도 보고 드린 바 있습니다.

(二) 上海에 집결한 韓人 가운데 5,151명을 두 차례에 나누어 견송하였습니다. 이에 대해서도 역시 3월 9일자 대전을 통해 보고 드린 사실이 있습니다.

(三) 顧 주임[93]이 2월 14일 한국광복군 제1지대 제3구대의 사정에 대해 代電을 보내왔습니다. 이에 따르면 徐州 일대에는 한국광복군 제3지대원 210명, 제3구대원 457명이 체류중인 것으로 보고되었으나, 이는 상부로부터 비준을 받은 한국광복군 각 지대와 구대의 편제인원표의 숫자와 부합하지 않습니다. 이에 다시 상세하게 조사하여 보고하도록 지시하였습니다. 새로운 보고가 올라오는 즉시 재차 연락드리도록 하겠습니다. 南京에서 職 何應欽. 3월 16일.

108. [卷名] 李靑天과 상의한 한국광복군 견송방법 5개항에 대한 결재를 청하는 代電

[入藏登錄號] 002-090103-00010-342

[發　信] 何應欽

[受　信] 蔣介石

[時　間] 1946年 4月 9日

[番　號] 來電9668號

[內　容]

重慶의 蔣 위원장께 올립니다. 4월 5일자 代電 받으셨으리라 믿습니다. 한국광복군의 遣送 문제로 軍슈部[94]와 李靑天이 접촉하였습니다.

---

93) 徐州綏靖公署主任 顧祝同.

94) 부장 徐永昌.

일전 이청천이 아래 5가지 방안을 제시하였기에 보고 드립니다.

(一) 중국경내에서 동맹군의 작전에 협조하는 한국광복군의 임무가 이제 성공적으로 완수되었기에 한국광복군은 자발적으로 復員을 선포하고자 한다.

(二) 한국광복군이 과거 반침략전쟁 과정에서 동맹군과 공동작전을 수행하면서 거둔 휘황한 성과를 중국정부가 미국 당국에 있는 그대로 전해주기 바란다. 한국광복군 李 총사령 및 그가 통솔하였던 전우들의 영광된 전적을 인정하고, 이들의 현재 처지를 감안하여 귀국에 필요한 선박을 미군 당국이 협조해 줄 것을 요청한다. 한국광복군의 귀국을 위한 전용선을 제공한다면 더욱 좋을 것이다.

(三) 한국광복군이 귀국 시 호신용 총기를 휴대할 수 있도록 요청하는 바이다. 총기는 한국임시정부주화대표단이 중국정부로부터 빌리는 형식으로 제공받았으면 한다.

(四) 한국광복군이 귀국하기 전 그간 광복군을 위해 애쓴 중국인 공작인원들에 대해서는 중국정부가 이들의 원래 계급을 인정하고 각 기관에 안치해주기를 청한다. 이들에게 적당한 자리를 마련할 수 없을 경우에는 3개월치 봉급에 해당하는 위로금을 지급해주었으면 한다.

(五) 장래 공작진행상의 편의를 위해 비밀군사대표를 중국에 잔류시키고자하니 허용해주기 바란다.

이상 이청천의 요구사항을 받아들일지 여부에 대해 지시 부탁드립니다. 南京에서 職 何應欽. 4월 9일.

109. [卷名] 崔昌植과 金元慶의 처리방법에 관해 의견을 청하는 代電

[入藏登錄號] 002-090103-00010-344

[發　信] 宣鐵吾[95]

[受　信] 蔣介石

[時　間] 1946年 6月 21日

[番　號] 來電14198號

[內　容]

군사위원회 蔣 위원장께 올립니다. 어제 올린 대전은 받으셨으리라 생각합니다. 한교 崔昌植과 金元慶을 한국임시정부에 넘겨 심판토록하는 것이 어떨지 지령주시기 바랍니다. 淞滬警備司令 宣鐵吾. 6월 21일.

三. 特交檔案 – 對韓國外交(一)

110. [卷名] 한국애국지사를 암살한 漢奸 吳大根 등의 처리에 관한 보고

[入藏登錄號] 002-080106-00068-015

[發　信] 戴笠[96]

[受　信] 蔣介石

[時　間] 1945年 11月 19日

[番　號]

[內　容]

一. 韓人 黃逸民 즉 吳大根과 漢奸 陳鴻文 두 사람은 금년 2월 일본인의 지령을 받고 上海로부터 南京으로 가 김구를 암살하려던 자들입니다. 다행히도 우리 요원에 의해 둘은 체포되었고, 혐의사실을 순순히

---

95) 황포군관학교 제1기 졸업생. 당시 淞滬警備司令.

96) 戴笠(1897~1946). 浙江 江山 출신. 황포군관학교 제6기 졸업. 중일전쟁시기 군사위원회조사통계국(약칭 軍統局) 국장으로 특무활동 지휘. 1946년 3월 17일 남경 근교에서 비행기사고로 사망.

자백하였습니다. 지난 2월 牯嶺에서 위원장님을 뵌 자리에서 이 두 사람을 총살하는 것이 마땅하다고 청하였고, 위원장께서도 이에 동의하신 바 있습니다. 다만 당시 위원장님께서 구두로만 승낙하셨을 뿐 형 집행에 대한 정식수속이 이루어지지 않아 아직까지 집행을 하지 못하고 있습니다. 그런데 일전 황일민이 같은 방에 수감된 동료죄수가 읽던 잡지에 비밀리에 일본어로 쪽지를 써 석방되는 程和卿 편에 일본영사관에 전달하고자 하였습니다. 마침 정화경의 밀고로 간수에 의해 쪽지는 압수되었습니다. 쪽지는 일본영사관에 구원을 청하는 것으로, 자신이 갇혀 있는 곳이 藍衣社의 비밀기관이라는 등의 내용이 적혀 있었습니다. 이는 매우 중대한 문제로 사전에 발각된 것이 다행이 아닐 수 없습니다. 이 기회에 한간을 제거하고 후환을 방지하기 위해 황일민과 진홍문 둘을 비밀리에 총살하고자 합니다. 가부간의 결정을 내려 주시기 바랍니다.

111. [卷名] 한국의열단공작보고

[入藏登錄號] 002-080106-00068-016

[發　信] 陳國斌

[受　信] 蔣介石

[時　間] 1932年 12月 20日

[番　號]

[內　容]

義烈團報告(금년 7월~12월)

· 국외

－ 군사방면

一. 본단은 금년 7월초 동북지역에서 활동하고 있는 金國賓·柳基錫·金剛岩·金世雄 등 동지들에게 명하여 東北抗日救國會에 참가할 수 있도록 구국회 당국과 협의를 진행하도록 하였습니다. 구국회 방면에서는 熱河 지역의 방무가 가장 중요하다는 판단에서 열하를 東北民衆抗日救國獨立第一支隊의 주둔구역으로 획정하고, 본단의 김국빈(이전 奉天軍剿匪司令部軍法處長으로 9년간 재직) 동지를 司令으로 임명하였습니다. 임무를 부여받은 김 동지는 적극 부대를 확대하여 현재 대원이 11,500여 명에 이릅니다. 이 부대는 현재 두 방면으로 나누어 활동하고 있습니다.

第一路는 赤峯 일대에 기병 3천, 林東·林西에 보병 2천, 哈爾濱에 보병 3천이 활동하고 있습니다.

第二路는 河北의 都山縣에 보병 1천 5백, 撫寧縣에 보병 2천이 배치되어 있습니다.

二. 금년 7월 중순에는 金元植·金尙德 두 동지를 동북에 파견하였습니다. 김원식 동지와 李靑天은 吉林省 敦化·額穆 등지에 독립군 제1지대를 조직하였는 바, 그 인원은 약 5백여 명에 이릅니다. 김상덕 동지는 요녕성의 통화·집안 등지에 독립군 제2지대를 조직하였는데 현재 대원은 약 3백여 명입니다.

- 정치방면
一. 韓國對日戰線統一同盟의 조직경과 및 내용
A. 조직경과
대표 李振善·韋思源 두 동지를 上海에 파견하여 韓國獨立黨·朝鮮革命黨·韓國革命黨·光復同志會 등 단체의 대표들과 11월 6일 정식 대표대회를 개최하고 만장일치로 한국대일전선통일동맹을 조직하기로 결의하였습니다. 다만 통일동맹을 조직하는데 동의한 각 단체의 실력이 미약한데다 내부사정도 복잡하여 통일동맹을 한국혁명세력의 통일기관으로 간주하기에는 무리가 없지 않습니다. 그러나 장래 통일전선을 촉성시킬 매개체로써 통일동맹 존재의 의의가 있다고 할 수 있습니다.

B. 내용

1. 명칭

한국대일전선통일동맹

2. 강령

a. 우리는 혁명적 방법으로 한국독립을 완성한다.

b. 우리는 혁명역량을 집중하여 대일전선을 통일적으로 지도하고 확대한다.

c. 우리는 신뢰할 수 있는 우군과 긴밀한 연계를 취한다.

d. 우리의 모든 활동은 민중의 이익을 최우선으로 한다.

3. 참가단체 및 대표

義烈團: 李振善 韋思源

韓國獨立黨: 金白淵 李春山

朝鮮革命黨: 崔東旿 柳春郊

韓國革命黨: 王海公 成玄園

光復同志會: 金仲文

4. 조직

a. 집행위원: 9~15명(잠정적으로 9명)

金白淵 金仲文 李振善 韋思源 李春山 崔東旿 柳春郊 成玄園

b. 상무위원: 5~7명(잠정적으로 5명)

金仲文 金白淵 李振善 王海公 崔東旿

二. 中韓民衆大同盟의 조직경과 및 내용

A. 조직경과

上海 방면의 항일단체인 중화민중자위대동맹이 반일이라는 공동의 목표하에 한국대일전선통일동맹과 합작을 원하여 11월 14일 쌍방대표가 상해에서 '중한민중대동맹'을 조직하기로 합의하였습니다.

B. 내용

1. 목적

중국의 失地를 수복하고 한국의 독립을 완성하며 진정으로 자유평등한 인류사회를 실현한다.

2. 정책

중한대일연합군을 조직하고 모든 반일세력과 연합하며 민중의 반일운동을 확대한다.

3. 간부

葉承明 李次山 吳山 河永貞 丁超五 華僑 대표 1명(이상 중국인)

金仲文 李振善 柳春郊 李春山 王海公(이상 한국인)

三. 中華五族救國同盟會 조직경과 및 내용

A. 조직경과

일본제국주의는 한국과 만주를 강탈한 교묘한 수단을 앞세워 이제 몽고를 모국의 품으로부터 떼어놓으려 획책하고 있습니다. 내몽고의 운명은 중한 두 민족의 전도에 엄청난 영향을 미치지 않을 수 없습니다. 현재 열하와 내몽고에 거주하고 있는 韓人은 이미 2만여 명에 달하고 있습니다. 또한 동삼성이 일본제국주의에 의해 침점된 뒤부터는 이 지역으로 이주하는 한교가 갈수록 늘어나고 있습니다. 이에 본단은 열하와 내몽고 등지에 최단기간 내에 한국혁명군의 기본 대오를 건립하기 위한 작업에 착수하였습니다. 몽고의 변경지대에서 순조롭게 활동하기 위해서는 몽고인들과 긴밀한 연계가 없이는 불가능한 일입니다. 이점을 잘 알고 있기에 우리는 柳基錫·金世雄 두 동지를 파견하여 黃震陽·邢彦圖·德色賴托布 등 몽고의 수령들과 향후 운동방향을 논의토록 하였고, 그 결과 11월 30일 北平에서 '중화오족구국대동맹'을 조직할 수 있었습니다.

B. 내용

1. 강령

우리 민족의 원수인 일본군국주의를 타도하고 우리 고유의 이권을 회수하며, 국제지위의 평등을 촉진하고 생산사업을 발전시키기 위해 노력한다.

2. 조직

a. 집행위원 25명

邢彦圖(몽고인) 黃震陽(중국인) 金國賓(한국인) 金世雄(한국인) 金寶忱(중국인) 張玄黙(한국인) 錢利民(중국인) 溫松康(중국인) 李壽符(몽고왕 德色賴托布의 대표) 林雪松(화교) 羅濟民(중국인) 吳受天(중국인) 등.

b. 후보집행위원 6명

高東初(중국인) 李曉時(중국인) 柳基錫(한국인) 孫是政(한국인) 李興(중국인) 등.

c. 감찰위원 5명

連福(중국인) 周潤山(중국인) 達珍亭(몽고인) 芮石丞(중국인) 張子安(중국인)

d. 후보감찰위원 2명

劉鏡明(중국인) 續大民(중국인)

·국내

－ 농민운동

一. 본단의 지도하에 새로 성립된 농민조합이 4곳, 개조를 단행한 곳이 1곳, 항조운동을 지도한 것이 1차례입니다.

A. 새로 성립된 농민조합

咸鏡南道 洪原郡: 책임자 李光漢.

平安北道 龍川郡 東洋拓殖會社가 관리하는 不二農場: 책임자 鄭仁祚.

平安北道 博川郡: 책임자 姜一鉉.

江原道 江陵郡: 책임자 金化善.

B. 항조사건

龍川郡 不二農場 제2차 항조사건.

C. 농민조합 개조

慶尙南道 南海郡: 책임자 李明洙.

－ 노동운동

一. 5곳에 지부 성립

부산도기공장 지부: 책임자 黃相喆.

부산고무공장 지부: 책임자 柳一善.

경성철도회사 지부: 책임자 許仁煥.

평양전기공창 지부: 책임자 姜永基.

－ 학생운동

一. 지부 7곳 성립

경성제일여자고등보통학교 2지부: 책임자 王士源.

경성의학전문학교 2지부: 책임자 郭憲.

대구상업학교 1지부: 책임자 張儁永.

대구고등보통학교 1지부: 책임자 李彌浩.

평양여자고등보통학교 1지부: 책임자 許一平.

이상

중화민국 21년(1932) 12월 20일 (황포군관학교)제4기 학생 진국빈(印)
올림.

112. [卷名] 동북한국혁명당의 항일계획 綱要

[入藏登錄號] 002-080106-00068-017

[發　信]

[受　信]

[時　間]

[番　號]

[內　容]

· 동북한국혁명당 항일계획 강요

甲. 조직

一. 특파원

1. 두만강 연안 老日嶺 동남으로부터 소련 경내에 이르는 琿春·汪
  清·和龍·延吉·敦化 일대에 두 명을 파견한다.

2. 요녕성의 興京·通化·桓仁·柳河·輯安·吉垣 이남과 長春 이남
  의 남만철도 연선에서 백두산 서남부 및 압록강 이북에 이르는 지
  역에 두 명을 파견한다.

3. 중동철도 연선 哈爾濱 일대에 두 명을 파견한다.

4. 黑龍江과 松花江 연안에서 滿哈線 일대에 이르는 지역에 한 명을
  파견한다.

5. 哈長·洮昻·四洮 등 각 철도의 연선 일대에 한 명을 파견한다.

二. 특파원의 임무

1. 본부의 명령에 따라 각지의 혁명단체를 소집하고 폭력적 항일투쟁을 전개한다.

2. 일체의 교통사무를 처리한다.

三. 공작

1. 각지의 혁명단체는 각 단체의 상황에 맞추어 중국의용군과 완전한 합작을 진행한다.

2. 약간의 부대를 따로 편제하여 한국 경내로 진공한다.

乙. 연락

一. 총기관에 幹員 두 명을 파견하여 본부와 각지 사이의 기요업무를 처리하고 전달하도록 한다.

二. 각종 암호를 따로 정한다.

三. 일체의 정보와 선전자료를 제공한다.

丙. 경비

一. 특파원의 여비와 유지비는 다음과 같이 정한다.

1. 旅費: 1인당 3백 원, 총 8명, 합계 2천 4백 원.

2. 維持費: 1인당 매달 50원, 8명의 6개월분, 총 2천 4백 원.

3. 宣傳費: 우선적으로 중국어와 한국어 두 종의 잡지를 발행하며, 필요경비는 약 3천 원으로 책정한다.

4. 김編費: 5곳에 특파원을 주재시키며, 한 곳마다 8천 원씩 총 4만 원.

5. 통신연락 및 기타잡비 약 2천 2백 원.

113. [卷名] 亞洲文化協會가 마련한 한국혁명운동의 제1기 공작항목 및 예산안

[入藏登錄號] 002-080106-00068-017

[發　信] 黃紹美[97]

[受　信] 蔣介石

[時　間] 1932年 5月 10日

[番　號]

[內　容]

비밀리에 교장께 올립니다. 아주문화협회가 한국혁명운동과 관련하여 '제1기공작항목 및 예산안'을 마련한 뒤 滕傑을 통해 위원장께 올렸는데 이미 읽어 보셨으리라 믿습니다. 이와 관련하여 재차 상세한 설명 드리고자 합니다. 한국혁명의 중심은 여전히 국내에 있다고 할 수 있습니다. 현재 한국 경내에는 민족해방사상을 가진 비밀단체들이 적극 활동중에 있습니다. 그 가운데 대표적인 것으로 아래 몇 개의 기관과 단체를 들 수 있습니다.

(一) 천도교

교도는 2백만 정도이며, 주요 간부는 최린·정광조·오세창·권동진·김기전·이돈화 등입니다.

(二) 기독교

교도는 약 70만 정도이며, 혁명적 경향을 띠고 있는 주요 지도자로는 길선주·양전백·조만식·김동원·정인과 등을 들 수 있습니다.

(三) 동아일보

혁명성이 강한 언론집단으로 각지에 分社가 퍼져 있습니다. 주요 간부는 송진우·이광수·김성수 등입니다.

(四) 조선일보

동아일보와 마찬가지로 혁명성이 강하며, 주요 간부로는 안재홍 등

---

97) 黃紹美. 湖北 咸寧 출신. 황포군관학교 제3기 졸업. 황포 출신인 관계로 장개석을 교장으로 칭하고 있다.

을 들 수 있습니다.

(五) 신간회·청년동맹·농민동맹·노동동맹·소년동맹·부녀단체 등은 대부분 친소파와 친중파들이 골간을 이루고 있으며 역량이 상당합니다.

한편 해외로 망명한 한국 혁명동지들은 아래와 같은 여러 비밀조직을 구성하고 있습니다.

(一) 한국독립당

최고 간부는 이사회 구성원 12명입니다. 현재 김구가 이사장, 안창호가 당수를 맡고 있습니다. 이들은 임시정부를 구성하고 있는 각 집단과 미주의 국민회를 지휘하고 있습니다.

(二) 한국임시정부

위원은 7명이며, 주석은 이동녕입니다.

(三) 상해대한교민단 및 각종 청년·부녀 등 단체

이상은 현재 상해 방면에서 활동하고 있는 단체들입니다.

(四) 국민부

지금으로부터 3년 전 정의부·신민부·참의부 3집단이 연합하여 조직되었습니다. 주요 간부는 양제하·김리대 등입니다.

(五) 조선혁명당

국민부를 영도하고 있는 조직으로 주요 간부로는 이불천·최동오·유동열·양벽해·신숙·한성·남형우 등입니다.

이상 두 단체는 현재 만주 방면에서 활동을 전개하고 있습니다.

(六) 국민회

역사가 매우 긴 조직으로 혁명운동의 성적 또한 매우 우수합니다. 주요 간부로는 백일규 등을 들 수 있습니다.

(七) 민단

처음에는 국민부에 예속되어 있었으나 후일 상해임시정부가 성립되자 국민부에서 독립하였습니다. 주요 간부는 김현구·송덕인 등입니다.

(八) 이외에도 청년·부녀 등 단체가 매우 많습니다.

이상은 미주방면에서 활동하고 있는 한인혁명단체입니다.

9·18사변이 발생한 이후 해외에서 활동하고 있던 한국동지들은 비밀리에 상해에 아래의 단체를 조직하고 활동을 전개하고 있습니다.

(九) 대일전선통일동맹

이 단체는 한국독립당·한국임시정부·조선혁명당이 연합하여 조직한 것입니다. 이 단체의 최고 간부 5명은 안창호·이동녕·조욱·차이석·최동오입니다. 이 가운데 안창호가 위원장(대일전선통일동맹 簡章 첨부)을 맡고 있습니다.

이상에서 살펴본 한국혁명세력 가운데 어떤 단체는 아주문화협회와 국부적으로, 어떤 단체는 전면적인 연계를 취하고 있습니다. 아주문화협회에 관계하고 있는 한국동지들은 역량을 집중시키고, 피차간의 완전한 합작을 위해 먼저 專員을 파견한 뒤 기회를 보아 대표대회를 소집하기로 하였습니다. 아울러 특별선전대원의 양성과 파견에도 주목하고 있습니다. 이런 노력의 과정을 통해 비로소 한국혁명 역량을 집중시킬 수 있으며, 한국대독립당을 발족시킬 수 있을 것입니다. 한국혁명세력의 결집은 중국을 도와 일본제국주의를 박멸하는데도 큰 힘이 될 것입니다. 다만 사업을 진행하는데 필요한 경비가 제대로 마련되지 않아 어려움을 겪고 있습니다. 계획한 일들을 실행에 옮길 수 있도록 교장께서 우선 10만 원 정도를 지원해 주셨으면 하는 바람입니다. 이에 특별히 연락드립니다. 편안하시기 바랍니다. 학생 黃紹美(印) 올림. 5월 10일 大石橋 38호에서.

[첨 부] 대일전선통일동맹 簡章

· 종지

一. 본 동맹은 동아의 시국이 엄청난 변화를 겪고 있는 비상시기에 즈음하여, 국내외 각 방면의 혁명역량을 총집결시켜 통일적 조직을 완성하여 전투력의 충실을 기한다.

二. 본 동맹은 우리 한국혁명자의 통일적 단결을 촉성하는 동시에 중국혁명동지들과 긴밀히 연계하여 대일공동작전 계획을 수립하고 연합전투공작을 실행한다.

· 실무

三. 專員을 각지에 파견하여 각방의 혁명동지와 통일방안을 모색한다.

四. 선전대를 한국과 중국 동북 각지에 밀파하여 대중의 혁명정신을 환기시키기 위해 적극 선전을 진행하고, 통일조직의 결성을 고취하며 중한 두 민족 합작의 필요성을 널리 알린다.

五. 전단·소책자·소보 등을 간행하여 선전의 보급을 꾀한다.

六. 중국혁명영도자와 접촉하여 중한 두 민족의 합작방침을 협의하고, 중국민중을 상대로 대일연합전선의 실현을 선전한다.

七. 각지의 혁명전사를 초모하고 집결시켜 통일적 대오를 편성하고 대일작전을 준비한다.

八. 통일적 조직이 완성되기 이전에도 본 동맹은 당면의 혁명공작을 계속 진행한다.

九. 본 동맹의 경비 및 운동비는 맹원의 부담과 뜻있는 인사들의 의연금으로 충당한다.

· 조직

十. 상임위원 7명을 선출하여 맹무를 집행토록 하며, 위원 가운데 주석 1명을 호선한다. 이외에 서기와 재무 각 약간 명이 사무를 분담한다.

· 부칙

十一. 본 간장에 미비된 사항은 맹원회 결의를 통해 보충할 수 있다.

114. [卷名] 원동각피압박민족 대표가 출석하는 원동회의 소집 계획안

[入藏登錄號] 002-080106-00068-017

[發　信] 黃紹美

[受　信] 蔣介石

[時　間] 1932年 5月 10日

[番　號]

[內　容]

· 목적

一. 동방의 혁명역량을 집중하기 위해 회의를 소집한다.

二. 遠東新聞의 창간을 논의한다.

三. 遠東行動部 조직문제를 논의한다.

四. 東方鐵血軍 조직을 논의한다.

· 방법

一. 비밀리에 일체의 주비를 진행한다.

二. 주비위원회를 조직한다. 위원회는 아주문화협회에서 3명, 한국대표 3명, 대만대표 1명, 월남대표 1명, 인도대표 1명, 필리핀대표 1명으로 조직한다.

三. 주비처는 南京에 둔다(즉 아주문화협회총회판공처). 주된 활동지는 上海로 하며, 각지에 통신처를 둔다.

四. 주비에 필요한 경비는 주비위원회에서 책임지고 마련한다. 아울러 예산 및 결산을 마련한다(예산은 잠정적으로 15만 원 이상 20만 원 이내로 정한다. 각항의 지출은 주비위원회에서 따로 정한다).

五. 활동방안: 조사·연락·통신 및 각종 대일행동의 실시이며, 구체적인 활동방안은 주비위원회에서 정한다.

六. 파견인원: 동북 6명, 한국 6명, 대만 2명, 월남 1명, 인도 1명, 필리핀 1명 및 남양 각지에 3명을 파견한다.

七. 주비기간: 잠정적으로 4개월로 정한다. 단 환경의 필요에 따라 주비기간을 단축하거나 연장할 수 있다.

八. 대회일자: 9월 15일로 정한다.

九. 대회장소: 환경에 맞추어 주비위원회에서 결정한다.

十. 소집방식: 아주문화협회에서 주최하고 동방의 각 혁명선진이 연명으로 찬동하여 소집하는 형식을 취한다.

이상의 의안은 이미 한국독립당 최고회의의 의결을 거쳤습니다. 아울러 중국·한국·대만의 각 동지들이 출석한 가운데 열린 원동회의 소집을 위한 제1차 연석회의에서도 통과되었습니다. 대회 소집에 필요한 경비를 위원장께서 지원해주신다면 큰 힘이 되리라 생각합니다. 생도 黃紹美(印) 올림. 5월 10일 大石橋 38호에서.

四. 革命文獻 – 蔣總統訪韓

115. [卷名] 동맹국의 승리가 멀지 않은 상황에서 한국이 참전할 수 있도록 허용하고 합작의 구체적인 표시로 실제적인 원조 제공을 청하는 편지

[入藏登錄號] 002-020400-00034-073

[發　信] 金九

[受　信] 蔣介石

[時　間] 1944年 6月 21日

[番　號]

[內　容]

蔣 주석 각하께 드립니다. 한국임시정부가 중국의 전시수도에서 활동한 이래, 중국 당·정 각계의 협조로 국권회복을 위한 공작이 날로 진전됨에 깊은 감사의 뜻을 보냅니다. 작년 카이로회의에서 각하께서 앞장서 전후 한국의 독립을 보증하였다는 소식을 접하고 모든 한국인들은 감격과 흥분을 감출 수 없었습니다. 이제 동맹국의 승리가 멀지 않았습니다. 한국의 참전임무가 더욱 중요한 때가 되었다고 생각합니다. 중한 두 나라의 합작관계가 긴밀함을 보여주기 위해서라도 중국이 한국독립운동에 실제적인 원조를 제공해 줄 것을 청합니다. 이에 성명서와 비망록 각 한 부를 첨부하오니 살펴보시기 바랍니다. 아울러 각하의 편안하심을 기원합니다. 金九 드림.

116. [卷名] 앞장서 한국임시정부를 승인하고 광복군9개행동준승을 취소해줄 것을 청하는 김구의 편지

[入藏登錄號] 002-020400-00034-074

[發　信] 金九

[受　信] 蔣介石

[時　間] 1944年 7月 3日

[番　號]

[內　容]

(※ 이 문건은 林蔚[98]·陳布雷 등이 김구의 7월 3일자 편지와 더불어

---

98) 林蔚(1889~1955). 浙江 黃巖 출신. 江南陸師學堂 졸업. 군사위원회 판공청 부주임 역임. 당시 군사위원회 시종실 주임.

관련 문건들을 정리하여 8월 3일 장개석에게 보고한 것이다.)

· 한국임시정부승인과 관련하여

(一) 김구 주석은 중국이 맨 먼저 한국임시정부를 승인해 줄 것을 요청하였으며, 아울러 이 문제를 논의하기 위해 위원장과의 면담을 청하였음.

1. 작년 카이로회의에서 각하께서는 전후 한국의 독립을 보증할 것을 제의하였고, 영국과 미국이 이에 동의하였습니다. 소식을 접한 우리 한인들은 각하의 은공에 감사하지 않은 이가 없었습니다. 근자의 국제 형세를 살펴보건대 이제 축심국의 붕괴가 멀지 않았습니다. 이런 중차대한 시기에 한국혁명지사들은 직접 전장에 나가 동맹국의 작전에 힘을 보태지 못하고 있는 사실에 안타까움을 금치 못하고 있습니다.

한국임시정부가 아직 동맹국으로부터 정식 승인을 얻지 못해 호소력이 부족한데다, 군사적 활동은 행동준승의 규제에 속박당하고 있기 때문에 일을 추진하기가 쉽지 않습니다. 동맹국의 작전에 아무런 도움도 주지 못한 채 전쟁이 끝날까 염려스럽습니다. 각하께서 이런 사정을 살피시고 지금까지 한국독립운동을 적극 지원하신 뜻을 되새겨 앞장서서 한국임시정부를 승인해주시기 바랍니다. 이후 정치·군사·경제 등 각 방면의 문제는 쌍방이 대표를 파견하여 책임지고 협상을 진행하도록 하면 될 것입니다.①

2. 한국광복군9개행동준승을 폐지하고 대신 우리가 마련한 '중한호조군사협정초안'을 채용하여 주시기 바랍니다. 그렇게 되면 우리는 더욱 적극적으로 군사활동을 진행하여 주어진 사명을 완수하고 각하의 기대에 부응할 수 있을 것입니다.②

3. 바쁜 일정에도 각하께서 시간을 내어 예방할 기회를 주신다면 직접 뵙고 말씀 드리도록 하겠습니다(한국임시정부 각원 명단 1부를 첨부합니다).③

(二) 지시에 따라 중한호조군사협정초안에 대해 논의를 진행한 경과보고

· 何應欽의 7월 10일자 簽呈

중한호조군사협정초안에 대해 논의하라는 지시를 받고 즉시 쌍방이 접촉하였습니다. 우호적인 분위기에서 쌍방의 실무책임자는 의견을 교환하였습니다. 이는 법률적인 문제를 떠나 국민외교를 위한 접촉이라는 성격을 지닌 자리였습니다. 쌍방은 화기애애한 분위기에서 서로 양보하는 자세를 보이며 두 차례 깊은 대화를 나누었습니다. 그 결과 원칙적으로 의견의 일치(한국측이 협정 채용의 요구를 철회하고 대신 적절한 해결방안을 모색하기로)를 보았으며, 아래 두 가지 방안에 합의하였습니다.

· 甲案

광복군은 민국 31년(1942) 이전, 즉 군사위원회에 귀속되어 그 지휘를 받기 이전 상태를 회복한다. 향후 광복군은 선전활동의 편의를 위해 한국임시정부에 예속되도록 한다(이 경우에도 중국방면에서 실제 필요한 군비를 차관형식으로 계속 공여한다). 다만 이후에도 공작을 위해 각 전구에 파견되거나 각 전구를 통과하는 초모인원 등은 반드시 군사위원회의 심사를 거치거나 혹은 상당한 훈련을 받도록 한다. 아울러 유폐를 막기 위해 상기 인원의 파견과 이동은 군사위원회에서 관장하며, 실제 공작인원의 활동에 대해 중국측이 분명하게 장악할 수 있도록 한다.④

· 乙案

조만간 개설될 광복군 간부훈련반(경비예산은 이미 심사를 거쳐 공포되었음)의 소집이 개시되고 각 대원이 집중된 이후, 광복군의 실제상황이 이전과 완전히 다르다는 것이 확인되면(이전에는 각지에 분산되

어 광복군의 동태를 완전히 파악하는데 어려움이 없지 않았음), 군사위
원회는 중국항전의 안전에 무해하다고 판단될 때 한국측의 희망에 부
응하기 위해서라는 현실적인 필요를 감안하여 원래의 행동준승9조를
자동적으로 수정하거나 취소한다.

이상 두 가지 방안을 놓고 다음 번 회의에서 구체적인 방법을 계속
논의하기로 하였습니다. 쌍방의 의견이 모아진 뒤 어떤 방안을 최종적
으로 채택할지 여부에 대해 재차 지시를 청하도록 하겠습니다. 우선 그
간 진행된 협상의 결과를 보고 드리니 살펴보시기 바랍니다.

(三) 한국임시정부가 정식승인을 청구한 문제와 관련하여

· 宋子文의 7월 15일자 簽呈

현재 중경에서 활동하고 있는 한국임시정부 주석 김구가 6월 29일
편지와 성명서 및 비망록 각 1부를 외교부에 제출하고 위원장께 대신
전해줄 것을 청하였습니다. 소식에 따르면 한국임시정부는 상기 성명
서와 비망록을 중경에 주재하는 각국 사절에게도 동시에 제출하였다
합니다. 이 성명서와 비망록은 아국에 한국임시정부 승인을 요청하기
위한 취지에서 작성된 것으로 그 요점은 다음과 같습니다.

(1) 한국독립운동진영은 이미 통일되었으며, 한국임시정부는 통일된
한국혁명진영에서 영도적 지위를 취득하였다.

(2) 한국임시정부는 민주정치를 실행할 것이며, 국토가 회복된 뒤 국
민대표대회를 소집하여 헌법을 제정하고 정식정부를 세울 것이다.

(3) 한국은 이미 연합국과 협력작전을 전개하고 있다. 따라서 마땅히
연합국과 군사 및 외교관계를 맺어야 한다.

(4) 중 · 미 · 영 · 소는 마땅히 한국독립운동을 원조하고 한국임시정부
를 승인하여 동맹국과 공동작전을 위해 노력하는 한국임시정부를 지지

해야 한다.

한국임시정부 승인문제에 관해 우리 외교부에서는 지난 31년(1942) 총재와 상무위원회의 지시를 받들어 타국에 앞서 마땅히 우리가 맨 먼저 한국임시정부를 승인해야 한다는 원칙을 마련한 바 있습니다. 아울러 승인의 구체적인 시기는 총재의 지시를 받아 외교부에서 정하는 것으로 결론내린 바 있습니다. 카이로회의 이후 국제정세가 변한만큼 한국임시정부 승인문제는 응당 미·영 두 나라와 일치된 행동을 보여야 할 것입니다. 지금 이 문제에 대해 외교부에서는 아래 두 가지 사항을 고려하고 있습니다.

(一) 한국임시정부가 진정으로 한국 국내에 거주하고 있는 인민의 의사를 대표하는지 여부입니다. 미·영 두 나라 당국도 이 부분에 대해서는 우려가 없지 않을 것입니다. 아울러 카이로회의선언에서 공포한 적당한 시기에 한국의 독립을 승인한다는 구절은, 장래 한국의 독립을 승인한다는 의미입니다. 이는 가까운 장래에 현재 중경에서 활동하고 있는 한국임시정부를 승인한다는 것과는 별개의 문제인 것입니다. 미국과 영국 두 나라도 아직 한국임시정부를 승인할 시기가 성숙되지 않았다고 판단하고 즉각적인 결정을 내리는 것을 원치 않을 수도 있을 것입니다.

(二) 소련의 태도입니다. 소련은 카이로회의에 참가하지 않았고, 한국독립문제에 대해서 지금까지 어떤 표시도 하지 않고 있습니다. 소련이 아직 태평양전쟁에 정식으로 참가하지 않고 있는 지금, 만일 중·영·미 세 나라가 한국임시정부를 승인한다면 소련의 오해를 불러일으키지 않을지 심히 염려스럽습니다. 영국과 미국도 분명 이점을 고려하고 있을 것입니다. 목하 아국과 소련과의 관계를 감안해 볼 때 신중할 필요가 있습니다.

이상 두 가지 이유 때문에 지금은 아국이 한국임시정부를 승인할 시기가 아니라고 봅니다. 조금 더 상황의 변화를 지켜보는 것이 좋을 것입니다. 이후로도 외교부는 위원장의 지시대로 한국임시정부를 승인할 적당한 시기가 언제일지 신중하게 연구하고 수시로 영·미 두 나라 당국과 연계를 취할 것입니다. 이상의 의견이 합당한지 살펴보시고 지시 내려주시면 따르도록 하겠습니다.

· 批示

① 이미 何 총장, 吳 비서장[99])으로 하여금 宋 부장과 협의를 진행하도록 하고 결과를 알려 달라 하였으나 아직 소식이 없습니다. 다만 宋 부장이 따로 한국임시정부가 보내온 비망록과 함께 의견을 제시하였으며, 이는 본 문건의 제3항으로 첨부하였습니다.

② 앞서도 孫 원장[100])을 통해 한국임시정부는 행동준승9조의 철폐를 청하였습니다. 당시 이 문제를 何 총장에게 넘겨 연구해보도록 하였고, 이에 대한 하 총장의 의견은 본 문건의 제2항으로 첨부하였습니다.

③ 金 주석이 접견을 청한 부분에 대해서는 위원장님의 지시를 기다리도록 하겠습니다.

④ 한국광복군은 명의상으로는 한국임시정부에 예속시키는 것이 마땅합니다. 행동준승9조도 우리측에서 자동적으로 수정하거나 취소한다 해도 중국항전의 안전에는 해가 되지 않을 것이며, 한국측의 기대와 희망에 부응하는 효과를 거둘 수 있을 것입니다. 공작을 위해 각 전구에 파견되거나 각 전구를 통과하는 초모인원 등은 반드시 군사위원회의 동의를 거쳐 파견하는 것은 원칙적으로 지켜져야 할 부분입니다.

---

99) 吳鐵城(1888~1953). 廣東 香山(후일 中山으로 개명) 출신. 당시 국민당중앙당부
   비서장.
100) 孫科(1891~1973). 孫文의 아들. 당시 입법원장.

첨부: 한국임시정부 각원 명단

주석	김　구(독립당)
부주석	김규식(민족혁명당)
국무위원 겸 외무부장	조소앙(독립당)
국무위원 겸 군무부장	김약산(민족혁명당)
국무위원 겸 재무부장	조완구(독립당)
국무위원 겸 내무부장	신익희(왕해공)
법무부장	최동오
문화부장	최석순
선전부장	엄항섭
국무위원	복　순 이시영 황학수 조성환 신리석 안훈(이상 6명은 독립당) 장건상 김붕준 성주실(이상 3명은 민족혁명당) 김성숙(즉 김규광, 해방동맹) 유　림(무정부주의)

117. [卷名] 한국광복군행동준승9조의 규정에 관한 簽呈

[入藏登錄號] 002-020400-00034-075

[發　信] 林蔚·陳布雷

[受　信] 蔣介石

[時　間] 1944年 8月 10日

[番　號]

[內　容]

김구가 청구한 한국광복군행동준승9조 철폐문제에 대해 위원장께서는 "김구가 언급한 행동준승이 무엇을 칭하는 것인지 조사하여 보고하라"는 지시를 내린 바 있습니다. 何 총장이 31(1942)년 4월 18일 올린 광복군 편성경과에 관한 簽呈에 따르면, 한국광복군이 본회(군사위원회)에 예속되어 통할지휘를 받은 뒤 혹 국제법상으로 문제가 발생할 수 있을 것을 염려하여 광복군행동준승9조를 반포하였습니다. 행동준승은 아국 軍令의 지배를 받는 기간 한국광복군은 한국독립당 및 한국임시정부와 단지 고유의 명의관계만 유지하는 것으로 규정하였고, 한국측에서도 이를 받아들이기로 결론이 났습니다. 아울러 이미 위원장께도 행동준승의 구체적인 내용을 첨부하여 보고 드린 사실이 있습니다.

근자에 孫 원장이 현행 행동준승9조를 철폐하고 대신 '중한호조군사협정초안'을 채용해 줄 것을 청하는 한국임시정부의 청구를 대신 전해 왔습니다. 이에 본회에서는 何 총장에게 관련 내용을 연구하도록 하였고, 쌍방이 의견을 교환한 끝에 2가지 방안을 마련하여 위원장의 최종 결재를 청하게 된 것입니다.

살피건대 한국광복군은 명의상 한국임시정부에 예속되는 것이 더욱 합당할 것입니다. 광복군행동준승9조도 우리가 자진하여 수정하거나 취소한다하여 중국항전의 안전에 위해가 되는 것은 아닐 것입니다. 오히려 한국측의 바람에 부응하여 긍정적인 효과를 거둘 수 있을 것입니다. 다만 공작을 위해 각 전구에 파견되거나 각 전구를 통과하는 초모인원 등은 반드시 군사위원회의 동의를 거쳐 파견하는 것은 원칙적으로 지켜져야 할 부분입니다. 이상 광복군행동준승9조의 철폐문제를 둘러싼 그간의 논의경과를 보고 드리며, 광복군행동준승9조를 첨부하오니 살펴보시기 바랍니다.

· 광복군행동준승9조

一. 한국광복군은 我國이 항일작전을 진행하는 기간 본회(군사위원회)에 직속되어 참모총장이 운용을 장악한다.

二. 한국광복군이 군사위원회의 통할지휘를 받은 후에는 중국이 항전을 계속하고 있는 기간 및 한국독립당과 한국임시정부가 한국 경내로 진출하기 이전에는 오직 중국 최고통수부의 유일한 군령에 따르며 어떠한 기타 군령 혹은 기타 정치세력의 견제도 받지 않는다. 한국광복군이 중국 최고통수부의 군령을 받는 동안 한국광복군과 한국독립당 혹은 임시정부의 관계는 단지 고유의 명의관계만 유지한다.

三. 군사위원회의 원조는 한국광복군이 한국 내지 및 한국 변경지대에 접근하여 활동함으로써 아군의 항전공작에 호응함을 원칙으로 한다. 한국 변경지대까지 진출하기 이전에는 한국광복군은 韓人을 흡수할 수 있는 적 점령구역을 주요 활동구역으로 한다. 한국광복군이 편제와 훈련을 진행하는 기간에는 특별히 아국 戰區의 제일선(軍部 이전) 부근에서 훈련을 할 수 있도록 허용한다. 단 이 경우 반드시 아국의 현지 최고 군사장관의 절제를 받도록 한다.

四. 전구 제일선의 후방지구에서는 전구장관 소재지 및 군사위원회 소재지에 연락통신기관을 설립하는 것만 허용한다. 이외에 부대를 초모 편제하거나 임의로 체류 혹은 기타 활동을 할 수 없다.

五. 한국광복군총사령부 소재지는 군사위원회에서 지정한다.

六. 한국광복군은 적 점령구역이든 戰區 후방이든 절대로 아국 국적을 가진 사병을 초모하거나 마음대로 행정관리를 설치할 수 없다. 만일 중국 국적을 가진 문화공작 종사자나 기술인원을 쓰고 싶을 때는 반드시 군사위원회에 보고하고 군사위원회에서 해당 인물에 대한 심의를 거쳐 파견 여부를 결정한다.

七. 한국광복군의 지휘명령 및 경비와 무기의 수령 등 사무는 군사위원회가 지정한 판공청 군사처에서 접촉의 책임을 진다.

八. 중일전쟁이 마감되기 이전에 한국독립당과 한국임시정부가 한국 경내로 진입하게 될 때는 한국광복군과 한국임시정부의 관계를 다시 설정하여 새로 마련된 명문규정에 따르도록 한다. 그러나 이 경우에도 한국광복군은 여전히 군사위원회의 명령을 받아 작전에 호응하는 것을 주로 한다.

九. 중일전쟁이 마무리되었을 때까지도 한국임시정부가 한국 경내로 진입하지 못할 경우, 한국광복군을 어떻게 운용할 것인가 하는 문제는 군사위원회가 일관된 정책에 입각하여 당시의 상황을 참작 자체적으로 책임지고 처리한다. 職 林蔚·陳布雷 올림   33(1944).8.10

118. [卷名] 한국임시정부에 대한 원조비 증액을 청하는 簽呈

[入藏登錄號] 002-020400-00034-076

[發　信] 吳鐵城

[受　信] 蔣介石

[時　間] 1944年 8月 19日

[番　號]

[內　容]

한국임시정부에 대한 원조비를 증액하고, 이 업무를 책임질 기관을 지정해주시기를 청합니다. 한국임시정부에 대한 경비지원 문제는 이미 여러 차례 보고를 드린 사실이 있습니다. 한국임시정부에 대해 아국이 원조하는 경비는 본시 매달 50만 원으로 정하였습니다. 그러나 근자에 물가가 크게 올라 이전과 같은 액수를 지원해서는 부족함이 없지 않습니다. 따라서 마땅히 매달 1백만 원으로 증액하는 것이 좋을 듯합니다. 아울러 한국임시정부가 예비비로 사용할 수 있도록 별도로 한꺼번에 5백만 원을 지원한다면 임시로 필요한 경비에 충당할 수 있을 것입니다.

　이상 각 항목의 지출은 모두 한국임시정부에 대한 차관으로 계상토록 하고, 그 자세한 용처는 따로 보고하도록 조치하는 것이 좋을 것입니다. 아울러 한국임시정부에 대한 경비 원조를 맡아 진행할 기관을 정하여 주신다면 통일성을 기할 수 있고, 책임소재도 분명히 가릴 수 있을 것입니다. 이상의 의견이 타당한지 살펴보시고 지시 내리시면 따르도록 하겠습니다.

　· 오철성의 보고에 대한 판단 및 처리방침

　한국임시정부에 대한 보조비 건은 4월 18일 朱 전 부장[101]이 금년 1월분부터 매달 50만 원으로 증액하기로 결정하고 이를 추인하였습니다. 한편 7월 11일 陳 부장[102]은 물가가 급등하는 상황에서 한교들의 생활이 어려움에 처할 것을 염려하여 7월부터는 한국임시정부에 대한 보조비를 매달 1백만 원으로 인상할 것을 건의하였으나 총재께서는 '緩'이라 지시를 내리셨습니다. 오 비서장이 재차 한국임시정부에 대한 보조비를 매달 1백만 원으로 증액하고 예비비 명목으로 한꺼번에 5백만 원을 한국임시정부에 제공하자고 청하였습니다. 아울러 오 비서장은 한국임시정부에 대한 경비지원 문제를 전담할 기구를 정하는 것이 좋겠다는 뜻을 표시하였습니다. 이상 각항에 대한 의견을 구합니다.

　[장개석의 批示]

　吳 비서장의 의견대로 일을 처리하도록 하고, 필요경비는 군정부에

---

101) 朱家驊(1893~1963). 浙江 吳興 출신. 중국국민당중앙당부 조직부장 역임.

102) 陳果夫(1892~1951). 浙江 吳興 출신. 1944년 5월 26일자로 중국국민당중앙당부 조직부장에 취임.

서 지급토록 할 것. 中正.

[처리결과]

위원장의 지시대로 일을 처리하였음. 9월 4일.

119. [卷名] 한국임시정부의 판공비와 임대료 4백만 원 지원에 관한
보고

[入藏登錄號] 002-020400-00034-077

[發　信] 吳鐵城

[受　信] 蔣介石

[時　間] 1944年 10月 31日

[番　號]

[內　容]

한국임시정부가 판공비와 사무실 임대료 명목으로 4백만 원의 지원을 청한 건에 대해 보고와 함께 결재를 청합니다. 한국임시정부 청사의 임대료와 관련하여 일전 김구 주석이 위원장을 예방한 자리에서 이 문제를 언급하였고 위원장께서는 해결책을 모색해 보겠노라고 약속하였습니다. 얼마 전 김구 주석이 七星崗에 1년 임대료 2백만 원, 보증금 2백만 원에 적당한 行館을 물색했다며 필요한 4백만 원의 지원을 청하는 편지를 보내왔습니다. 살피건대 김 주석이 요청한 4백만 원 지원 건은 반드시 필요한 것이라고 여겨집니다. 김 주석의 요청을 수락하는 것이 좋을 듯합니다. 위원장님의 뜻은 어떠신지 지시 내리면 그대로 따르도록 하겠습니다.

[판단 및 처리방침]

김 주석의 요구를 들어주는 것이 좋을 듯함.

[장개석의 批示]

원안대로 처리하도록 할 것.

[처리결과]

11월 20자로 처리하였음.

120. **[卷名] 한국광복군 원조방법초안 6조**

[入藏登錄號] 002-020400-00034-078

[發　信] 吳鐵城

[受　信] 蔣介石

[時　間] 1945年 3月 6日

[番　號]

[內　容]

사유: 지령에 따라 한국임시정부와 군사위원회가 한국광복군문제를 상의하였던 바, 중한 쌍방은 6가지 사항에 대해 의견을 같이 하였습니다. 이에 보고 드리오니 살펴보시기 바라며, 특별한 지시사항이 있으면 그대로 따를 것입니다.

한국광복군에 대한 원조방법에 대해 전에 총재께서 내리신 14942號 (34)子銑侍奉 代電을 받은 바 있습니다. 이 대전에서 총재께서는 한국광복군에 중국측 인원을 파견하기 전에 미리 협의하여 합의가 이루어진 뒤 다시 심사하라고 지령하였습니다. 이에 총재의 지령을 原案으로 삼아 한국임시정부와 군사위원회가 여러 차례 협의한 결과 쌍방의 동의하에 아래와 같이 내용을 수정하였습니다.

一. 한국임시정부 소속의 한국광복군은 조국광복을 목적으로 하며, 중국 경내에서 활동 시에는 반드시 중국군대에 호응하여 항일작전에 참가하도록 한다.

二. 한국광복군이 중국 경내에서 작전행동을 진행할 때에는 중국 최고통수부의 지휘를 받는다.

三. 한국광복군이 중국 경내에서 훈련과 초모공작을 진행할 때에는 쌍방의 협상을 거쳐 중국이 필요한 협조와 편리를 제공한다.

四. 한국광복군과의 교섭사항은 한국임시정부와 중국군사위원회에서 파견한 대표가 협상한다.

五. 한국광복군이 필요로 하는 일체의 장비와 물자 및 경비는 협상을 거친 뒤 차관 형식으로 중국측이 한국임시정부에 교부한다. 다만 광복군의 경상비는 중국 군대의 현행 급여규정에 따라 중국군사위원회에서 매달 한국임시정부에 교부한다.

六. 중국의 각 포로수용소에 수용되어 있는 모든 韓籍 포로들은 感化 후 한국광복군에 넘기도록 한다.

이상 총 6개 조항은 모두 한국측에서 제출하여 우리측의 동의를 얻은 것입니다. 한국측에서는 원래 "중국군사위원회는 연락참모 약간 명을 파견하여 연락을 취하고, 아울러 한국광복군의 공작에 협조한다"는 1개 조항을 제출하였는데, 군사위원회에서는 상기 조항 가운데 '연락참모 약간 명'을 '참모단'으로 고치자고 주장하였습니다. 그러나 한국측에서는 이는 평등하게 서로를 대한다는 원칙에 위배된다며 불가하다는 태도를 견지하였습니다. 이에 한국측의 반감이 커지는 것을 막기 위해 군사위원회의 동의를 얻어 삭제하기로 하였습니다. 만일 필요하다고 판단될 시에는 다시 군사위원회에서 군사대표단을 파견하여 광복군을 제어할 것입니다. 즉시 앞에 열거한 6개 조항을 임시정부에 통지하고 실시하려는데 이 의견이 합당한지 의견 주시기 바랍니다. 삼가 총재께 올립니다.

[첨부의견]

오 비서장의 의견이 적절하다고 판단됩니다. 단 제5조의 내용 가운데 軍實, 軍費의 차급은 응당 중국정부가 직접 광복군에게 교부하는 것이 타당할 것입니다.

[장개석의 批示]

원안대로 처리하도록 할 것. 中正.

121. [卷名] 한국임시정부의 정무비 증액에 관한 簽呈

[入藏登錄號] 002-020400-00034-079

[發　信] 吳鐵城

[受　信] 蔣介石

[時　間] 1945年 3月 14日

[番　號]

[內　容]

총재께 보고 드립니다. 한국임시정부에 대한 보조비 지급과 관련하여 작년 9월 7일 총재께 의견서를 제출하였고, 총재께서는 원안대로 시행하라는 지시를 내린 사실이 있습니다. 이에 따라 작년 9월부터 한국임시정부에 제공하는 보조비를 1백만 원으로 증액하였고, 아울러 예비비 5백만 원을 일시불로 따로 지급하였습니다. 근자에 여러 차례 김구주석이 편지를 보내와 물가 급등으로 인하여 매달 1백만 원의 보조비로는 부족하다며 보조비를 매달 4백만 원 증액해 줄 것을 요청하였습니다. 김구의 요청대로라면 기존의 매달 1백만 원에 4백만 원을 증액하여 매달 총 5백만 원을 보조비로 제공해달라는 것입니다. 사실 근자에 물가가 폭등하여 기존의 보조비로는 임시정부의 살림을 유지하기 어려운 실정입니다. 그렇다고 보조비를 매달 5백만 원까지 큰 폭으로 인상할 필요는 없어 보입니다. 매달 2백만 원을 증액하여 기존의 보조비와 합쳐 총 3백만 원을 보조하는 것이 적절하리라 생각됩니다. 이에 보고 드리니 살펴보시고 타당한지에 대해 지시 내려주시기 바랍니다.

[첨부의견]

一. 매달 2백만 원을 증액하는 것이 적절할 듯합니다.

二. 한국임시정부의 과거 공작에 대해 상세히 검토하고, 아울러 금후 공작과 지도의 구체적 방안을 정리하여 보고하도록 지시하는 것이 바람직 할 것입니다.

[장개석의 批示]

원안대로 처리하도록 할 것. 中正.

122. [卷名] 소련이 시베리아에서 조선군 및 한국공산당원에 대한 훈련을 진행하고 있다는 정보보고

[入藏登錄號] 002-020400-00034-080

[發　信] 戴笠

[受　信] 蔣介石

[時　間] 1945年 6月 3日

[番　號]

[內　容]

上海에 주재하는 소련영사관에서 흘러나온 소식에 따르면 소련은 근자에 육군 고급 지휘관 두 명을 시베리아에 파견하여 치타 일대에 주둔하고 있는 조선군 및 韓籍 공산당원에게 각종 군사훈련을 실시하고 있다 합니다. 이는 정세의 변화가 있는 즉시 이들을 한국 경내로 진주시키기 위한 준비작업으로 보입니다.

이들에게 부여된 공작 임무는 아래 몇 가지로 파악되고 있습니다.

(一) 한국 경내에 거주하고 있는 韓籍 장정들의 來歸를 적극 유도한다.

(二) 조선군조직의 확충. (三) 韓籍 특수공작요원의 훈련. (四) 공산주의

사상의 주입. (五) 이들은 치타·캬흐타·네르친스크 등지에서 훈련을 진행하고 있습니다. (六) 현재 소련은 조선군 3개 기병연대, 1개 전차연대 및 보병 2개 사단을 파견하고 있습니다.

[판단 및 처리방침]

6월 24일 天津을 통해 들어온 東京발 소식을 전한 王芃生[103]의 보고에 따르면, (一) 소련 당국은 연일 모스크바에 머물고 있는 중·한·일 3국 공산당 수뇌들과 비밀리에 모임을 갖고 모종의 음모를 꾸미고 있는 것으로 확인 되었습니다. (二) 소련이 준비한 전후 복원계획 가운데 건설계획은 원동지구의 공업발전을 최우선 과제로 설정하고 있습니다 (북만주와 내몽고의 자원개발도 이 계획에 포함). 아울러 소련은 清津·羅津·大連·釜山 등 항구를 그들의 대외무역항으로 지목하고 있습니다. (三) 소련의 건설계획 중 향후 비행기와 강철공업은 특히 한대 지역에서의 사용과 생산에 역점을 두고 있습니다. 시종실 제6조.

123. [卷名] 미군 제24군이 주한미군총지휘부로 지명되었음을 알리는 비망록

[入藏登錄號] 002-020400-00034-081

[發　信] 魏德邁[104]

[受　信] 蔣介石

[時　間] 1945年 8月 21日

[番　號] 第70717備忘錄

---

103) 王芃生(1893~1946) 湖南 醴陵 출신. 1909년 同盟會에 가담. 국제연합 중국대표단 대표, 주일대사관 참사 역임. 당시 군사위원회 국제문제연구소 소장.

104) 魏德邁(Albert Coady Wedemeyer, 1897~1989). 1944년 10월 스틸웰을 이어 聯合軍中國戰區參謀長 및 주중미군지휘관에 취임하여 1946년 3월까지 복무.

[內　容]

　오늘 연합군 최고통수인 맥아더장군으로부터 받은 전문에 따르면 미군 제24군 총지휘부가 주한미군총지휘부로 지명되었습니다. 아울러 24군 총지휘부는 미국태평양방면군총사령을 대표하여 북위 38도선 이남의 접수와 각지 일본 고급장령 및 육해공군과 보조부대의 투항사무를 관장할 것입니다. 이에 특별히 각하께 보고 드립니다.

124. [卷名] 귀국을 앞둔 한국임시정부가 요청한 5천만 원 차관제공에 관한 簽呈

[入藏登錄號] 002-020400-00034-082

[發　信] 吳鐵城

[受　信] 蔣介石

[時　間] 1945年 9月 21日

[番　號]

[內　容]

　총재께 올립니다. 임시정부의 귀국과 각지에 간부를 보내 韓籍 청년들을 위무하기 위한 필요에서라며 김구 주석이 5천만 원의 차관 제공을 요청하였습니다. 김 주석은 "한국임시정부는 동맹군을 따라 곧 귀국길에 오를 예정입니다. 아울러 각지에 간부를 파견하여 중국군과 협조하여 투항한 韓籍 청년들을 조직하고자 합니다. 이를 위해서는 많은 비용이 필요합니다. 총재께 말씀드려 우선 法幣 5천만 원을 차용할 수 있도록 도와주시기 바랍니다"는 내용의 편지를 보내왔습니다.

　미군과 소련군이 각기 한국에 진주한 이후 현재 한국에서는 각 정당의 활동이 활발하게 전개되고 있습니다. 重慶에서 활동하던 한국 요원들이 신속하게 귀국할 수 있도록 마땅히 도움을 주어야 할 것입니다.

김 주석이 요청한대로 5천만 원의 차관을 제공하는 것이 좋을 것입니다. 이에 대한 총재의 지시를 기다리겠습니다.

[판단 및 처리방침]

지난 8월 3일 김구 주석이 임시정부 요인들의 귀국을 위해 비행기 1~2대를 제공하고 활동비 3억 원을 빌려줄 것을 요청하는 편지를 보내 왔습니다. 당시 이런 내용을 총재께 보고 드렸으나 총재께서는 비준하지 않으셨습니다. 시종실 제6조.

[장개석의 批示]

총 1억 원을 김구 주석에게 제공하도록 하고, 우선 5천만 원을 재정부에서 지불하도록 할 것. 中正. 10월 20일.

領收證:　財政部緊急命令發款書(報告聯)　　　字第2541號

(一). 긴급지급명령 발령기관: 국민정부 蔣 주석.

긴급명령 일자 및 지령문 번호: 34.10.30 府參(二)字第384號.

(二). 사유: 한국임시정부 경비 5,400만 원 지급.

(三). 금액: 國幣 5천 4백만 원 정.

(四). 영수기관: 중앙은행업무국.

(五). 비주: 국폐 5천만 원, 미화 20만 달러.

民國34.12.11

첨부문건:

[卷名] 한국임시정부의 경비 지원 요청에 관한 簽呈

[發　信] 商震[105]

---

105) 商震(1891~1078). 河北 保定 출신. 1909년 同盟會에 가입. 카이로회의에 참가. 당시 參軍長.

[受　信] 蔣介石

[時　間] 1945年 10月 28日

[番　號] 機秘(乙)第92955號

[內　容]

一. 오 비서장이 8월 29일과 9월 21일 김구가 보낸 편지의 내용을 근거로 두 차례 簽呈을 올린 바 있습니다. 이에 따르면 한국임시정부 인원의 귀국과 간부를 각지에 보내 韓籍 청년들을 收編하기 위한 필요에서 김 주석이 5천만 원의 차관을 요청하였습니다. 이에 대해 총재께서는 총 1억 원을 김구 주석에게 공여하되 우선 그 가운데 절반인 5천만 원을 재정부를 통해 지급하도록 지시하였고, 이미 총재의 지령대로 일을 처리하였습니다.

二. 10월 5일 올린 簽呈의 제3항에서 오 비서장은 '한국임시정부 인원의 귀국과 귀국 후 초기 공작비용이 필요하니 法幣 5천만 원과 미화 50만 달러를 제공하는 것이 좋을 듯합니다'고 제안하였습니다. 총재로부터 1억 원을 제공하라는 지령이 내려져 그 가운데 5천만 원은 이미 지급하였고, 아직 5천만 원이 남아 있습니다. 따라서 오 비서장의 청대로 5천만 원을 지불하여 총재께서 비준하신 1억 원의 총액에 맞추고자 하였고, 총재께서는 이에 대해 '可'라고 비준하였으며 아울러 '따로 미화 20만 달러를 지급하라' 하였습니다. 이상 두 차례의 논의를 종합하여 재차 총재의 지시를 청합니다.

두 차례에 나누어 김구 주석에게 國幣 1억 원과 미화 20만 달러를 제공하라는 지시를 내리신 바, 오 비서장과 재정부에 시행을 명하여도 좋을지 지시를 청합니다.

본 안건의 주요 쟁점은 (一) 총재께서 허락하신 총액이 1억 원인지 아니면 1억 5천만 원인지, (二) 이 돈은 차관형식으로 제공하는 것인지 아니면 단순한 공여인지 분명하게 지시 내려주시기 바랍니다.

[장개석의 批示]

총액 1억 원. 中正.

125. [卷名] 重慶에 거주하고 있는 한국임시정부 인원과 韓僑의 귀국
에 편의를 제공하고 3억 원의 차관제공을 청하는 편지

[入藏登錄號] 002-020400-00034-083

[發　信] 金九

[受　信] 蔣介石

[時　間] 1945年 9月 26日

[番　號]

[內　容]

蔣 주석 각하께 드립니다. 포악한 日寇가 투항하여 승리를 쟁취함으로써 이제 평화롭고 복된 신시대가 도래하게 되었습니다. 우리 한국독립당 동지들이 중국국민당의 성원에 힘입어 광복운동에 종사한지 어언 30여 년이 되었습니다. 그간 우리에게 보내준 성원과 사랑에 깊은 감사의 뜻을 전합니다. 이제 천재일우의 기회를 맞이하였지만 조금만 소홀히 하였다가는 이 기회를 놓치지 않을까 염려됩니다. 이전처럼 우리에게 도움을 주시어 우리가 최후의 목적을 달성할 수 있도록 힘이 되어주시기 바랍니다. 이에 아래 몇 가지 사항에 대해 도움을 청합니다.

一. 해방 후 현재 한국 국내에서는 각종 당파와 단체가 난립하여 중심이 없는데다 질서가 혼란한 상태에 놓여 있습니다. 또한 북한에는 소련의 도움으로 인민위원회가 조직되어 있습니다. 따라서 국내외의 다수 민중들이 우리 임시정부가 신속히 귀국하여 질서를 안정시키고 남북통일을 추진해주기를 갈망하고 있습니다. 각하께서 나서서 미국방면의 동

의(그 형식과 명의는 상관하지 않겠습니다)를 얻어 현재 중경에 머물고 있는 임시정부 동지들이 속히 귀국할 수 있도록 조치해주시기 바랍니다. 임시정부 동지들이 중경에서 직접 한국으로 들어가기에 어려움이 있다면, 우선 상해까지 이동할 비행기편을 마련해 주시기 바랍니다. 부득이한 경우에는 상해에서 선박편으로 귀국길에 오를 것입니다(이 경우 독립당 인원이 우선적으로 입국할 수 있도록 도와주시기 바랍니다).

二. 한국임시정부는 비록 국제사회의 정식승인을 받지는 못하였지만, 오랫동안 중국정부가 임시정부를 사실상의 정부로 인정하고 여러 방면에서 도움을 준 사실에 대해 너무나 고맙게 생각하고 있습니다. 한국 국내의 정세가 너무나 긴박하게 돌아가고 있는 지금, 미국정부와 협의하여 최소한 우리 임시정부를 비정식의 혁명적 과도정권으로 묵인하고 귀국에 도움을 줄 수 있도록 각하께서 힘써 주시기 바랍니다. 귀국 후 임시정부는 동맹국의 협조하에 각 방면의 대표회의를 소집하여 과도정권을 확대조직한 뒤 민선의 정식정부를 성립하기 위해 노력할 것입니다.

三. 현재 중국에는 약 4백만 명의 韓僑가 거주하고 있습니다. 그 가운데 동북에 약 3백만 명이 거주하고 있는데, 이들의 성분이 매우 복잡하여 그간 적의 위세를 등에 업고 불법행위를 저지른 자들이 적지 않습니다. 각 수복구의 군정장관에게 지령하여 수괴급은 엄중히 처벌하고 단순가담자는 회유하여 올바른 길로 인도하여 주시기 바랍니다.

역시 가장 골치 아픈 부류는 동북 각지에 산재한 이색분자들입니다. 이들은 동북재건을 방해하고 한국부흥을 위한 새로운 조치들을 파괴하기에 급급하고 있습니다. 이들을 효과적으로 제어하기 위해서는 특별기구를 설치하고 중한 두 나라의 능력 있는 인물을 한데 모아 상호협조하에 이들이 재앙을 가져오기 전에 미연에 방지책을 마련하는 것이 시급합니다.

四. 중국국민당과 한국독립당은 영구한 합작의 필요가 있습니다. 두 나라가 부흥을 위해 노력하는 새로운 시대를 맞이하여, 두 당은 항구적인 우의관계를 유지하기 위해 상호 대표를 선정하여 연계를 강화할 필요가 있다고 생각합니다.

五. 적군에 끌려온 韓籍 사병의 무장이 해제된 뒤 이들을 한국광복군에 넘겨주시면, 편제와 훈련을 거쳐 건국시기의 기간부대로 활용하고자 합니다.

六. 현재 중경에 거주하고 있는 한교가 수백 명에 이릅니다. 신속히 교통당국에 지령하여 이들을 위한 선박을 마련해주시고, 이들이 한꺼번에 귀국길에 오를 수 있도록 도움을 청합니다.

七. 지금 내외의 정세가 매우 긴박하게 전개되고 있습니다. 시급히 처리해야 할 일들이 산더미처럼 쌓여 있는데, 모든 일에는 자금이 필요합니다. 그러나 임시정부의 형편으로는 필요한 경비를 마련할 방도가 없습니다. 법폐 3억 원을 빌려주시면 우선 필요한 경비에 충당할 수 있을 것입니다.

이상 7개항은 우리에게는 어느 하나 중요하지 않은 것이 없습니다. 중한 두 나라의 전통적인 우의관계를 생각하시어 각하께서 용단을 내려주시기를 청합니다. 조속한 답변을 청하며, 각하의 건강을 축원합니다. 김구 드림. 9월 26일.

126. [卷名] 한국임시정부가 요청한 대형 수송기 제공과 관련한 簽呈

[入藏登錄號] 002-020400-00034-084

[發　信] 吳鐵城

[受　信] 蔣介石

[時　間] 1945年 10月 15日

[番　號]

[內　容]

사유: 한국임시정부 김구 주석이 귀국준비와 관련하여 6가지 사항에 대한 도움을 청하였기에 이에 대한 총재의 지시를 청합니다.

한국임시정부 김구 주석이 임시정부 인원의 귀국과 관련하여 아래 사항에 대한 협조를 청하는 편지를 보내왔습니다.

(一) 한국임시정부의 부장급 이상 인원 및 비서와 경호원이 총 29명, 중요 공문서를 담은 상자 10여 개, 이외에 각 개인의 휴대품 등이 있는 바 인원과 물품의 운송편의를 위해 대형 수송기 1~2대를 제공하여 한꺼번에 운송할 수 있기를 희망하였습니다.

(二) 상호연계의 편의를 위해 총재께서 한국임시정부 인원과 함께 한국에 파견할 우리측 책임인사 한 명을 지목해 줄 것을 청하였습니다.

(三) 임시정부 인원의 귀국과 귀국 후 초기 활동에 필요한 공작비용 등 명목으로 法幣 5천만 원과 美貨 50만 달러의 제공을 요청하였습니다.

(四) 중경에 잔류한 임시정부 인원과 韓僑의 善後 문제를 처리하도록 濮純과 閔石麟 두 사람을 계속 중경에 머물게 할 예정이라 합니다. 이 두 사람은 또한 본당(중국국민당) 및 우리(중국) 정부와의 연락업무를 담당할 것입니다.

(五) 귀국 후 본당(중국국민당)과의 연계와 통신에 활용할 수 있도록 임시정부 인원이 귀국하는 길에 무전송신기기 한 대를 제공해 주기를 청하였습니다.

(六) 직접 만나 작별인사를 나누고 감사의 뜻을 전할 수 있도록 총재께서 접견일을 정하여 주기를 청하였습니다.

한국임시정부 중요인원의 귀국이 멀지 않았습니다. 김구 주석이 청한 이상 몇 가지 사안은 신속하게 처리하는 것이 좋을 것입니다. 김 주석의 요청에 대한 총재의 지시를 청합니다.

[첨부의견과 결재]

一. 운송의 편의를 위해 항공위원회를 통해 비행기 한 대를 제공하는 것이 좋을 듯합니다: 원안대로 처리하도록 할 것.

二. 吳 비서장,106) 程 대리총장,107) 陳 조직부장108)으로 하여금 적당한 인물을 물색하도록 하겠습니다.

三. 法幣 5천만 원과 美貨 20만 달러를 공여하는 것이 좋겠습니다: 可.

四. 한국임시정부의 조치를 수용하는 것이 바람직할 것입니다: 可.

五. 교통부에 지령하여 무전기를 제공하도록 하는 것이 바람직할 것입니다: 可.

六. 접견일자를 정하여 주시기 바랍니다: 다음 주 월요일 오후 4시경.

아울러 지난 번 김구 주석이 올린 '귀국 후 정권수립에 힘쓸 것이니 도움을 청합니다'는 내용의 글과 '한국문제' 등 두 문건에 대해 아직 총재께서 의견을 내리시지 않았습니다. 살펴보시기 바랍니다. 시종실 제6조. 職 商震. 10월 19일.

127. [卷名] 귀국에 편의를 제공함에 감사하며 邵毓麟과 동행할 수 있기를 청하는 電文

[入藏登錄號] 002-020400-00034-085

[發　信] 金九

[受　信] 蔣介石

[時　間] 1945年 11月 8日

---

106) 吳鐵城. 당시 국민당중앙당부 비서장.
107) 程潛. 당시 대리참모총장.
108) 陳果夫. 당시 국민당중앙당부 조직부장.

[番　號]

[內　容]

사유: 한국임시정부 인원의 귀국과 관련하여 미국대사관에서는 이들이 상해에 도착하는 즉시 귀국길에 오를 수 있도록 조치하겠노라는 연락을 취해 왔기에 이에 관련 내용을 보고 드립니다.

중경에 머물고 있는 한국 혁명영수들의 귀국에 협조하여 한국독립에 도움을 주고자 하는 문제와 관련하여, 일전 중앙당부 비서처를 통해 김구 주석이 일차적으로 귀국할 탑승인원 29명의 명단을 보내 왔습니다. 이에 임시정부 인원의 귀국수속 및 운송업무에 협조를 청하고자 미국대사관에 연락하였던 바, 미국대사관이 11월 8일자로 아래 내용의 제33호 조회를 보내 왔습니다.

"중화민국 외교부 당국에 전합니다. 현재 중경에 머물고 있는 한국인사들의 귀국과 관련하여 중화민국 외교부장이 10월 28일 맥아더장군에게 대신 전해 달라며 節略을 보내온 사실이 있습니다. 맥아더장군은 한국인사들의 한국입국을 허용하였고, 본국 육군 당국에도 사실을 알려 준비하도록 조치하였습니다. 맥아더장군은 한국인사들의 귀국을 허용함과 동시에 본인에게 관계당국과 협의하여 가능한 빠른 시일 내에 한국인사들이 귀국할 수 있도록 만반의 준비를 갖추도록 지시하였습니다. 협의 결과 중국전구의 미군총사령부는 현재 중경에 머물고 있는 한국인사들이 상해에 도착하는 즉시 신속하게 이들이 귀국길에 오를 수 있도록 가능한 모든 협조를 다할 것이라고 약속하였습니다. 이에 그간의 경과를 알려 드리니 참고하시기 바랍니다."

한국임시정부 주석 김구 등 일행 29명은 이미 11월 5일 중경을 출발 상해를 거쳐 귀국하였습니다. 귀국편 비행기 준비는 중앙당부 비서처를 통해 김구에게 상해의 미군 당국과 접촉하도록 통보한 바 있습니다.

이상 일의 처리 경과를 위원장께 보고 드리오니 살펴 보시기 바랍니다.
職 王世杰 올림. 11.20

· 김구의 전보

즉시 중경의 국민정부 주석 장개석 선생께 전해주기 바랍니다. 5일 상해에 도착하여 우리 교민들의 열정적인 환영을 받으니 감개무량하였습니다. 우리 임시정부가 귀국길에 오를 수 있게 된 것은 전적으로 중국의 도움이 있었기 때문입니다. 다시 한 번 각하의 후의에 깊이 감사 드립니다. 이후 우리가 진행하고자 하는 사업에 대해서는 邵毓麟 선생이 중경으로 돌아가 자세히 말씀드릴 것입니다. 계속하여 많은 지도 부탁드립니다. 이제 귀국일이 멀지 않았습니다. 邵 선생이 속히 상해로 되돌아 와 임시정부 인원들과 동행할 수 있었으면 좋겠습니다. 한국임시정부주석 김구. 11월 8일.

128. [卷名] 김구 등의 귀국과 관련한 주상해미군총부의 비망록

[入藏登錄號] 002-020400-00034-086

[發　信] 駐滬美軍總部

[受　信] 蔣介石

[時　間] 1945年 11月 21日

[番　號] 第833-3號 備忘錄

[內　容]

(※ 아래 문건은 주상해미군총부가 보내온 1945년 11월 21일자 제833-3호 비망록의 번역문임.)

김구와 그 수행원의 귀국 문제와 관련하여 금년 11월 12일자로 보내준 제170호 비망록 잘 받았습니다. 어제 C-47 수송기 한 대가 한국으로부터 상해에 도착하였습니다. 기상상태가 양호하면 즉시 김구 일행 15명을 귀국시키도록 하겠습니다. 나머지 인원의 귀국은 김구 등이 한국에 도착한 뒤 주한미군총사령부와 협의하여 일정을 정하도록 하겠습니다. 웨드마이어장군의 명을 받아 연락 드립니다. BOUSQUIN.

129. [卷名] 소련군의 동태에 대한 정보보고

[入藏登錄號] 002-020400-00034-087

[發　信] 戴笠

[受　信] 蔣介石

[時　間] 1945年 11月 22日

[番　號]

[內　容]

一. 소련군의 증원과 방위체계(11월 16일)

(1) 소련군이 계속 북한지역에 병력을 증원하여 방어를 강화하고 있습니다.

현재 북한에 주둔하고 있는 소련군은 제25군단 소속 두 개 사단입니다. 소련은 여기에 그치지 않고 제23군단을 북한에 증파하기로 결정하였습니다.

(2) 中東鐵道를 통한 소련군의 이동이 빈번하며, 소련은 북한주둔군의 병력을 계속 확충하고 있습니다(11월 15일).

현재 중동철도를 통한 소련군의 이동이 빈번하고, 대규모 전차부대가 大連과 북한 두 지역을 향해 전진하고 있습니다. 소련은 북한 점령구역의 병력을 강화하려는 의도를 강하게 보이고 있습니다.

(3) 소련군, 북한 동·서해안 요충지에 방어선 구축공사(11월 15일)

소련군은 목하 적극적으로 북한 동·서해안의 요충지에 방어선을 구축하기 위해 공사를 진행하고 있습니다. 동해안 중부지역에만도 이미 15곳에 요새를 구축하였으며, 각 요새마다 해안방어포를 설치하고 포대의 양측 고지대에는 초소를 배치하고 있습니다.

(4) 소련군, 북한 동부해안선에 잠수함방어망 구축(11월 11일)

북한주둔 소련군총지휘부 참모처는 이미 북한 동해안의 영흥만 입구에 북쪽으로는 대강도로부터 시작하여 남쪽으로 장도와 녹도를 지나 합진갑에 이르기까지 잠수함방어망을 구축하였습니다.

(5) 소련군, 청진항에 해상운수총국 성립(11월 18일)

북한주둔 소련군은 청진항에 해상운수총국을 성립하였습니다. 운수총국의 주된 임무는 해군과 공군이 비행장과 군항 건설에 필요로 하는 기자재를 블라디보스토크로부터 청진항까지 운송하는 것입니다.

(6) 소련군, 여순항 해군창고 확충(11월 15일)

소련군은 이전 일본이 여순항에 건설한 해군창고를 확충하고 노후한 시설들을 수리하여 최신식의 거대한 무기고로 만들고 있습니다.

二. 소련군, 좌파 한인정당을 지지하고 특무훈련반 개설(11월 14일)

북한주둔 소련군 총지휘부는 공공연하게 좌파 한인정당을 지지하고 있습니다. 소련군의 지지하에 함흥에는 한국인민정부임시집행위원회가 성립되었습니다. 소련군은 또한 특무훈련반을 개설하여 좌경 한국청년들을 수용하고 있습니다. 이곳에서 일개월간 훈련을 마친 청년들은 미군이 관리하고 있는 남한지역에 파견되어 각 공장에 침투한 뒤 이른바 '사상개조공작'을 진행하고 있습니다. 이는 남한민중들을 끌어들이기 위한 목적에서 출발한 것으로 보입니다.

三. 소련원동군총사령관이 미군에 경고 제출

남한의 각 좌익정당들이 주한미군의 압박을 받고 있다며 소련원동군 총사령관이 얼마 전 주한미군 당국에 아래 두 가지 경고를 전달하였습니다.

(1) 남한에 진주한 이후 미군은 조선공산당 및 기타 혁명정당이 띠고 있는 시대적 사명을 홀시하고 압박을 일삼고 있다. 심지어는 일본의 반동군인들을 이용하여 조선혁명당을 무너트리려하고 있으니 이는 도저히 묵과할 수 없는 것이다. 이후로도 미군이 여전히 일본인들과 결탁하여 조선인민을 적대시한다면 소련군이 나서서 간섭하지 않을 수 없다.

(2) 미군 당국은 원동에 전쟁이 재발하지 않도록 주의하는 외에도 조선과 기타 동방 약소국가가 하루속히 독립자주를 획득할 수 있는 방법을 모색해야 할 것이다. 미군은 절대 동방 약소국가 민주세력의 발전을 억누르거나 제지해서는 안 될 것이다.

四. 주한미군사령관 하지가 밝힌 대한정책(11월 16일)

(1) 한국인민은 행정조직이 없고 당파가 복잡한데다 정견의 일치를 보이지 못하고 있다. 따라서 목하 한국의 국방은 반드시 미군이 책임을 져야 한다.

(2) 미군이 한국에 주둔하는 것은 한국의 독립을 지키기 위해서이다. 카이로회의 및 베를린회의의 결정에 근거하여 소련군은 마땅히 북한에서 철수하여야 하며, 이것만이 한국이 분열된 상태에서 벗어날 방법이다.

(3) 한국에 내홍이 발생하는 것을 막기 위해서는 반드시 연합국의 주도하에 진정한 독립과 해방을 확보해야 한다.

(4) 중국에서 활동하던 한국임시정부 및 미주에서 활동하고 있는 각 당파와 현재 소련군이 점령하고 있는 지역에 존재하는 각 정치조직은 반드시 자동적으로 해산하여 한국에 통일정부가 들어설 수 있도록 여건을 마련해주어야 한다.

130. [卷名] 자신 명의로 20만 달러를 미국 은행에 예치해줄 것을 청

하는 이승만의 편지

[入藏登錄號] 002-020400-00034-088

[發　信] 李承晚

[受　信] 蔣介石

[時　間] 1946年 2月 15日

[番　號]

[內　容]

중경의 蔣 주석 각하께. 魏道明 대사에게 지령하여 미화 20만 달러를 본인 명의로 미국안전신탁공사(American Security and Trust Company)에 예치하여 주시고, 본인의 대리인인 BENC. LIMB(임병직)대령이 수령할 수 있도록 조치해 주십시오. 미국에서의 활동을 위해 이 돈이 반드시 필요합니다. 우리 한인들은 각하의 후의를 영원히 잊지 않을 것입니다. 하지장군은 어제 서울에서 거행된 장엄한 의식에서 남한민주동맹(Representative Democratic of South Korea)을 정식으로 승인하였습니다. 이 동맹은 본인이 주석을 맡고 있으며 김규식과 김구 두 사람이 부주석을 맡고 있습니다. 이승만.

[첨부의견]

이승만이 요청한 20만 달러 제공 문제는 어떻게 처리하는 것이 좋을지요? 우선 吳 비서장에게 넘겨 논의해보도록 한 뒤 재차 보고 드리겠습니다. 吳鼎昌.[109] 2월 27일.

131. [卷名] 20만 달러는 잠시 주미대사관에서 보관하고 있다가 기회를 보아 한국임시정부에 전달하는 것이 적절할 것이라는 의견

---

109) 吳鼎昌(1884~1950). 浙江 吳興 출신. 1905년 동맹회에 가입. 大公報社 사장 역임. 당시 국민정부 문관장.

[入藏登録號] 002-020400-00034-091

[發　信] 吳鐵城

[受　信] 蔣介石

[時　間] 1946年 3月 11日

[番　號]

[内　容]

　사유: 이승만이 미화 20만 달러를 미국으로 송금해달라는 요청에 대해 한국임시정부주화대표단과 상의하였습니다. 그 결과 이 돈은 당분간 주미대사관에서 보관하는 것이 좋겠다는 결론을 내렸습니다. 이에 경과를 보고 드리니 살펴보시기 바랍니다.

　총재께서는 3월 7일자 代電에서 이승만이 미화 20만 달러를 미국으로 송금해달라고 청한 문제에 대한 연구를 지시하셨습니다. 본시 이 돈은 작년 임시정부 인원이 귀국하기 직전 총재께서 한국임시정부의 활동비로 지원을 약속하신 것입니다. 다만 여러 차례 교섭에도 불구하고 절차상의 문제로 아직까지 한국으로 송금하지 못하고 있습니다. 얼마 전에는 주미대사관에 근무하는 譚紹華 동지도 이승만의 청구와 똑같은 내용의 전보를 보내온 사실이 있습니다. 이 문제를 한국주화대표단과 상의한 결과, 당분간 우리 주미대사관에서 보관해 두었다가 외화송금의 길이 열리게 된 뒤 한국임시정부에 전달하는 것이 좋겠다는 결론을 내리게 되었습니다. 이에 총재께 경과를 보고 드리니 살펴보시기 바랍니다. 職 吳鐵成 올림.

132. [卷名] 한국광복군 출신 宋旭東의 육군대학 무시험 입학허가에 관한 簽呈

[入藏登録號] 002-020400-00034-092

[發　信] 徐永昌

[受　信] 蔣介石

[時　間] 1946年 4月 14日

[番　號]

[內　容]

한국임시정부주화대표단이 지난 3월 26일 한국광복군 참모처 송욱동 대령의 육군대학 입학과 관련하여 편지를 보내왔습니다. 육군대학 특8기 입학생의 모집요강에는 입학신청 자격은 중화민국 국적을 가진 사람에 한정한다고 분명하게 규정되어 있습니다. 따라서 송욱동의 입학신청은 분명 규정에 어긋나는 것입니다. 그러나 한국에 대한 원조는 우리의 일관된 국책이라는 점에서 볼 때, 두 나라의 친목을 도모하기 위해 특별히 송욱동의 입학을 허가하는 것이 좋을 듯합니다. 이에 대한 위원장님의 지시를 바랍니다.

[첨부의견]

입학을 허락하는 것이 좋을 듯합니다.

[장개석의 批示]

입학을 허용할 것.

[發　信] 徐永昌

[受　信] 蔣介石

[時　間] 1946年 5月 14日

지난 번 한국광복군 참모처 송욱동 대령의 육군대학 특8기 입학을 허가해달라는 한국임시정부주화대표단의 요청을 보고 드렸고, 이에 대해 위원장님께서는 이를 허락하였습니다. 이번에는 한국광복군총사령 이청천이 한인 徐波와 高一鳴 두 사람의 육군대학 특별입학을 요청하는 전보를 보내 왔습니다.

　조사 결과 서파는 입학자격을 갖추지 못하였지만 고일명은 자격이 충분합니다. 지난 번 송욱동의 예에 따라 고일명의 육군대학 입학을 특별히 허용하는 것이 좋을 듯합니다. 다만 한인의 육군대학 입학에 일정한 제한을 둘 필요가 있을 것 같아 앞으로는 기마다 한인의 무시험 입학을 2명 이내에서 허용하는 것이 바람직할 것입니다. 이런 결정이 합당한지 여부에 대해 위원장님의 지시를 바랍니다.

　[첨부의견]

　원안대로 처리하도록 하는 것이 좋을 듯합니다.

133. [卷名] 이승만이 陳之邁에게 보낸 편지를 대신 전하는 陶希聖의 보고

[入藏登錄號] 002-020400-00034-095

[發　信] 陶希聖[110]

[受　信] 蔣介石

[時　間] 1946年 12月 30日

[番　號]

[內　容]

　사유: 주미대사관 陳之邁[111] 참사가 이승만(조선민주당 영수)이 漢城에서 보낸 편지를 대신 전해왔기에 보고 드립니다.

　작년 겨울 김구 등이 귀국한 이후 누차 임시정부를 수립하고자 하였

---

110) 陶希聖(1899~1988). 湖北 黃岡 출신. 중국국민당의 이론가로 장개석의 이름으로 『中國之命運』·『蘇俄在中國』 등을 저술하였다. 侍從室第二處第五組組長을 역임하였다.

111) 陳之邁(1908~1978). 廣東 番禺 출신. 콜럼비아대학 철학박사. 1944년 6월부터 주미대사관 참사로 재직.

지만 미국 외교당국이 삼상회의 결의 준수를 고집하여 진일보된 움직임을 보일 수 없었습니다. 지금 파괴를 일삼는 적색분자들이 날뛰고 있는데다 정권이 여전히 외국인의 손에 장악되어 있습니다. 38도선이 여전히 한반도를 둘로 나누어 놓고 있는 상황에서 살길을 찾아 북에서 남으로 내려오는 사람이 매일 3천여 명에 달합니다. 조선 각지의 이재민이 90여만 명에 이르는데, 이들이 만일 야심가의 선동에 휩쓸리게 되면 어느 누구도 사태를 막지 못할 것입니다. 이점이 우리가 가장 염려하는 부분입니다. 근자에 영국의 외교사절이 漢城에 들어와 使館을 수리하고 업무를 보기 시작한 것은 그나마 다행스러운 일이 아닐 수 없습니다. 귀국도 대표를 파견하여 상주시킨다면 두 나라 모두에 큰 도움이 될 것입니다. 얼마 전 귀국의 주미대사관을 통해 20만 달러 예치 건이 해결되었다는 반가운 소식을 접하였습니다. 즉시 수령할 수 있었으면 좋겠습니다. 결초보은의 심정으로 귀국의 조치에 감사를 드립니다.

[첨부의견]

이승만의 편지를 오 비서장에게 보내 연구토록 하는 것이 좋을 것입니다.

[卷　　名] 국민당중앙집행위원회비서처의 簽呈

[時　　間] 1947年 2月 6日

사유: 한국임시정부에 제공하기로 한 20만 달러의 처리경과에 대해 보고 드리니 살펴보시기 바랍니다.

총재께서는 秘字第34號 代電에서 이승만이 한국에 제공하기로 한 20만 달러를 자신의 명의로 예치해 달라고 청한 문제에 대한 연구를 지시하였습니다. 재작년 일본이 투항한 뒤 총재께서는 한국임시정부에 미화 20만 달러 제공을 약속하였고, 이 돈은 김구 주석이 수령하여 활동비로 사용하도록 지정하였습니다. 당시 김 주석은 이 돈을 휴대하여 귀국할 수 없는 상황이었던 관계로, 우선 뉴욕에 있는 아국 주미대사관에서 보관하고 있다가 기회를 보아 漢城으로 송금해 줄 것을 요청하였습니다. 그러나 미국과 한국 사이에 송금이 불가능한데다 미국 측에서 수령할 수 있는 액수에 제한을 두어 일을 처리하기 쉽지 않았습니다.

후일 김 주석은 주화대표 濮純을 저희 비서처에 보내 이 문제를 상의토록 하였고, 논의 결과 이 돈을 잠시 中國銀行에 예치하도록 하였습니다. 최근 복순은 여러 차례 비서처를 방문하여 돈을 수령할 방법을 문의하였으나 아직까지 최종적인 결정을 내리지 못하고 있습니다. 이 돈은 본시 김 주석이 수령인으로 지정되어 있습니다. 수령인 변경의 통지가 있기 전까지는 이승만이 수령해서는 안 될 것입니다. 이상 경과를 보고 드리며, 이에 대한 총재의 뜻을 묻고자 합니다.

조선에 대표를 파견하여 상주시키는 문제에 대해서는 우리도 오래 전부터 이런 뜻을 가지고 있었습니다. 중한 간의 연락을 원활히 하기 위해 외교부에 지령하여 속히 사절 파견 교섭을 진행하도록 하는 것이 좋을 것입니다. 이상 두 가지 사안을 총재께 보고 드립니다. 職 吳鐵成 올림.

［첨부의견］

이 문제와 관련하여 이승만이 자신 명의로 돈을 예치해 달라며 총재께 드리는 편지를 도희성 동지가 대신 전해왔습니다. 이에 吳 비서장에게 연구해 보도록 통지하였습니다. 吳鼎昌. 2월 13일.

134. ［卷名］ 2월 상순 미국을 출발하여 한국으로 귀국하는 길에 잠시 南京에 들르고자 하는 뜻을 전하는 電文

［入藏登錄號］ 002-020400-00034-097

［發　信］ 李承晩

[受　信] 蔣介石

[時　間] 1947年 1月

[番　號] 來電10329號

[內　容]

2월 상순 귀국하는 길에 잠시 남경에 들러 뵙고자 합니다. 각하의 뜻
은 어떠신지요?

[첨부의견]

이 전보는 현재 미국에 머물고 있는 한국영수 이승만이 보낸 것입니
다. 그의 입국을 허용하고 예방의 기회를 줄 것인지 지시 내려주시기
바랍니다.

[장개석의 批示]

워싱턴의 주미대사관 顧 대사에게. 남한민주동맹 대표 이승만 선생
이 만남을 청하였습니다. 그의 예방을 환영한다고 전해주시기 바랍니
다. 蔣中正. 2월 6일.

135. [卷名] 중국을 방문하려는 이승만에게 비자를 발급하는 문제와
　　　관련한 代電

[入藏登錄號] 002-020400-00034-099

[發　信] 顧維鈞

[受　信] 蔣介石

[時　間] 1947年 2月 19日

[番　號] 外交部受電第397號

[內　容]

南京 외교부에 전합니다. 남한민주동맹 대표 이승만이 주석을 예방
하는 문제와 관련하여 주석께서는 이승만에게 환영의 뜻을 표시하였습

니다. 방금 이승만으로부터 다음 달 하순 귀국길에 오르겠다는 연락을
받았습니다. 한인 張基永과 미국인 프라이어 여사(MRS. G. FRYE) 및 한
국신문계 대표 金東成 등이 이승만과 동행할 것입니다. 이들에게 입국
비자를 발급하였음을 알립니다. 顧維鈞.

136. [卷名] 東北行轅 예하에 韓僑事務處를 두어 동북거주 한교에 대
    해 통일적 지휘를 꾀하는 것이 좋겠다는 내용의 簽呈

[入藏登錄號] 002-020400-00034-100

[發　信] 王世杰[112]

[受　信] 蔣介石

[時　間] 1947年 2月 21日

[番　號]

[內　容]

사유: 東北韓僑事務處를 東北行轅에 예속시키는 것이 바람직할 것입
니다.

살피건대 현재 동북에는 약 150여만 명의 韓僑가 거주하고 있습니다.
일본이 투항한 뒤 東北保安司令長官部에 한교사무를 전담하는 부서를
증설한 바 있습니다. 작년 한국대표단 단장 濮純이 중앙에 한교사무를
관장할 고위인사를 동북에 파견해 줄 것을 요청하였습니다. 상부에서
는 그간 동북의 한교사무를 동북에 주재하고 있는 외교관이 담당하도
록 조치하였습니다. 이 문제로 東北行轅에서는 군·정·당회의를 소집
하여 동북보안사령장관부의 한교사무처를 철폐하고, 대신 외교부 駐東
北特派員公署 예하에 따로 한교사무처를 두기로 의결하였습니다.

---

112) 王世杰(1891~1981). 湖北 崇陽 출신. 武昌革命에 참가. 국민정부 교육부장, 군사
　　위원회참사실 주임 역임. 당시 행정원정무위원 겸 외교부장.

한교의 거주와 영업에 대한 관리는 내정의 범주에 속하는 사안입니다. 동북지구는 땅이 워낙 넓은데다 한교에 대한 관리사무는 너무나 복잡합니다. 외교부 특파원공서의 간단한 기구만으로는 한교업무를 제대로 관장할 수 없는 실정입니다. 반면 동북행원의 직권은 동북 9성 전역에 걸쳐 있습니다. 마땅히 한교사무를 동북행원에 일원화시켜 통일지휘의 효과를 기하는 것이 좋을 것입니다. 한교사무처의 처장은 외교부 주동북특파원이 겸임한다면 연계상의 편의를 거둘 수 있을 것입니다. 이 의견에 대한 지시를 청합니다.

[처리결과]

외교부의 의견을 수렴하여 원안대로 처리하도록 하였고, 동북행원에도 결정 사실을 통보하였음.

137. [卷名] 한국임시정부에 대한 보조비를 매달 1천만 원으로 증액하는 문제에 관한 簽呈

[入藏登錄號] 002-020400-00034-101

[發　信] 陳誠[113]

[受　信] 蔣介石

[時　間] 1947年 2月 22日

[番　號]

[內　容]

사유: 한국임시정부 보조비를 매달 1천만 원으로 증액하는 문제에 대한 지시를 청합니다.

현재 한국임시정부에 대한 보조비는 매달 國幣 5백만 원으로 정해져 있습니다. 이 돈은 참모본부에서 매달 중앙당부 비서처를 통해 한국 측

---

113) 陳誠(1898~1965). 浙江 靑田 출신. 당시 참모총장.

에 전달하고 있습니다. 방금 중앙당부 비서처로부터 "한국의 정국이 지금도 불안정한 상태에 있습니다. 아국은 마땅히 기정방침에 따라 한국에 대한 지원을 아끼지 말아야 할 것입니다. 근자에 물가변동이 극심하여 한국임시정부에 대한 보조비를 증액할 필요가 절실한 형편입니다. 36년(1947) 정월부터 보조비를 1천만 원으로 증액해 주었으면 합니다"는 내용의 대전을 받았습니다. 보조비를 1천만 원으로 증액해도 되는지 의견 주시기 바랍니다.

[장개석의 批示]

원안대로 증액할 것.

138. [卷名] 이승만의 南京 방문에 협조를 청하는 김구의 電文

[入藏登錄號] 002-020400-00034-102

[發　信] 金九

[受　信] 蔣介石

[時　間] 1947年 2月 22日

[番　號]

[內　容]

蔣 총재께 드립니다. 이승만 선생이 조만간 남경에 도착하여 각하와 한국독립문제에 관해 의견을 나누게 될 것입니다. 중한 두 나라의 전통적인 우의관계를 중시하는 각하께 많은 지원 부탁드립니다.

[첨부의견]

이 문제와 관련하여 顧 대사로부터 이승만이 미국인 프라이어 여사 등과 함께 2월 하순 입국할 것이라는 연락이 있었고, 이들을 잘 접대하라는 총재의 명이 있었습니다.

139. [卷名] 주한미군사령관 하지중장의 기자회견 내용을 전하는 代電

[入藏登錄號] 002-020400-00034-103

[發　信] 顧維鈞

[受　信] 蔣介石

[時　間] 1947年 2月 25日

[番　號] 外交部受電第2460號

[內　容]

남경 외교부에 전합니다. 주한미군사령관 하지중장이 업무보고차 귀국하였습니다. 그는 기자들에게 소련이 북한에서 군대를 훈련시키고 있다는 정보는 분명한 사실이며, 그 인원이 약 50만 명에 이른다고 답하였습니다. 顧維鈞.

140. [卷名] 한국독립촉진협회가 모스크바 4국 외상회의에서 한국독립문제를 의제로 다루어 줄 것을 청하였음을 알리는 代電

[入藏登錄號] 002-020400-00034-104

[發　信] 顧維鈞

[受　信] 蔣介石

[時　間] 1947年 2月 25日

[番　號] 外交部受電第2451號

[內　容]

남경 외교부를 통해 주석께 드립니다. 漢城에서 거행된 한국독립촉진협회 제1주년 기념대회가 주석께 보내는 전문을 채택하였습니다.

이 전문은 "동맹국이 비록 카이로회의와 포츠담회의에서 한국의 독립은 인정하였지만, 미군과 소련군의 분할 점령으로 인하여 지금 한국은 국토가 분열된 상황에 처해 있습니다. 또한 각종 공업이 피폐하여 인민의 생활이 절망적인 상황으로 치닫고 있습니다. 한인들은 더 이상 이런 상황을 참아낼 수 없습니다. 특히 동맹국이 신탁통치안을 철회하지 않는 것은 큰 유감이 아닐 수 없습니다. 우리는 한국문제가 이번 모스크바 4국 외상회의에서 의제로 다루어지고 한국독립이 즉각 실현될 수 있기를 희망하고 있습니다"는 내용을 담고 있습니다.

영문으로 된 原電은 따로 올리도록 하겠습니다. 顧維鈞.

141. [卷名] 교포 보호와 권익을 지키기 위한 필요에서 劉馭萬을 주한 총영사에 임명하기로 결정하였음을 알리는 簽呈

[入藏登錄號] 002-020400-00034-105

[發　信] 王世杰

[受　信] 蔣介石

[時　間] 1947年 2月 27日

[番　號]

[內　容]

사유: 영국이 사절을 한국에 주재시키기로 결정한 사실을 들어 이승만이 아국도 한국에 대표를 파견할 것을 요청하였습니다. 이에 유어만을 주한총영사로 임명하기로 하였기에 보고 드립니다.

주석께서는 秘字第148號 代電에서 얼마 전 한국민주당 영수인 이승만이 영국이 이미 주한사절을 파견하였다며 아국도 신속하게 사절을 파견하는 것이 좋겠다는 내용의 편지를 보내온 사실을 예로 들며 한국에 아국 대표를 파견하는 문제에 대한 연구를 지시하였습니다.

주한대표를 파견하는 문제로 미국 측과 협의를 진행하였던 바, 미국은 영·미 두 나라도 총영사급 외교사절을 주재시키기로 하였으니 아국도 총영사를 파견하는 것이 좋겠다는 의견을 제시하였습니다. 이에 인선을 논의한 결과 유어만을 주한총영사에 임명하여 漢城에 주재토록 하였습니다. 유어만은 교포 보호와 아국의 권익을 지키는 등의 업무를 수행하게 될 것입니다.

이승만이 편지에서 언급한 영국이 使館을 수리하는 것도 총영사를 파견하기 위한 준비로 보입니다. 주석의 지시사항에 대한 경과를 보고 드리며, 유 총영사에게도 취임을 준비하도록 하였습니다.

142. [卷名] 주한미군이 안재홍을 군정청민정장관에 임명하고 각국에 사절을 파견하기로 결정한 내용에 대한 정보보고

[入藏登錄號] 002-020400-00034-106

[發　信] 保密局[114]

[受　信] 蔣介石

[時　間] 1947年 3月 4日

[番　號]

[內　容]

남한군정청은 중 · 미 · 영 3국에 외교대표를 파견할 예정입니다. 남한에 주둔하고 있는 미군은 한국의 완전한 독립을 돕기 위해 노력을 게을리 하지 않고 있습니다. 남한에 진주한 직후 미군은 군정청을 설립하였는데, 군정청민정장관은 애초 미국인이 임명되었으나 금년 2월 10일 한국독립당의 주요인사인 안재홍이 계임하였습니다. 미국은 금년 3월 중 · 영 · 미 세 나라에 외교대표를 파견할 예정입니다. 계획에 따르면 尹正洙가 영국, 李承晩이 미국, 趙素昻이 중국에 주재하게 될 것입니다.

---

114) 군사위원회가 철폐되면서 군사조사통계국의 업무를 이어 받은 특무기관. 1946년 7월 1일 성립되었다. 당시 국장은 鄭介民, 부국장은 毛人鳳. 보밀국의 내부 조직은 군사조사통계국의 그것과 대동소이하였다.

143. **[卷名] 한국신진당이 미소위원회의 재개를 요청한 사실과 이승만 관련자료**

[入藏登錄號] 002-020400-00034-108

[發　信] 吳鼎昌

[受　信] 蔣介石

[時　間] 1947年 3月 20日

[番　號]

[內　容]

사유: 외교부로부터 두 건의 公函이 도착하였기에 보고 드립니다.

외교부에서 보내온 공함은 (一) 한국신진당대표 김 모가 한국이 조속히 독립을 이룰 수 있도록 총재께서 미소혼합위원회의 재개를 위해 노력해 주실 것을 청한 건, (二) 조만간 총재를 뵙게 될 한국독립당영수 이승만의 경력에 관한 건입니다.

(一) 주일대표단이 보내온 보고에 따르면 근자에 한국신진당중앙위원 대표 김 모가 주석께 올리는 편지를 보내왔다 합니다. 그 내용은 조속히 한국독립을 완성할 수 있도록 주석께서 미소혼합위원회가 재개될 수 있도록 알선해달라는 것입니다. 남북한의 경계선 철폐와 한국독립 문제와 관련하여 한국에 주둔하고 있는 미·소군정부는 작년 漢城에서 회의를 가졌으나 결과를 얻지 못하였습니다. 한국신진당은 최근 남한에서 성립된 우익정당입니다. 한국의 자산가인 홍명희 등이 이 정당을 암중 후원하고 있는 것으로 전해지고 있습니다. 漢城에 주재하고 있는 劉 총영사에게 한국신진당의 배경과 한국정정을 조사하여 보고하도록 하였습니다.

(二) 주미 顧 대사가 보내온 전문에 따르면 한국독립운동 진영의 영수인 이승만이 조만간 주석을 예방하기 위해 도착할 것이라 합니다. 본

부 亞東司 楊(雲竹) 사장이 미국에 주재하던 시절 이승만과 자주 접촉한 사실이 있습니다. 이에 이승만의 미주에서의 활동, 한국에 되돌아간 이후의 정치활동 및 이 씨에 대한 미국 조야의 여론 등을 조사하여 보고하도록 하였습니다. 이상 두 가지 건을 보고 드리니 살펴보시기 바랍니다.

[첨부문건] : 이승만의 경력

· 이승만 박사에 대하여

一. 미국에서의 활동

오랫동안 워싱턴에서 활동한 이승만은 한국임시정부의 초대 대통령을 지냈고 미국대학에서 박사학위를 받았습니다. 미국인들의 상당수가 그의 명성을 잘 알고 있습니다. 후일 중경에서 활동하고 있던 한국임시정부의 주미대표로 활약하였습니다. 이 씨는 미국에서 동지회 등 한국독립운동을 위한 혁명단체를 조직하였고 독립당에 가입하였습니다. 따라서 동지회와 독립당은 자매정당이라 할 수 있습니다. 이 씨는 또한 한국위원회를 조직하기도 하였으나 이 단체는 별다른 성과를 거두지는 못하였습니다. 철저한 반공주의자로 알려진 이 씨는 소련에 대해서 반감을 품고 있습니다. 그는 기회 있을 때마다 미국이 소련과 손잡는 것은 미국에 전혀 도움이 되지 않는다고 주장하였습니다. 미국에서 활동하고 있는 한교단체는 5개인데, 그 가운데 3단체는 이 씨와의 합작을 원치 않고 있습니다. 이 씨를 반대하는 연합위원회는 회원이 천여 명에 달하며 그 세력은 이 씨가 창립한 동지회보다 큽니다.

二. 이승만에 대한 미국인들의 태도

미국 관방은 이 씨가 고령(현재 72~3세)인데다 종종 반미언동을 일삼는 관계로 이 씨와 거의 접촉하지 않고, 이 씨 역시 미국국무원과 연락을 취하지 않고 있습니다. 미국 관방은 이 씨의 시대가 이미 지나갔으며, 이 씨는 충분한 호소력을 갖추지 못했을 뿐만 아니라 영수로서의 자질과 능력도 부족하다는 인식을 갖고 있습니다. 샌프란시스코회의 당시 이 씨는 얄타회담의 비밀협정 내용을 탐지하여 이 협정은 한국뿐만 아니라 중국의 동북까지 팔아넘기는 내용을 담고 있다고 폭로하기도 하였습니다.

三. 이승만과 임시정부

이 씨는 한국임시정부의 주미대표로 활동하였으며, 김구 주석과는 우의가 돈독한 것으로 알려져 있습니다. 이 씨는 임시정부를 위해 미주에서 모금활동에 나섰지만 성적은 신통치 못했습니다. 34년(1945) 임시정부가 미주의 한교조직인 연합위원회와 연계를 맺고자 할 때, 이 씨는 임시정부가 작성한 명단에 불만을 품고 미주 한교사회의 지도자들과의 합작을 거부하였습니다. 샌프란시스코회의 당시에는 각파의 한교들이 샌프란시스코에 집결하여 통일적 선전기구를 성립하고자 하였으나 고집이 센 이 씨는 여기에 가입하지 않았습니다.

四. 승리 후 이승만의 한국에서의 활동

승리 후 귀국한 이 씨는 신탁통치 반대의 기치를 걸고 김성수(한국의 자산가, 친일파)가 주도하는 민주당과 손잡고 정치활동을 계속하였습니다. 이 씨는 각 당파와 연합하여 민주평의회를 성립하고 자신이 주석을 맡았습니다. 최근 한국에서는 좌·우파 정당이 합작하여 입법기구를 조직하였습니다. 이 기구는 김규식과 여운형(좌파)이 주석과 부주석을 맡고, 이승만은 정식명의를 갖지 않고 있습니다. 이승만의 개인비서로는 정한경과 임병직 등이 활동하고 있습니다. 근자에 임병직은 미국에서 소련으로 건너가 영국과 접촉을 시작하였고, 한국독립운동에 대한 영국의 지지를 획득하기도 하였습니다.

144. [卷名] 중국방문 시 접견의 기회를 청하는 이승만의 전문

[入藏登錄號] 002-020400-00034-109

[發　信] 李承晚

[受　信] 蔣介石

[時　間] 1947年 4月 7日

[番　號]

[內　容]

워싱턴 출발 날자가 연기되어 노스웨스트편으로 4월 11일 상해에 도착할 예정입니다. 중국에 이틀간 머문 뒤 동경으로 떠날 것입니다. 중국에 체류하는 기간 각하를 뵐 수 있는 기회를 주시면 고맙겠습니다.

[첨부의견]

이미 吳 비서장에게 일정을 전달하였습니다.

145. [卷名] 이승만과 관련하여 각 방면에서 올린 보고와 簽呈

[入藏登錄號] 002-020400-00034-110

[發　信] 俞濟時

[受　信] 蔣介石

[時　間] 1947年 4月 9日

[番　號]

[內　容]

사유: 이승만의 召見 시 참고할 각 방면의 보고와 簽呈을 올립니다.

[發　信] 顧維鈞

[時　間] 1947년 4월 2일

미국국무원 당국자의 밀고에 따르면 미국정부 및 주한미군 당국은 공히 이승만에 대해 상당한 불만을 가지고 있다 합니다. 이 씨는 고집이 세어 그와 손잡고 일하기는 쉽지 않다 합니다. 더구나 이 씨는 수시로 반미언론을 발표하는데다 한인들을 선동하여 미군철수와 신탁통치 반대를 극력 주장하고 있습니다. 다만 미국은 여전히 이 씨의 정치활동을 제지할 의향은 없는 것으로 보입니다. 만일 이 씨가 한인들의 옹호와 지지로 정권을 잡을 경우, 미국은 역시 이에 반대하지 않을 것이라 합니다. 그러나 미국은 이 씨가 정권을 잡는다 해도 그를 원조하지는 않을 것입니다. 미국의 불필요한 우려를 불식시키기 위해서라도 이 씨에 대한 예우는 적절한 선에서 이루어지는 것이 좋을 것입니다.

[첨부의견]

吳 비서장이 참고하도록 이미 전보내용을 전달하였습니다.

[發　信] 何應欽

[時　間] 1947년 3월 31일

이승만은 고집이 세 미주의 한인들로부터 별다른 지지를 얻지 못하고 있습니다. 주한미군 역시 이 씨를 지지하지 않습니다. 이승만이 아국에 발을 디딘 뒤 너무 융숭한 대접을 하지 않는 것이 좋을 것입니다.

[첨부의견]

吳 비서장이 참고하도록 이미 전보내용을 전달하였습니다.

[發　信] 吳鼎昌

[時　間] 1947년 4월 7일 (외교부의 公函에 근거하여)

이승만은 금년 73세로 일찍이 한국임시정부의 초대 대통령을 지냈으며, 미국에 장기간 머물렀고 미국대학에서 박사학위를 받았습니다. 이 씨는 중경에서 활동하고 있던 한국임시정부의 주미대표로 활약하였습니다. 철저한 반공주의자인 이 씨는 미국에서 동지회 등 한국독립운동을 위한 혁명단체를 조직하였고 독립당에 가입하였습니다. 미국 관방은 이 씨가 종종 반미언동을 일삼는 관계로 이 씨와 거의 접촉하지 않고, 이 씨 역시 미국국무원과 연락을 취하지 않고 있습니다. 미국 관방은 이 씨의 시대가 이미 지나갔으며, 이 씨는 충분한 호소력을 갖추지 못했을 뿐만 아니라 영수로서의 자질과 능력도 부족하다는 인식을 갖고 있습니다.

[發　信] 邵毓麟
[時　間] 1947년 4월 3일

이승만과 김구는 공히 한국독립운동계의 영도적 인물입니다. 두 사람은 또한 개인적으로 돈독한 우의관계를 맺어 왔습니다. 이 씨는 제1차 세계대전 후 워싱턴회의 참가를 계기로 계속하여 미국에 머물며 한국독립운동에 헌신하였습니다. 미국이 대한정책을 변경한 기회를 틈타 이 씨가 아국을 방문하고자 하는데 그가 의도하는 바는 크게 두 가지로 보입니다. (一) 남한에 임시정부가 성립되기에 앞서 아국의 양해와 지지를 얻고자 함입니다. (二) 본인의 정치적 지위를 제고시키고자 함입니다. 그러나 이 씨는 주석을 예방한 자리에서 정치문제 외에도 중한 두 나라 간 경제와 무역 등 문제도 논의하고자 할 것입니다. 이 씨는 평소 주석에 대해 경앙의 뜻을 표시하였습니다. 특히 스틸웰사건이 발생하였을 때, 미국여론이 모두 우리를 공격하였지만 이 씨는 공개적으로 우리의 입장을 변호하는 모습을 보여 주었습니다.

[發　信] 邵毓麟
[時　間] 1947년 4월 11일

이승만이 오늘(11일) 남경에 도착했습니다. 본인은 이 씨와 단독으로 장시간 대화를 나누었습니다. 그 요점은 아래 몇 가지로 정리할 수 있습니다.

(一) 이 씨는 총재를 아시아의 민족영수로 추앙하였으며, 중한 두 나라의 관계가 워낙 긴밀함을 역설하고 모든 한인이 총재를 존숭하며 옹호한다고 하였습니다.

(二) 이승만은 김구와의 철저한 합작을 강조하였습니다. 아울러 금년 7월 남한에 임시정부가 조직되면 8월경 대통령선거를 실시할 예정이라 하였습니다. 이 씨는 중·미 등 여러 나라가 한국의 통일을 위해 힘써 주기를 청하였습니다.

(三) 이 씨는 남한에 임시정부가 성립되면 이후 일체의 행정은 한인들이 주관할 것이나 군정방면의 실권은 여전히 미군이 비밀리에 행사하게 될 것이라 하였습니다.

이 씨는 또한 한국에 대한 6억 달러 차관은 미국국회를 통과하면 즉시 실현될 것이라 하였습니다. 그러나 9일 워싱턴발 보도를 근거로 오늘 상해의 각 신문들은 미국은 대한차관 공여를 고려한 사실이 없다고 일제히 보도하였습니다.

146. [卷名] 김구가 비밀리에 金恩忠으로 하여금 동북지역에 한인 무
     장세력을 건설하도록 하였다는 정보보고

[入藏登錄號] 002-020400-00034-111

[發　信] 保密局

[受　信] 蔣介石

[時　間] 1947年 4月 11日

[番　號]

[內　容]

사유: 김구가 김은충에게 밀령을 내려 東北에 무장세력을 조직하도록 하였습니다.

한국독립당의 영수인 김구가 자신의 조카인 김은충(한국주화대표단 비서장)을 군사연락원에 임명하여 비밀리에 동북으로 보내 한교들의 상황을 조사하도록 하였습니다. 김은충은 우리 군정방면과도 연계를 갖고, 자신이 입안한 매복과 조직훈련 계획을 실행에 옮기고자 하고 있습니다. 김은충의 계획은 한국공산당의 활동을 제어하면서 우리 동북의 치안에 협조한다는 것입니다. 이를 바탕으로 한인의 군사역량을 건설하여 한국의 조속한 독립에 도움을 주고자 하는 것이 김은충이 마련한 계획의 최종 목적입니다.

[첨부의견]

熊 주임115)에게 사실여부를 확인하여 보고하도록 하였습니다.

147. [卷名] 이승만의 주장에 원칙적으로 동의하는 것이 적절하다는 내용의 편지

[入藏登錄號] 002-020400-00034-112

[發　信] 王世杰

[受　信] 蔣介石

[時　間] 1947年 4月 12日

[番　號]

[內　容]

주석께 몇 가지 진언하고자 합니다. 이승만 박사는 원래 14일 출발하기로 하였으나 그가 타고 왔던 비행기가 너무 장시간 한 곳에 체류할

---

115) 熊式輝(1893~1974). 江西 安義 출신. 당시 東北行轅 주임.

수 없어 이미 떠나버리고 말았습니다. 졸지에 교통편이 사라지자 지금 제가 이 박사를 대신하여 비행기 혹은 선박편을 알아보고 있습니다. 이 박사는 분명 한국독립당 인사 가운데서도 첫손에 꼽히는 영수입니다. 비록 연로하지만 사상과 분투능력이 모두 우수한, 목하 한국에서는 그를 능가할 인물을 찾기 어려운 최고의 영도력을 갖춘 유일한 원로라 할 수 있습니다. 따라서 총재께서도 이 박사를 중시하셔야 할 것으로 생각됩니다.

이 박사는 남한만이라도 즉각 선거를 실시하여 독립자주의 정부를 성립할 것을 주장하고 있습니다. 그는 주한미군은 필요시에만 한인들을 위해 안전과 질서유지에 나서야 하며, 조금이라도 행정에 간섭해서는 안 된다는 입장을 견지하고 있습니다. 이런 환경이 조성되어야만 남한정부는 독자적인 무력을 조직하기 위한 준비에 나설 수 있고, 한국이 독자적인 군사력을 확보해야만 후일 주한미군이 철수한 이후라도 남한이 북한공산당의 침략을 받지 않을 것이라고 주장하였습니다. 이 박사는 이런 준비작업은 반드시 한인들이 전적으로 책임지고 진행해야 하며 미국인들이 대신해서는 안 될 것이라는 입장도 지니고 있습니다.

이 박사는 미국정부가 이미 자신의 의견을 접수하기로 하였으며, 트루먼 대통령도 거액의 차관을 약속하였노라고 하였습니다. 이 박사는 미군점령군사령관인 하지중장이 자신의 주장에 반대한다는 이유로 하지를 축출하기 위한 운동을 벌인 적이 있습니다. 이로 인하여 미국국무원과 군부는 이 박사에게 상당한 불만을 품고 있습니다.

미국정부는 목하 새로운 대한정책을 준비하고 있는 것으로 보입니다. 그 핵심은 이 박사의 기존 주장을 대부분 수용하는 것이 되리라 생각합니다. 다만 미·영·중·소 네 나라는 이미 5년간 한국을 신탁통치에 두기로 협의한 바 있고, 근자에 소련은 신탁통치를 실행에 옮겨야한다고 목소리를 더욱 높이고 있습니다. 따라서 미국이 새로운 대한정책을 실행하기 위해서는 사전에 유관국과 외교적인 교섭을 벌이지 않으면 안 될 것입니다.

오늘 아침에 접한 소식에 따르면 마샬이 이미 소련 측에 남북한 통일방안을 제의했다 합니다. 아울러 마샬은 한국이 동맹군에 의해 점령된지 이미 16개월이 지났으나 아직도 통일을 이루지 못하고 있다며 한국의 형세는 반드시 신속한 조정이 필요하다고 역설하였다 합니다. 이런 발언은 새로운 대한정책의 채택을 위한 정지작업의 일환으로 여겨집니다. 지금의 정황을 놓고 볼 때 총재께서도 이 박사의 주장에 대해 원칙적인 찬동을 표시하는 것이 좋을 듯합니다. 아울러 우리정부는 장차 적당한 시기와 상황을 보아 미·영 등 국가들도 이 박사의 주장을 받아들이도록 알선의 노력을 할 것이라고 호의를 표시하는 것이 좋을 것입니다. 다만 미국정부와 협조관계를 유지하는 것이 필요조건임을 이 박사에게 주지시켜야 할 것입니다. 미국의 동정과 지지를 얻지 못한다면 이 박사의 주장은 절대 실현될 수 없을 것이기 때문입니다.

이상의 의견이 타당한 것인지 살펴보시기 바랍니다. 동북문제 및 기타 몇 가지 사안은 총재께서 귀경한 뒤 한꺼번에 보고 드리겠습니다. 職 王世杰 드림. 4월 12일 저녁.

148. [卷名] 이승만을 예우한데 대한 감사의 편지

[入藏登録號] 002-020400-00034-113

[發　信] 金九

[受　信] 蔣介石

[時　間] 1947年 4月

[番　號]

[內　容]

蔣 주석께 드립니다. 가르침을 받지 못한지 벌써 3년이 되었습니다. 오랜 시간이 지났지만 각하를 향한 마음은 변함이 없습니다. 이번에 우리 이승만 박사에게 접견의 기회를 주시고 예우해주신데 대해 깊은 감사를 드립니다. 중한 두 나라의 친선관계는 영원히 계속될 것입니다. 우리 동포를 대표하여 각하께 재삼 존경을 표하며, 건강하시기를 바랍니다. 김구.

149. [卷名] 중공과 조선공산당의 동북지역에서의 활동과 관련한 정보보고

[入藏登錄號] 002-020400-00034-114

[發　信] 保密局

[受　信] 蔣介石

[時　間] 1947年 4月 22日

[番　號]

[內　容]

사유: 중공과 조선공산당의 동북에서의 활동에 관한 보고입니다.

중공과 조선공산당이 금년 3월 1일 哈爾濱에서 새로운 협정을 맺었습니다. 그 내용은 아래 세 가지입니다.

(一) 현재 東北民主聯軍에는 조선군 7만여 명이 소속되어 있다. 이들은 3월부터 中共東北局의 협조하에 북한으로 귀환토록 한다.

(二) 일본 투항부대에 배속되어 있는 조선관병이 잠시 동북에 거주할 수 있도록 허용한다. 이들을 中共軍政大學 및 保安團에 보내 훈련시키도록 한다.

(三) 중공은 정치군사대표단을 북한에 파견하여 상주토록 한다. 대표

단은 북한인민위원회를 도와 해방군의 정치간부를 훈련시킨다.

　[첨부의견]

　이미 국방부에 통보하였음.

150. [卷名] 한국독립당 영수 김구와 이승만 정치모략 성공의 내막

　[入藏登錄號] 002-020400-00034-115

　[發　信] 保密局

　[受　信] 蔣介石

　[時　間] 1947年 4月 24日

　[番　號]

　[內　容]

　사유: 김구와 이승만의 정치모략이 성공한 배경에 대해 연구하였습니다.

　일본이 투항한 이후, 한국독립당의 영수인 김구와 이승만 두 사람은 앞서거니 뒤서거니 귀국길에 올랐습니다. 그러나 한국은 미군과 소련군의 분할 점령 상태에 있었습니다. 비록 국민들로부터 열렬한 지지를 받고는 있었지만 김구는 국제적인 지원을 얻지 못해 독립정부를 성립할 수 없었습니다. 반면 다년간 미국에서 활동한 이승만은 미국정부로부터 상당한 중시를 받고 있었습니다. 이에 김구와 이승만 두 사람은 서로의 장점을 합쳐 단점을 극복하는 새로운 길을 모색하기로 결정하였습니다.

　즉 김구가 전면에 나서서 국민들의 여론과 역량을 결집하고, 이승만은 미국의 동정과 지지를 계속 얻기 위해 미국으로 되돌아가 활동하기로 한 것입니다. 만일 이승만의 미국에서의 활동이 여의치 않을 경우에는 김구가 국내에서 적극 정치운동을 전개하고, 이승만은 이 기회를 이용하여 미국에서 측면활동을 전개하기로 계획한 것입니다. 이를 통해 미국이 한국 내의 권익을 계속 지켜나가기 위해서는 이승만의 요구를 수용하고 적극 원조하지 않을 수 없도록 압박하는 것이 두 사람의 의도였습니다.

이번에 미국정부가 이승만에게 도움의 손길을 내밀고 한국 부흥계획에 원조를 약속한 것은, 실은 금년 봄 김구가 국내에서 독립정부 성립운동을 전개하면서 미국의 찬성 여부에 상관없이 반드시 목적을 관철시키고야 말겠노라 공언한 것에 미국이 자극받은 결과라 할 수 있습니다.

151. [卷名] 동북지역 한교에 대한 중공의 공작과 이승만 귀국 시 한국인민의 반응에 대한 정보보고

[入藏登錄號] 002-020400-00034-116

[發　信] 保密局

[受　信] 蔣介石

[時　間] 1947年 4月 29日

[番　號]

[內　容]

사유: 동북 한교에 대한 중공의 음모에 관해서입니다.

중공은 동북에서 '한교자치구 획정', '국민당의 한교 압박 반대', '중국혁명 완성, 한국혁명 원조' 등 구호를 내걸고 한교들이 공산당 조직에 참가하도록 유혹하고 있습니다. 이는 전적으로 공산당의 위세를 강화하여 동북과 북한을 모두 공산당의 치하에 두려는 목적에서입니다. 동북 한교들에 대한 중공의 공세는 아래 몇 가지를 들 수 있습니다:

(1) 중상층계급에 대해서는 적대적인 자세를 취하고 있지만 일반평민들은 중국인과 동등한 대우를 하여 우대하는 듯한 모습을 보이고 있

습니다.

(2) 민주연맹과 한교자치회 및 농·공·청년·부녀·아동 등 단체를 조직하고 있습니다.

(3) 학교 교육은 적화선전을 위주로하고 있습니다.

(4) 청년남녀들을 강제로 동원하여 민주연군·의용대·보안대·자위대 등 단체에 가입시키고 있습니다.

(5) 한교가 다수 거주하는 지역의 당·정·군 각 기관의 2인자(예를 들어 성·시·현의 부성장·부시장·부현장 등)는 모두 韓人을 임명하여 인심을 얻고자 획책하고 있습니다.

[판단 및 처리방침]

뭇 비서장에게 보고의 내용을 있는 그대로 전하고자 합니다.

사유: 이승만 귀국 시 漢城 민중의 반응에 관한 보고입니다.

이승만이 귀국 시 탑승했던 비행기의 조종사인 華世堯의 말에 따르면 이승만이 漢城에 도착한 당일 연도에는 약 이십만의 환영인파가 운집했다 합니다. 한인들은 중국인 조종사를 보자 환호하며 '위대한 중국 공군 만세'를 외쳤습니다. 한국에 僑居하는 동포들도 조국에서 날아온 비행기를 보고 흥분을 감추지 못하였습니다. 이승만이 이처럼 환대를 받을 수 있었던 것은 김구가 사전에 철저한 준비를 하였기 때문입니다.

김구는 이승만을 위한 환영회석상에서 총재의 위대함을 높이 칭송하고 한국독립 원조를 위한 열정에 깊은 감사의 뜻을 표시하였습니다. 아울러 김구는 중한 두 나라는 영원히 친선관계를 유지해야 한다고 재삼 강조하고, 중국의 국운이 창성하기를 축원하였습니다. 마지막으로 그는 한국이 중국의 영도하에 자유세계의 유력한 일원이 되는 것이야말로 중국의 은혜에 보답하는 길이라고 하였습니다.

152. [卷名] 중공대표단의 북한방문과 관련한 정보보고

[入藏登錄號] 002-020400-00034-117

[發　信] 保密局

[受　信] 蔣介石

[時　間] 1947年 5月 19日

[番　號]

[內　容]

사유: 중공 군사대표단이 북한을 방문하여 모종의 협의를 마쳤기에 그 내용을 보고합니다.

근자에 중공중앙이 북한에 군사대표단을 파견하였습니다. 羅瑞卿을 단장, 林楓黃을 부단장으로 하는 일행 25명은 북한에 들어가 조선해방동맹의 現勢를 조사한 뒤 4월 29일 佳木斯로 되돌아갔습니다. 중공 군사대표단은 북한과 아래 몇 가지 사항에 합의한 것으로 확인되었습니다.

(1) 중공은 북한으로부터 일본군이 북한 경내에 남겨둔 기계화무기와 탄약 및 군용기계류를 구입하기로 합의하였습니다.

(2) 중공은 북한 군사공업 관련 기술자들을 동북의 공산당 점령지구로 초치하고 이들을 우대할 구체적인 방안을 마련하기로 하였습니다.

(3) 조선공산당이 중공을 대신하여 기술공작대를 초모, 조직, 지원하여 동북의 공산당 점령구역으로 보내 중공의 각종 건설사업에 협조하기로 하였습니다.

153. [卷名] 한국임시정부에 활동비로 지원하기로 한 20만 달러의 처리 경과에 관한 簽呈

[入藏登錄號] 002-020400-00034-119

[發　信] 吳鐵城

[受　信] 蔣介石

[時　間] 1947年 6月 19日

[番　號]

[內　容]

총재께 올립니다. 김구 선생이 濮純에게 10만 달러를 지급해달라고 청한 문제와 관련하여 中國銀行에 지급하도록 편지를 보냈으며, 그간의 처리 경과를 보고 드립니다.

34년(1945) 11월 총재께서는 한국임시정부 김구 주석에게 활동비로 미화 20만 달러를 제공하기로 약속하였습니다. 이 돈은 우리 주미대사관을 통해 한국으로 송금하기로 하였으나, 미국 당국이 엔화 송금만 허용한 까닭에 고심 끝에 이 돈을 다시 아국으로 송금하여 잠시 한국대표단 명의로 중국은행에 예치해 두도록 하였습니다. 그리고 반드시 우리 비서처의 증명이 있어야만 돈을 인출할 수 있도록 하였습니다.

한성에 주재하고 있는 劉馭萬 총영사가 6월 1일 김구 선생이 미화 10만 달러를 濮純에게 지급하고, 나머지 10만 달러는 당분간 중국은행에 예치해줄 것을 청하였다는 내용의 전보를 보내왔습니다. 이에 중국은행에 10만 달러를 지급하도록 公函을 보냈습니다. 이에 총재께 그간의 상황을 보고 드리니 살펴보시기 바랍니다. 職 吳鐵城 올림.

154. [卷名] 신탁통치안에 반대하는 한국독립당의 성명서 발표 움직임과 관련한 정보보고

[入藏登錄號] 002-020400-00034-120

[發　信] 保密局

[受　信] 蔣介石

[時　間] 1947年 7月 8日

[番　號]

[內　容]

사유: 한국독립당 중국총지부장이 신탁통치 반대선언을 발표하려는 움직임을 보이고 있습니다.

한국독립당 중국총지부는 4강에 의한 신탁통치에 반대의 뜻을 표시하기 위해 아국정부와 미국국무원 및 미·영·소 3국 대사관에 보낼 성명 발표를 준비하고 있습니다. 이에 성명서의 내용을 보고 드립니다.

(一) 신탁통치제도는 전승국이 패전국에 대해 내리는 징벌적 조치의 하나이다. 한국은 제2차 세계대전에서 침략행위를 한 패전국이 아니다. 뿐만 아니라 한국의 독립권리는 카이로회의에 참가한 3강 영수의 합동선언에서 이미 명백하게 인정된 바이다. 한국독립당이 신탁통치에 반대하는 것은 미·소 두 나라 당국의 편면적이고 불법적인 결정에 반대하는 것이다.

(二) 한국독립은 중·영·미 3국 영수가 발표한 카이로회의선언에서 이미 분명하게 보증된 것이다. 그런데도 모스크바회의에서 신탁통치를 실시하기로 협의한 것은 확장정책과 수정정책의 직접적인 산물이라고 하지 않을 수 없다. 한국에 대한 신탁통치는 강권정치의 나쁜 선례를 남기게 될 것이다. 독립당이 신탁통치에 반대하는 것은 전적으로 한국인민의 진정한 애국의지에 기초한 것이다.

(三) 북한공산당과 그에 기생하는 각 당파가 신탁통치에 찬성하는 것은 딴마음을 갖고 있기 때문이다. 소련점령군 당국은 각 민주정당이 신탁통치에 반대한다는 이유로 민주정당을 배제하고 완전한 적색의 한국임시정부 성립을 기도하고 있다.

[첨부의견]

이 성명서는 閔石麟이 기초한 것으로 당 중앙의 회의에서 채택된 것처럼 꾸며 성명서의 권위를 높이려하고 있습니다. 그러나 사실상 이 성명서는 당의 결의를 거치지 않은 것으로 드러났습니다.

155. [卷名] 한국주화대표단장 濮純이 웨드마이어에게 보낸 비망록

[入藏登錄號] 002-020400-00034-121

[發　信] 薛岳

[受　信] 蔣介石

[時　間] 1947年 7月 21日

[番　號]

[內　容]

사유: 한국주화대표단장 濮純이 웨드마이어에게 보낸 비망록입니다.

(一) 미국이 한국문제에 대해 이해가 부족한데다 극히 소홀히 다루어 종종의 착오가 발생하고 있는 사실에 대해 한인들은 실망하지 않을 수 없습니다.

(二) 소련은 동아를 독점하려는 야심을 지니고 있습니다. 만일 미국이 소련의 협조 아래 한국문제의 해결방도를 찾고자한다면 이는 실로 몽상에 불과합니다.

(三) 한국을 5년간 신탁통치하려는 움직임에 죽음을 무릅쓰고라도 반대할 것입니다.

(四) 이번에 미소공동위원회가 비록 남북통일의 임시정부 구성에 합의하기는 하였지만, 소련은 분명 한국에 주둔하고 있는 미·소 두 나라 군대의 공동 철수를 제의할 것입니다. 그러나 일단 한국에 주둔하고 있는 두 나라 군대가 철수하면 소련은 그들이 오랫동안 훈련시킨 북한공산당 군대를 선동하여 남한을 점령하려 들 것입니다. 이는 중국 동북에서 중공이 세력을 확장하도록 돕고 있는 소련의 방침과 연장선상에 있

습니다.

(五) 만일 미군이 철수를 거부하면 소련은 이간과 도발 및 파괴와 암살 등 온갖 파괴적 행위로 혼합정부를 전복시키고야 말 것입니다.

(六) 미국이 남한에 단독정부가 수립되도록 협조하고 경제적 원조를 제공하면, 남한의 인민들만 크게 고무되는 것이 아니고 기아선상에 놓여있는 북한의 인민들도 다투어 남한으로 넘어오게 될 것입니다. 그렇게 되면 북한에 적색정권을 세우려는 소련의 음모는 수포로 돌아가게 될 것입니다.

(七) 미군당국은 한인의 정치능력을 과소평가하고 있습니다. 이로 인하여 영어가 가능한 시정잡배들을 함부로 등용하여 이들의 장난질에 넘어가고 있습니다. 반면 다년간 국외에서 독립을 위해 분투한 혁명선진과 지사들을 업신여기고 이들의 활동을 사사건건 견제하고 있습니다. 시비가 전도된 상황에 한인들의 원성이 자자합니다. 속히 이런 잘못을 바로잡고 민심을 수렴하여야 할 것입니다. 각하께서 미국으로 돌아간 뒤 귀국의 대통령과 국무원에 진언하여 속히 잘못을 바로잡을 수 있는 방안을 마련해주기 바랍니다.

156. [卷名] 주한미군 장령들이 한국을 홀시하는 맥아더의 태도에 대해 대체로 불만을 품고 있다는 정보보고

[入藏登錄號] 002-020400-00034-122

[發　信] 鄭介民[116]

[受　信] 蔣介石

[時　間] 1947年 7月 22日

---

116) 鄭介民(1898~1959). 廣東 文昌 출신. 황포군관학교 제2기 졸업. 당시 국방부 제2
청청장 겸 보밀국 국장.

[番 號]

[內 容]

사유: 주한미군사령관 하지가 한국을 홀시하는 맥아더의 태도에 대해 불만을 표시하고 있습니다.

한국에 주둔하고 있는 미군 장령들은 한국을 홀시하는 맥아더의 태도에 대해 보편적으로 불만을 품고 있습니다. 미국 대통령이 웨드마이어장군을 중국에 특사로 파견하는 동시에 겸하여 한국의 사정을 조사하도록 하는 과정에서 한국문제에 대한 원동총사령부의 의견을 구하지 않은 것도 맥아더의 이런 태도와 관련이 있는 것으로 보입니다. 東京의 관찰자들은 이 모든 것이 금년 3월 주한미군사령관 하지중장이 업무보고차 워싱턴에 귀환하였을 때 한국지역의 모든 정치와 외교문제는 국방부와 국무부에 직속시키도록 건의한 결과로 판단하고 있습니다.

157. [卷名] 동북에서 활동하고 있는 한국공산당이 尹華를 南京 · 上海에 파견하여 비밀활동을 전개하고 있다는 정보보고

[入藏登錄號] 002-020400-00034-123

[發 信] 保密局

[受 信] 蔣介石

[時 間] 1947年 8月 2日

[番 號]

[內 容]

사유: 동북에서 활동하고 있는 한국공산당군이 요원을 남경에 파견하여 비밀활동을 전개하고 있습니다.

尹華는 중공군 내 일본군 출신의 한국군총지휘관인 張錫倫의 최고참모이자 韓籍 군사영도인의 한 명입니다. 그는 현재 上海 吳淞路 滬光醫

院의 일본인 의사 池田俊夫의 집에 머물고 있습니다. 그가 상해에 파견된 임무는 아래 몇 가지로 보입니다.

(一) 현재도 아국 각지에 잠복해 있는 일본 군속 및 군인(일본의 특무요원들이 지금도 잠복해 있거나 혹은 각지로 도피중에 있습니다)과 연락을 취하는 것입니다.

(二) 세포조직을 확대하고 아국에 머물고 있는 韓僑들을 중공에 가입시키기 위한 공작을 진행하기 위해서입니다.

(三) 중공에 가입한 한교들을 아국의 각 부문에 침투시켜 기술상의 공작을 맡도록 하고, 이를 통해 각종 정보를 탐지하기 위해서입니다.

현재 동북에서 활동하고 있는 한국공산당군은 약 5만 명(일부 신문에는 10만 명이라 보도하고 있으나 이는 잘못된 것입니다)으로, 이들은 크게 4파로 나눌 수 있습니다. 이들의 병력과 활동지역은 다음과 같습니다.

甲. 중공직계파: 박효삼이 지휘하며 병력은 약 1만여 명에 이릅니다. 주된 활동지역은 哈爾濱과 長春의 중간지대입니다.

乙. 중공 내 일본군 출신파: 장석륜이 지휘하며 병력은 약 9천여 명에 이릅니다. 주요 활동지역은 吉林과 牧丹江의 중간지대입니다.

丙. 한국공산당직계파: 姜信이 지휘하며 병력은 약 2만 3천 정도입니다. 활동지역은 간도일대입니다(이들은 직접 소련의 지휘를 받고 있어 '소련직계파'라고도 부릅니다).

丁. 혼성모집고용군: 王光(일명 王子仁)이 지휘하는 약 1만 3천 명으로, 주된 활동지역은 길림성의 동부와 安東 사이입니다.

[첨부의견]

일전에도 보밀국에서는 동북에서 활동하고 있는 한국공산당군 지휘관 장석륜이 파견한 고급간부 윤화(일본사관학교 졸업)가 남경·상해

일대에서 비밀활동을 전개하고 있다는 보고를 올린 사실이 있습니다. 이에 윤화의 활동상황을 더욱 자세히 조사하여 보고하도록 지시를 내렸습니다. 재차 보고가 올라온 만큼 국방부제2청 및 수도위수사령부·송호경비사령부 등 기관에 주의를 요청하였습니다.

158. [卷名] 웨드마이어에게 보내는 濮純의 제2차 비망록

[入藏登錄號] 002-020400-00034-124

[發　信] 濮純

[受　信] 蔣介石

[時　間] 1947年 8月 4日

[番　號]

[內　容]

사유: 웨드마이어장군에게 보내는 '중공이 만주에서 한인 무장대오를 양성하고 있는 건과 관련하여'라는 제목의 비망록을 올리니 살펴보시기 바랍니다.

· 한국주화대표단이 웨드마이어장군에게 보내는 제2차 비망록

동북의 주민 가운데는 본시 공산당이 존재하지 않았습니다. 다만 두만강 일대에 소수의 韓人 공산당이 잠복하여 활동하였을 뿐입니다. 소련군이 만주를 점거한 뒤, 그 뒤를 따라 중공군이 동북에 진입하였고, 소수의 조선의용대가 강제로 동북의 한교 청년들을 징모하여 이른바 '紅光'부대를 조직하여 중공군의 작전에 동원하였습니다, 지금 그 숫자는 근 10만에 이르고 있으며, 이들은 중공이 동북을 침탈하는데 있어 특별한 역량으로 자리하였습니다. 그러나 한인 청년들이 조선 홍군에 가담하여 중공부대와 함께 작전을 전개한 것은 자원에 의한, 자발적인

것이 결코 아닙니다. 대부분은 한국공산당의 위협과 기만에 속아 어쩔 수 없이 이 길을 걷게 된 것입니다.

목하 중공군이 점령하고 있는 이른바 '收復區' 내에 한인 청년들을 조직하고 이들을 무장시켜 전투부대로 양성하고 정보공작 인원을 훈련시켜 적극적으로 편제하여 초공, 책반, 선전, 정보 등 공작을 진행한다면, 핍박에 의해 중공군에 가입한 한인 청년들의 반정과 귀순을 이끌어낼 수 있을 것입니다. 뿐만 아니라 소련의 압제에 신음하고 있는 수십만 북한 청년들도 다투어 반공의 길에 뛰어들어 앞장서게 할 수 있을 것입니다. 이로써 첫걸음으로는 중국중앙군을 도와 동북 각 성의 수복에 협조하고, 그 다음 단계로는 역량을 모은 뒤 기회를 보아 남한과 호응하여 양쪽에서 협격한다면 전략적으로 엄청난 효과를 거둘 수 있을 것입니다.

최근 동북지방의 군사당국자들이 이 문제에 대해 조금이나마 주의를 기울이고는 있지만, 급양이 곤란하고 무기가 부족한 지금의 상황에서는 스스로를 돌볼 여유가 없습니다. 이런 상황에서 어찌 우방의 군대양성에 협조할 여력이 있겠습니까. 특사께서 특별히 이점에 주의하시어 도움을 주신다면 향후 우리가 절대적인 역량을 발휘할 가능성이 충분하다고 할 수 있습니다. 대세를 살피시어 신속하게 우리의 청이 실현될 수 있도록 협조해주시기 바랍니다.

159. [卷名] 북한의 상황에 대한 주한총영사 劉馭萬의 보고

[入藏登錄號] 002-020400-00034-125

[發　信] 劉馭萬

[受　信] 外交部

[時　間] 1947年 8月 13日

[番　號] 外交部受電第10161號

[內　容]

南京의 외교부차장께 올립니다. 미소혼합위원회가 이달 초 평양에서 개회될 때 미국 측에서는 대표와 경호대 등 80여 명이 출석하였습니다. 회의에 출석하였던 인사의 구두 및 서면보고에 근거하여 현재 북한의 상황에 관한 정보 몇 가지를 채집하였습니다. 이에 그 내용을 정리하여 보고 드립니다.

(一) 북한에는 현재 경비대 1백만 이상(속칭 김일성부대)이 조직되어 있습니다. 이들은 금년 가을 대규모 검열을 거행할 예정입니다.

(二) 김일성이 북한의 최고영수로 자리 잡았음은 의심할 여지가 없습니다. 북한의 공공장소에는 모두 김 씨와 스탈린의 사진이 걸려 있고, 학교와 문화단체들도 대부분 김 씨의 이름을 달고 있습니다. 延安에서 돌아온 武丁이 한때 김 씨와 권력을 다투었으나 이제는 이미 지나간 일이 되어버렸습니다. 무정은 현재 북한보안대 사령을 맡고 있으며, 아직까지는 조금이나마 잠재력을 보유하고 있습니다,

(三) 소련은 VOBOSHILOV에 공산청년학교를 설립하였습니다. 2백 명에서 1천 명까지 수용할 수 있는 이 학교 학생의 대부분은 북한청년들로, 이들은 훈련을 마친 뒤 북한으로 돌아가 각자 부여된 공작을 수행하고 있습니다.

(四) 압록강을 통한 군대의 이동이 극히 자유로운 상태입니다. 북한 주민들은 평양거리에 팔로군이 나타나는 것을 대수롭지 않게 여기고 있습니다.

(五) 소련은 북한에서 기술자 만여 명을 모집하여 시베리아에 파견하였습니다.

(六) 소련은 북한 도처에서 노동자를 징집하고 군량미를 징발하고 있습니다. 시골에서는 마을마다 일정액의 紅軍招待費를 강제로 부과하고

있습니다.

(七) 소련이 북한을 통제하기 위해 사용하고 있는 가장 효과적인 방법은 배급증 발급입니다. 초근목피로 연명하고 있는 북한인민이 부지기수입니다.

(八) 연합국구제총서에서 제공한 구호물자를 북한의 도시지역에서 찾아보기는 매우 힘듭니다. 소련은 이 물자들이 모두 소련에서 제공한 것이라고 대대적으로 선전하고 있습니다. 소련은 자신들의 거짓말이 탄로되는 것을 막기 위해 연합국의 구호물자는 모두 문맹자가 많은 시골지역에 배급하고 있습니다.

(九) 북한의 기독교계는 지금 심한 탄압을 당하고 있습니다. 그나마 천주교는 조금 나은 형편이기는 하지만 역시 크게 다르지는 않습니다. 기독교 교파 가운데서도 비교적 완고하기로 소문난 장로회에 가해지는 압박이 가장 극심합니다. 북한에는 약 30여만 명의 장로회교도가 있는데, 이들의 문화수준은 비교적 높은 편이며 적화에 반대하는 의식 또한 굳건합니다. 일반인들은 장로교회를 북한의 민주진선 가운데 가장 희망적인 존재들로 간주하며 이들에게 구원의 손길이 닿기를 바라고 있습니다.

(十) 북한 고위층의 친소분자 가운데 소련국적을 가진 자가 30~40명에 이릅니다. 현재 소련은 한인들에게 정권을 넘기기 위한 작업을 적극 진행하고 있습니다. 일단 북한에 괴뢰정권이 들어서면 소련은 외견상 북한의 사무에서는 손을 뗄 예정입니다. 그러나 소련과 북한은 국경을 접하고 있기 때문에 만일 북한 내부에 사단이 발생하면 즉각 개입하는 것은 어렵지 않은 일입니다. 많은 관찰자들은 소련군이 북한에서 완전히 철수하려는 움직임을 보이고 있다고 공통된 견해를 내놓고 있습니다. 그러나 이는 이보 전진을 위한 일보 후퇴의 전략으로 보입니다. 오

히려 소련군의 철수 이후 상황이 더욱 우려됩니다.

160. **[卷名] 남북한이 각기 민선정부를 구성한 뒤 통일정부 성립을 협**
의하자는 미국의 주장에 관한 정세보고

[入藏登錄號] 002-020400-00034-127

[發　信] 王世杰

[受　信] 蔣介石

[時　間] 1947年 9月 3日

[番　號]

[內　容]

牯嶺에 머물고 있는 蔣 주석께 올립니다. 아래 몇 가지 사항을 긴급히 보고 드립니다.

(一) 최근 顧 주미대사로부터는 무기제공과 관련한 특별한 보고가 없습니다. 웨드마이어장군이 아국을 출발하기 전 고 대사가 미국국무원의 모 중급관리에게 무기원조와 관련한 내용을 질의하였으나 그 관원은 어렵다는 말을 했다 합니다. 그러나 고 대사와 국무원 관원 간의 대화는 일의 진행에 별로 중요한 내용은 아니었던 것으로 보입니다.

(二) 俞大維 부장이 마련한 무기원조에 관한 節略에 언급된 내용들을 보면, 그 가운데 일부는 이미 미국과 협의가 이루어진 부분이 있는가하면, 순전히 새로운 요구사항도 없지 않습니다. 俞 부장이 절략에서 언급한 내용들은 웨드마이어장군이 미국으로 돌아갈 때 주석께서 상황을 보아 제출 여부를 결정하시는 것이 좋을 것입니다. 만일 웨드마이어에게 새로운 요구사항을 제출할 경우에는 먼저 俞 부장이 비공식적으로 司徒 대사117)를 만나 미국 측의 접수 가능성 여부를 타진해보도록 하는

---

117) 司徒雷登(John Leighton Stuart, 1876~1962). 부친이 선교사인 인연으로 杭州에서

것이 좋을 것입니다. 만일 미국이 우리의 요구를 수용할 가능성이 희박하다고 판단되면 외교부에서도 정식으로 제출하지 않을 것입니다.

(三) 한국문제에 있어 미국 측은 남북한이 각기 선거를 통해 한인의 민선정부를 구성하고, 이어 두 민선정부가 통일정부 성립을 협의하는 방안을 주장하고 있습니다. 그러나 현실적으로 소련이 이 방안에 찬동할 가능성은 높아 보이지 않습니다. 더구나 남북한이 각기 민선정부 성립에 협의할 가능성도 거의 없습니다. 이에 대해서는 미국도 잘 알고 있을 것입니다. 미국이 의도하는 바는 이를 통해 우선 남한에 민선정부를 수립하여 자위역량을 강화시키기 위한 것입니다. 이는 본시 아국 정부가 미국에 제시한 주장이자 우리가 한국독립당에 묵인을 약속한 것이기도 합니다. 顧 대사에게도 이 방안을 지지하도록 지시할 것입니다.

(四) 저는 5일 오전 상해로 가 6일 출국할 것입니다.118) 귀국길에는 동경에 들러 맥아더를 예방할 생각입니다.

이상 몇 가지를 보고드리니 살펴보시기 바랍니다. 職 王世杰 올림. 9월 3일.

161. [卷名] 비신스키119)가 연합국에 미 · 소 공동철군을 제안한 원인
　　 에 관한 정세보고

[入藏登錄號] 002-020400-00034-129

[發　信] 保密局

[受　信] 蔣介石

출생. 당시 주중대사.

118) 국제연합 제2차대회에 중국 측 수석대표로 참가하기 위해 출국을 앞두고 있던 상황이다.

119) 維辛斯基(Andrei Yanuar'evich Vyshinskii, 1883~1954). 소련의 법률가 · 외교관. 당시 국제연합의 소련 측 수석대표.

[時　間] 1947年 10月 8日

[番　號]

[內　容]

사유: 소련이 미국 측에 한국에서 동시에 철군하자고 제안한 이유를 분석하여 보고 드립니다.

한국주화대표단 부단장 민석린의 말에 따르면, 소련 외무차관 비신스키가 국제연합대회에서 미·소 두 나라가 동시에 한국주둔군을 철수하자고 제안하였다 합니다. 비신스키가 이런 제안을 내놓은 배경은 아래와 같습니다.

(一) 소련은 한국공산당이 자신들을 배반하지 않을 것이라는 확신을 갖고 있는데다 북한에는 공산당을 제외하고는 실력을 갖춘 당파가 없기 때문입니다.

(二) 소련과 북한이 국경을 접하고 있기 때문입니다. 설사 소련군이 철수하더라도 북한과의 접경지대에 다수의 병력을 배치한다면, 유사시 언제든지 신속하게 북한 경내로 진입할 수 있습니다. 반면 미국은 이런 이점을 가질 수 없습니다.

비신스키는 소련에 유리한 이런 조건들을 적절히 이용하여 미국에 공동철군을 제안한 것입니다. 만일 미국이 철군 후에 예상되는 어려움을 고려하여 소련의 제안을 받아들이지 않는다면, 소련은 책임을 미국에 떠넘길 것이 분명합니다.

162. [卷名] 중국방문시의 환대에 감사하며, 선거운동에 필요한 경비
　　　 지원을 청하는 이승만의 편지와 관련 문건

[入藏登錄號] 002-020400-00034-130

[發　信] 李承晚

[受　信] 蔣介石

[時　間] 1947年 10月 10日

[番　號]

[內　容]

蔣 주석께 드립니다. 지난번 중국방문시 주석과 부인께서 베풀어주신 환대에 깊이 감사드립니다. 친절하고 인자하신 주석의 세심한 배려와 귀국 관민의 예우는 너무나도 감동적이었습니다. 한국인민들도 모두 한국독립을 위해 지원을 아끼지 않은 주석의 은혜에 깊은 감사의 뜻을 품고 있습니다. 주석과는 기념촬영의 기회가 있었지만 부인과는 함께 하지 못해 너무나 아쉬웠습니다. 전 세계가 인정하는 중국의 두 민주영수와의 만남을 영원히 잊지 못할 것입니다. 만일 기회가 된다면 내자와 함께 두 분을 모시고 싶습니다. 소련군이 철수하고 나면 주석과 부인을 청하여 함께 금강산의 풍경을 감상하고 싶습니다.

귀국한 뒤 여러 차례 이곳의 상황을 전해드리려 하였지만 현재 한국과 외부와의 연락이 쉽지 않은 형편입니다. 우리에게 가해지는 통제가 일본통치시대에 못지않고, 특히 중국과의 교통과 통신이 쉽지 않습니다. 우리는 매일 '검사'와 '강제고립' 속에서 분투하고 있습니다. 이 모든 것은 우리의 정부가 없기 때문입니다. 그러나 우리 스스로 정부를 구성하는 작업의 진전이 극히 미미합니다. 지금 남한에 단독정부를 구성하기 위한 선거운동이 진행되고 있습니다. 이와 관련한 자세한 사정은 첨부된 비망록을 살펴보시기 바랍니다.

주석께 한 가지 청이 있습니다. 우리는 미국에서 선전활동을 적극 진행하고자 합니다. 일체의 장애를 제거하고 남한에 독립정부를 구성하기 위한 선전을 진행하기 위해서는 적지 않은 경비가 필요할 것입니다. 평시 같으면 절대 이런 일로 주석을 괴롭히지 않았을 것입니다. 목하 한국이 처한 상황을 솔직하고 효과적으로 미국인민들에게 알릴 수 있다면, 우리의 앞길을 가로막는 모든 장애물은 쉽게 치워질 수 있을 것입니다. 그렇게만 된다면 이는 우리 한국에 큰 도움이 될 뿐만 아니라 자연 중국에도 많은 도움이 될 것입니다. 주석께서도 이 점을 통찰하고 계시리라 믿습니다. 미국정부의 고급 당국자 및 일반 미국민중을 현혹시키는 불합리한 정책을 제정한 소수 이기적인 음모가들을 반드시 이겨내야 할 것입니다.

지난번 주석께서는 경제방면에서 한국을 위한 협조와 지원을 약속하셨습니다. 각하께서 언급하신 액수의 절반만으로도 우리는 이 중대한 난관을 극복할 수 있습니다. 만일 대사관의 비서가 직접 돈을 워싱턴의 미국안전은행에 입금시키기 곤란하다면, 대사관에서 한국위원회주석 임병직 대령에게 사람을 보내 돈을 전달하는 것도 좋을 것입니다. 이 일은 비밀스럽게 처리해야 할 것입니다. 목하 우리가 겪고 있는 곤란의 대부분은 금전문제에 있습니다. 우리는 돈이 있어도 달러로 교환할 수 없는 처지에 있습니다. 다시 한 번 주석의 도움을 청합니다. 건강하시기를 빌며, 더불어 중국의 국운이 창성하기를 내자와 함께 기원합니다. 이승만. 1947년 10월 10일. 조선 漢城에서.

[첨부의견]

(一) 본안은 주석께서 周宏濤 비서를 통해 번역을 명하신 것입니다. 어떤 경로를 통해 이 편지가 주석께 전달되었는지는 잘 알지 못합니다.

(二) 만일 주석께서 답장을 보내신다면 두 가지 방법이 있습니다.

1. 외교부 王 부장의 이름으로 미군비행기편을 통해 아국의 주한성 총영사 劉馭萬에게 보내 이승만에게 직접 전달하는 것입니다(아직 중한 두 나라 사이에는 정식 통신이 불가능합니다).

2. 외교부 王 부장이 외교행낭을 이용하여 東京에 주재하는 중국대

표단 商 단장에게 보내고, 다시 미군비행기편을 통해 아국의 주한성총영사 劉馭萬에게 보내 이승만에게 직접 전달하는 것입니다. 職 俞濟時.
11월 17일.

[첨부문건]

사유: 국제연합 중국대표단으로 하여금 남한에 독립정부가 들어설 수 있도록 노력하라는 지령을 내려달라며 이승만이 비망록을 제출하였습니다.

· 이승만이 장개석에게 보낸 비망록

우리는 지금 대부분의 장애물을 제거하는데 성공하였습니다. 이제는 아주 조그마한 장애물 하나만 남아있으니 그것은 바로 하지장군입니다. 소위 '해방' 이후 하지는 한국의 통치자가 되었습니다. 하지는 아마 영원히 이 자리를 차지하려 욕심내고 있는 것 같습니다. 그렇기에 그는 한국내부가 분열되어 있다는 인상을 외부에 각인시키기 위해 힘을 쏟고 있습니다. 한국내부가 불안정하여 아직 자치를 거론하기에는 시기상조인지라 한국이 자치를 이룰 수 있을 때까지 자신이 계속 통치하고 한인들을 지도해야 한다는 것이 하지의 생각인 듯합니다.

하지장군은 남한 내 공산당의 역량에 대해 과대평가하며, 암중 미국은 중립적인 태도를 취하고 있다는 언론으로 자신의 친공적인 성향을 감추고 있지만 실은 공산당의 활동을 장려하고 있습니다. 그는 자신의 지위를 공고히 하기 위해 일부러 이른바 사회주의파니 연합파니 하는 공산당의 반대 단체들을 후원하고, 이들이 서로 다투도록 배후에서 조종하고 있습니다. 이는 또한 한국내부가 분열되어 있다는 자신의 주장이 거짓이 아님을 보여주기 위한 연출이기도 합니다.

하지장군은 남한만이라도 선거를 진행하자는 주장에 대해서는 전혀 귀 기울이지 않고 있습니다. 만일 선거를 치르게 되면 그 결과는 분명 우파의 압승으로 끝날 것이 분명하기 때문입니다. 그리고 선거를 통해 남한에 정부가 들어서면 자신이 마음대로 행동할 자유가 구속되리라는 것을 하지는 잘 알고 있기 때문입니다. 이런 이유로 하지는 우리가 신탁통치를 결정한 모스크바회의의 결의를 받아들여야한다고 주장하는가 하면, 이것이 한국독립을 위한 유일한 방안이라고 합니다.

아울러 그는 미소혼합위원회가 책임지고 한국의 통일을 이루도록 노력할 것이며, 한국이 통일된 뒤에야 비로소 전체 한인이 참가하는 보통선거를 실시할 것이라고 주장합니다. 하지장군이 남한만이라도 보통선거를 실시하자는 여론에 반대하는 이유가 이것이며, 선거실시를 주장하는 한인들로서도 하지의 강경한 태도에 어쩔 수 없는 상황입니다.

이제 신탁통치안이 정식으로 폐지되면서 모스크바회의 결의라는 장애도 제거되었습니다. 그런데도 하지장군은 이제 또 국제연합대회에서 한국문제를 논의할 것임으로 부득이 대선을 중지하고 보선을 연기하지 않을 수 없다고 합니다. 국제연합대회에서 한국문제를 논의하기로 한 것은 한국에 대한 세계인의 동정심이 발휘된 결과입니다. 이번 논의는 한국의 국제지위를 높이려는 의도에서 마련된 것입니다. 다만 소련이 앞으로 수주일 내에 북한주둔군을 완전히 철수시킬 가망성은 거의 없습니다. 즉각 대선을 실시하고 임시정부를 성립하자는 우리의 주장은, 우리의 대표가 국제연합대회에 참가하여 직접 한국문제를 논의하고 우리가 처한 심각한 경제문제를 해결할 방도를 찾자는 것입니다.

하지장군에게 계속 한국의 최고통치자 자리를 맡기고자 하는 것은 하지 본인만의 바람이 아닙니다. 이전 綏靖派로 분류되던 자들 가운데 여전히 국무원에 재직하고 있는 세력 및 이들의 대표로 현재 漢城에서 활동하고 있는 인물들이 모두 하지를 지지하고 있습니다.

국무장관이 한국의 독립을 강력하게 주장한 이후, 미국의 일반인사들은 우리를 매우 동정하고 있습니다. 이런 여론을 의식해서인지 하지와 그의 동당은 자신들의 계획을 공개적으로 추진하지 못하고 암중 우리의 관점을 곡해하여 외부의 태도를 호도하고 있습니다. 뿐만 아니라 현재 군정청에 근무하고 있는 韓人들에게 압력을 가하여 군정청을 한국의 실제적인 정부로 받아들이는데 한인들은 전혀 거부감이 없으며, 동시에 하지장군을 정부의 영수로 인정하고 있다는 청원을 올리도록 하였습니다.

하지와 그의 동당은 미국정계에 한국은 미국의 보호가 반드시 필요하며, 그 주인공은 하지가 되어야한다는 인상을 심어주기 위해 애쓰고 있습니다. 대부분 사람들은 웨드마이어장군 역시 이것이 현재로서는 가장 좋은 방안이라는 생각을 품고 귀국한 것으로 간주하고 있습니다. 만일 미국정부가 하지의 술책에 빠져 한국에 대한 신탁통치를 고집한다면 우리 한인들은 미국이 신탁통치의 방침을 철회할 때까지 싸움을 계속할 것입니다.

지금 한국인민들은 이미 신탁통치에 반대하는 시위 준비를 마쳤습니다. 우리 인민들의 열정은 무력으로 멈추게 하거나 압제할 수 없을 것입니다. 지금이야말로 한국독립을 위해 애쓰는 중국정부가 구체적인 움직임에 나설 때입니다. 우선 남한만이라도 완전한 독립을 이루어야 합니다. 만일 한국이 미국의 위성국이 되어버린다면 이는 중국에도 결코 이롭지 않을 것입니다.

중국은 한국이 독립민주의 지위를 누려야한다고 주장하여 왔습니다. 그 연장선상에서 중국은 한국의 신탁통치를 반대하리라 믿습니다. 대선을 통해 남한에 독립정부가 성립되면 우리의 국제지위가 증강될 것이고, 소련이 북한에서 손을 떼게 할 수도 있을 것입니다. 그렇게 되면 우리는 도의 등 여러 방면에서 중국을 돕게 되는 것입니다. 국제연합의 중국대표단에 지령을 내려 즉각 남한에 독립정부가 성립될 수 있도록 노력하도록 조치해주시면 고맙겠습니다. 우리의 유일한 요구는 외국의 간섭을 받지 않고 독자적으로 일을 처리해나갈 수 있는 환경이 조성되는 것입니다.

[첨부의견]

외교부 王 부장에게 보내 참고하도록 조치하였습니다.

[卷　　名] 이승만이 제출한 비망록과 관련한 簽呈

[發　　信] 俞濟時

[受　　信] 蔣介石

[時　　間] 1947년 11월 21일

이승만은 10월 10일 주석께 올린 비망록에서 두 가지 사항에 대한 도움을 청하였습니다. 첫째는 경제적 원조를 청한 것이고, 둘째는 국제연합 중국대표단으로 하여금 남한에 독립정부가 들어설 수 있도록 노력하라는 지령을 내려달라는 것이었습니다.

비망록의 내용을 보고 드렸던바 주석께서는 "이 편지가 어떤 경로를 통해 전달되었으며, 만일 답장을 보내려면 어떻게 해야 하는가 보고하도록 하라"고 지시하였습니다. 아울러 주석께서는 답장은 외교부의 이름으로 동경에 주재하는 商 단장에게 보낸 뒤 다시 漢城의 劉馭萬 총영사를 통해 직접 이승만에게 전달하라고 지시하였습니다.

다만 아직까지 이승만에게 보낼 답장의 요점을 지시받지 못하고 있습니다. 외교부 王 부장으로 하여금 답장을 대신 작성하여 올리도록 하고 주석께서 확인하신 뒤 발송하는 것이 어떨지 모르겠습니다.

한편 16일자 신문보도에 따르면 14일 국제연합대회에서 43대 0의 만

장일치로 국제연합위원단을 구성하여 한국이 완전한 독립을 이룰 때까지 한국의 상황을 감독하기로 결정하였다 합니다. 또한 전하는 바에 따르면 국제연합위원단의 단장은 아국의 주국제연합대표 가운데 한 명이 맡기로 하였다 합니다. 이에 보고 드립니다. 職 俞濟時.

163. [卷名] 남북한의 사정에 관한 정보보고

[入藏登錄號] 002-020400-00034-131

[發　信] 國防部第二廳

[受　信] 蔣介石

[時　間] 1947年 10月 15日

[番　號]

[內　容]

사유: 지금 조선공산당이 적극 활동을 전개하고 있습니다.

(一) 金日成이 毛澤東에게 북한공산군 5만 명을 파견하여 중공의 반란에 일조하겠다는 약속을 하였다 합니다.

(二) 남한의 이승만은 일본 연합군총사령부에 사람을 보내 북한의 위협에 대응하기 위해서라는 명분으로 소총 20만 자루 지원을 요청했다 합니다. 아울러 이승만은 6주간의 훈련만 마치면 북한공산군의 남침으로부터 남한을 지킬 수 있다고 자신하였다 합니다.

164. [卷名] 韓僑 청년의 중국군관학교 입학문제와 관련한 簽呈

[入藏登錄號] 002-020400-00034-132

[發　信] 保密局

[受　信] 蔣介石

[時　間] 1947年 10月 15日

[番　號]

[內　容]

사유: 東北行轅에서 한교 청년을 선발하여 우리 군관학교에 입학시키기를 청하였기에 관련 내용을 보고합니다.

동북행원 陳誠 주임이 9월 26일 보내온 代電의 내용에 대해 보고 드립니다. 陳 주임이 보낸 대전은 "한국주화대표단 동북총판사처 李光 처장이 9월 19일 중한 두 나라의 반공국책이 동일하니 동북에 거주하는 한교 청년 가운데 50명을 선발하여 아국 군관학교에서 교육을 받도록 하는 것이 좋겠다는 내용의 代電을 보내왔습니다.

한교가 아국 군관학교에 입학하여 훈련을 받은 것은 전례가 없지 않습니다. 그러나 제도가 바뀌면서 현재 군관학교의 입학생 정원이 이전에 비해 많이 준데다 입학생의 자격도 엄격해지고 교육기간 또한 이전에 비해 길어졌습니다. 이외에도 여러 가지 어려움이 있는 관계로 한교의 군관학교 입학은 천천히 시간을 두고 연구해보아야 할 것입니다.

한교의 군관학교 입학과 관련해서 우선 아래 네 가지 방안을 연구해보았습니다.

(一) 중등학교 졸업 이상 정도의 학력을 가진 한교 학생에게 육군군관학교 제22기 신입생 모집 전형에 응시할 자격을 부여하는 것입니다.

(二) 한교 청년 가운데 이전에 군사교육을 받은 사실이 있는 군관 혹은 우수한 사관에게는 규정에 맞는 절차를 거쳐 瀋陽軍官訓練班에서 훈련을 받을 수 있도록 허용하는 것입니다.

(三) 육군군관학교 및 군사훈련반에 입학할 수 있는 한교 청년의 숫자는 50명을 상한으로 정하는 것이 좋을 것입니다.

(四) 일정한 절차를 거쳐 입학이 허용된 한교 생도들의 경우, 왕복 여비는 한국정부에서 부담하도록 하되 교육기간 중의 모든 대우는 아

국 생도들과 동일하게 적용하여 차별이 없도록 하는 것이 좋을 것입니다. 이상의 조항이 타당한지 의견 주시기 바랍니다"는 내용입니다.

[첨부의견]

陳 주임의 의견대로 시행하는 것이 좋을 듯합니다. 다만 군관학교에 입학하는 한교 청년들과의 연계와 조직운용에 특별한 주의를 기울일 필요가 있습니다.

165. [卷名] 安在鴻이 李華石을 파견하여 장개석과의 면담을 요청한 건에 관한 簽呈

[入藏登錄號] 002-020400-00034-135

[發　信] 邵毓麟

[受　信] 蔣介石

[時　間] 1947年 11月 30日

[番　號]

[內　容]

사유: 안재홍의 대표가 접견을 청하였습니다. 이와 관련하여 보고 드립니다.

미군정청 민정장관 안재홍이 자신의 개인대표 자격으로 비서관 李華石을 파견하여 본인에게 친필서한을 전달하였습니다. 이 편지는 대략 "본인의 비서인 이화석 군을 귀국에 파견하여 모종의 은밀한 사명을 맡기고자 하오니 협조 부탁드립니다"는 내용을 담고 있었습니다.

한편 이 군은 본인에게 "현재 中共 및 民盟[120]분자들이 남한에서 국

---

120) 中國民主同盟의 약칭. 1939년 10월 13일, 國民參政會의 일부 무당파와 중간당파 參政員이 重慶에서 통일건국동지회를 발기하였다. 이들은 1941년 3월 19일 重慶 上淸寺 特園에서 비밀회합을 갖고 조직의 이름을 '中國民主政團同盟'으로

민정부의 명예를 손상시키기 위한 파괴작업에 종사하여 그 미치는 영향이 지대합니다. 중국의 주한총영사는 僑務를 처리하느라 여유가 없어서인지 아직까지도 안 장관과 긴밀한 연계와 합작관계를 맺지 못하고 있습니다. 또한 주한미군 수뇌부도 정치적 식견이 부족하여 사태를 바로보지 못하고 있습니다. 그러나 앞으로 중한 두 나라가 함께해야 할 반공투쟁의 연합전선은 마땅히 지금부터 시작해야 할 것입니다. 이에 안 장관께서는 특별히 본인을 중국에 파견하여 蔣 주석께 경의를 표하고 반공문제와 관련한 지시를 청하도록 하였습니다. 선생께서 주석을 예방할 수 있도록 주선해주신다면 직접 안 장관의 친필서한을 전하고 동시에 한국의 정세를 보고 드리고자 합니다"고 청하였습니다.

안재홍은 현재 미군정청 민정장관으로 재직하고 있습니다. 그가 앞장서 조직한 한국민주당은 한국독립당과 좌익정당의 중간 노선을 걷고 있습니다. 안 장관이 보낸 친필서한을 전달하고 주석으로부터 가르침을 받을 수 있도록 이화석 군의 접견을 허락하실 것인지 지시 내려주시기 바랍니다.

[첨부의견]

1. 접견을 허락하는 것이 좋을 듯합니다.

2. 국제연합의 임시한국위원회에 파견할 중국대표는 王 부장이 따로 생각하고 있는 인물이 있는 것 같습니다. 邵毓麟에게는 외교부 고문의

바꾸었다. 국민참정회 제2기 제2차대회 개회 전날인 1941년 11월 16일, 민주정단동맹은 대외적으로 단체의 존재를 공개하였으며, 1944년 9월 19일 特園에서 전국대표대회를 열고 중국민주동맹으로 이름을 바꾸었다. 창립 당시부터 '중국국민당의 일당독재를 종식시키고 민주정치의 신중국 건설'을 위해 중공과 긴밀한 관계를 맺었던 민맹은, 1947년 10월 국민정부에 의해 '불법단체'로 지목되어 활동에 제한을 받게 되었다. 1948년 1월 제1기 3중전회에서 민맹은 중공과의 합작을 결의하여 동맹관계를 맺게 되었다.

명의를 내리는 것이 좋을 것 같습니다. 주석의 재가를 청합니다.

166. **[卷名] 이승만의 두 가지 요청에 대한 처리경과와 관련한 보고**

[入藏登錄號] 002-020400-00034-136

[發　信] 王世杰

[受　信] 蔣介石

[時　間] 1947年 12月 19日

[番　號] 外交部機密第675號

[內　容]

주석께서는 금년 11월 25일 내리신 侍洪字第70807號 代電에서 이승만이 올린 편지와 비망록 각 1건을 보내시고 은밀히 방안을 연구해 보고하라 지시하였습니다. 아울러 참고한 이후에는 편지 원본을 다시 되돌려놓으라는 지시까지 덧붙이셨습니다.

이승만이 편지에서 언급한 경제적 지원 문제는 이미 오철성 비서장을 통해 미국으로 송금을 마쳤습니다. 이 돈은 국제연합대회에 참가하기 위해 마침 뉴욕에 머물고 있던 주한성총영사 劉馭萬에게 은밀하게 전달하였습니다.

아울러 주석께서는 11월 22일 내리신 交字第14248號 代電에서 "중국대표가 국제연합대회에서 한국문제 논의를 위한 4강회의의 재개를 주장하였다 합니다. 이는 신탁통치에 반대하고 독립을 갈망하는 한인의 바람에 어긋나는 것이니 국제연합 중국대표단에 제지 명령을 내려주십시오"라는 내용의 이승만의 전보가 있었다며 이에 대한 대책마련을 지시하셨습니다.

이에 외교부에서는 "(一) 중국이 4강회의 재개를 주장한 것은 국제연합대회에서 분명한 결의가 나오기 이전에 4강회의가 소집될 수 있다면 중·영·미 3국이 태도를 일치시켜 소련을 압박할 수 있을 것으로 믿기 때문이다. (二) 철군문제에 대해 중국은 일찍이 이는 국제연합대회에서 파견한 한국위원회에서 결정해야지 미·소 두 나라가 일방적으로 결정할 사안이 아니라고 주장하였다. 더불어 미·소 두 나라가 협의에 도달하기 위해서는 반드시 사전에 중·영·미·소 4강의 의견이 일치되어야 한다고 강조하였다. 중국이 이런 주장을 견지한 이유는 미·소 두 나라가 일방적으로, 혹은 국제연합위원회가 다수결이라는 명분으로 철군문제를 섣부르게 처리하는 것을 방지하기 위해서였다. 이후로 중국은 4강 협의의 조건을 고집하지 않을 것이다. 결론적으로, 중국의 주장과 의도하는 모든 것은 한국의 이익을 최우선으로 고려한 것이다"는 내용의 밀전을 주한성총영사관에 보내고 이를 이승만에게 구두로 전하도록 하였습니다.

이런 내용은 이미 주석께 자세하게 보고 드린 사실이 있습니다. 따라서 이번 이승만의 편지에 대해서는 따로 답장을 보낼 필요가 없을 것입니다. 아울러 지시하신 대로 이승만이 보낸 편지 원본을 함께 돌려보냅니다.

[처리결과]

이미 외교부 차원에서 일을 처리하였고, 주석께서도 사실을 확인하였다는 결재를 내렸음.

167. [卷名] 中共과 韓共이 哈爾濱에서 체결한 호조협정과 관련한 簽呈

[入藏登錄號] 002-020400-00034-138

[發　信] 保密局

[受　信] 蔣介石

[時　間] 1948年 1月 13日

[番 號]

[內 容]

사유: 중공의 최근 동태에 관한 정보보고입니다.

一. 최근 共匪와 韓共이 호조협정을 체결하였는 바 그 내용을 보고합니다.

공비의 華南局 관계자 거처에서 중공과 한공이 작년 11월 20일 哈爾濱에서 체결한 호조협정의정서를 입수하였습니다. 당시 회합에는 중공 대표로 李立三·林彪·林楓·彭眞, 한공대표로 조선인민위원회부주석 김책, 외무국장 이강국, 조선애국전사협회주석 김창만이 출석하였습니다. 협정의 중요 내용은 다음과 같습니다.

(一) 중공은 북한인민위원회를 조선인민정권으로 인정한다. 아울러 조선의 영토와 주권이 결코 나누어져서는 안 되며, 인민의 무력으로 미제국주의 세력을 조선의 영토 밖으로 축출해야 한다는 주장을 전적으로 지지한다.

(二) 조선인민위원회는 중국 해방구의 정치·군사·외교·경제에 가능한 모든 도움을 아끼지 않는다.

(三) 쌍방은 각기 자신의 영향권 내에서 상대방의 적과 파시스트, 반민주적 음모분자에 대한 철저한 숙청을 실행한다.

(四) 쌍방은 정보연락국을 조직하여 대외전략을 검토하며, 중·미 쌍방의 파시스트 흑색 음모분자에 대적할 연합행동의 방법을 공동으로 모색한다.

(五) 쌍방은 필요에 따라 군사·정치·기술인원 및 각종 물자를 수시로 교환한다.

(六) 동북 및 내몽고 지구에서 활동하고 있는 조선민주의용군 및 인민지원대는 쌍방이 파견한 인원에 의해 정리와 편제를 거친 뒤 일률적

으로 중국동북해방구민주연군통수부의 지휘를 받도록 한다.

(七) 쌍방은 사회 · 문화 · 경제 · 군사 등 각종 방면의 공작에 있어 가장 긴밀한 합작을 이루도록 노력한다.

(八) 조선공산당은 목하 중공이 동북과 내몽고에서 진행하고 있는 군사행동에 무력 지원과 협조를 제공한다. 아울러 기타 유효한 각종 군사행동을 통해 중공이 혁명전투의 임무를 완성하는데 협조한다.

(九) 조선공산당은 중국 각지에 지부를 둘 수 있으며, 중공의 지방조직과 정보를 교환할 수 있다. 이 과정에서는 중공의 어떠한 조직으로부터도 구속을 받지 않는다.

(十) 본 협정은 1947년 12월부터 실행하여 효력을 발생한다. 본 협정의 유효기간은 12년으로 하며, 협정문은 중문본을 준칙으로 한다.

[처리결과]

이미 국방부와 聯秘處[121)]에 통지하였음.

---

121) 중일전쟁기 중공과의 마찰이 빈번히 발생하자 국민당은 유관기관 관계자들을 한자리에 모아 의견을 나누고 일치된 보조를 취하고자 하였다. 그 결과 중앙당부 비서장의 주재하에 당부방면에서는 비서처와 조직부 · 선전부, 행정방면에서는 행정원과 교육부 · 사회부, 군사방면에서는 군사위원회와 군정 · 군령 · 정치 3부 및 중앙조사통계국 · 군사조사통계국, 헌병사령부의 수장이 직접 회의에 참가하도록 하였다. 그러나 시간이 지날수록 중공과의 마찰이 빈번해지고 이로 인한 문제가 심각해지자 총재가 직접 회의를 주재하는 것이 좋겠다는 결론에 도달하였다. 장개석이 직접 관저에서 모임을 주재하면서 내부적으로 이 모임은 '官邸會報'로 불리게 되었다. 한편 회보가 몇 차례 거행된 이후 내부적인 문제점이 지적되었다. 그것은 회보가 정기적으로 소집되면서 개회기간 이외의 시기에 발생한 사건에 대해서는 즉각적인 처리가 어렵다는 것이다. 아울러 회보에서 결정된 사항에 대해서도 누군가 책임지고 일을 처리할 사람이 필요하게 된 것이다. 이 두 가지 필요에서 후일 회보 아래 상설의 막료기구를 두게 되었다. 이 막료기구의 명칭이 '黨政軍聯席會報秘書處'이며, 이를 줄여 '聯秘處'라 하였다. 연비처는 군사위원회 참모총장판공실에 두어져 군사위원회 내부에서 업무를 보았다. 내부적으로는 비서장과 부비서장 각 1인을 두고 그 아래 지

168.　[卷名] 劉馭萬을 통해 남한만의 단독선거 실시에 반대하는 김구를 설득하도록 조치한 과정에 대한 보고

[入藏登錄號] 002-020400-00034-142

[發　信] 外交部

[受　信] 蔣介石

[時　間] 1948年 4月 12日

[番　號]

[內　容]

사유: 김구가 남한 단독선거 실시에 반대하는 진정한 이유.

김구는 누차 절대 남한 단독으로 조직한 정부에는 참가하지 않을 것이라고 표시하였습니다. 이는 이승만의 의견과는 완전히 상반된 것입니다. 반면 남북이 통일정부를 조직해야한다는 김규식·안재홍·장건상 등의 주장과는 일치하는 것입니다. 두 김 씨가 남한만의 단독선거에 반대하는 이유는 아래 몇 가지로 정리할 수 있습니다.

1. 북한이 단독정부를 성립할 구실을 주어서는 안 된다는 것입니다.

2. 점령군이 완전히 철수하기 이전에는 선거를 시행할 수 없다는 것입니다.

3. 선거에 앞서 남북의 영수회담이 우선 거행되어야하며, 영수회담을 거행할 수 없을 경우 비로소 선거문제를 논하여도 늦지 않다는 것입니다.

도·선전·총무 3조를 두었는데, 업무의 중심은 지도조에 있었다. 중일전쟁이 끝나고 南京으로 환도한 이후에도 이 모임은 지속되었으며, 처음 중공문제만을 전문적으로 다루었던데 비해 이때는 국민정부의 중대한 사안들이 모두 다루어지고 중요한 결정이 내려지게 되었다. 곧 암중 국민당의 최고영도중심으로 그 성격이 변화된 것이다. 국공내전이 격화되면서 이 모임의 중요성은 더욱 부각되었다.

넷째, 한국민주당의 세력이 워낙 강하여 선거에서 압승을 거둘 가능성이 높아 보이기 때문입니다.

이상 여러 배경 가운데서도 두 김 씨가 남한만의 단독선거에 반대하는 진정한 이유는 네 번째로 보입니다. 만일 김구 등이 선거 전에 한 당이 독식하지 않겠다는 이승만 등의 양해를 얻어낼 수 있다면, 현재의 긴장된 국면을 완화시킬 수도 있을 것입니다. 이에 주한성총영사 劉馭萬에게 쌍방의 관계를 소통시키는 중재자 역할을 수행하도록 지시하였습니다. 이에 보고 드립니다.

169. [卷名] 王逸曙의 전역과 관련한 簽呈

[入藏登錄號] 002-020400-00034-143

[發　信] 邵毓麟

[受　信] 蔣介石

[時　間] 1948年 5月 19日

[番　號]

[內　容]

사유: 韓人 王逸曙를 전역시켜 귀국시키는 것이 바람직할 것입니다.

전 한국광복군참모장이자 현임 국방부 소속 少將 部員인 왕일서 동지가 여러 차례 서면과 구두로 전역을 청하였습니다.

왕 동지는 "목하 한국의 형세가 하루가 다르게 급변하고 있습니다. 남한 민정장관 안재홍 및 조선경비대 통위부장 유동열 등이 누차 귀국하여 통위부차장 혹은 참모장 등 직무를 맡아줄 것을 요청하였습니다. 하루속히 귀국하여 한인 신분으로 조국을 위해 복무하고 싶습니다. 중한관계를 강화하고 한국독립을 위해 몸 바칠 수 있도록 국방부에 전역을 청하였습니다. 그러나 한국주화대표단 인원 사이에 당파적 편견이 심하여 누차 본인을 공산당원으로 무고한 탓에 국방부에서는 아직까지 전역을 허락하지 않고 있으며, 이로 인하여 귀국이 성사되지 못하고 있습니다. 실정을 총통께 보고드려 특별히 전역이 허용될 수 있도록 도와주시기 바랍니다"고 청하였습니다.

왕 동지는 지난 30년간 아국에서 복무하며 여러 부대의 요직을 두루 역임하였습니다. 비록 한때는 조선민족혁명당에 적을 둔 적도 있었지만, 충직한 인물로 결코 공산당원이 아닙니다. 제가 왕 동지의 사람됨을 잘 알고 있습니다. 왕 동지가 귀국하여 한국에서 활동한다면 장차 우리에게도 큰 도움이 될 것입니다. 제가 모든 것을 책임질 것이니 왕 동지의 전역을 허락하시어 국방부에 전역을 명하시고, 개인자격으로 한국으로 돌아가도록 하는 것이 어떨는지 결정을 청합니다.

[첨부의견]

왕일서의 원적은 조선으로 나라가 망한 뒤 부친을 따라 遼寧에 정착하였으며 민국 원년에 아국 국적을 취득하였습니다. 민국 8년 貴州 강무학교 제2기를 졸업(당시 교장은 何應欽)하였으며, 민국 9년부터 다음 해까지는 黔軍(운남지방군)에 복무하였습니다. 민국 15년 11월 汕頭에서 본당에 가입한 이후 국민혁명군동로총지휘부에 복무하며 營長, 科長, 組長, 處長, 主任, 參謀長을 역임하였습니다. 왕일서는 북벌과 공산당 토벌 및 항전에 참가하여 많은 공을 세워 華胄榮譽獎章을 받은 사실이 있습니다. 민국 30년에는 전 19집단군 총사령 羅卓英의 추천에 의해 육군대학 특6기에 입학하여 甲等의 성적으로 졸업하였습니다. 항전승리 후에는 동북보안장관부 한교사무처처장을 맡았고, 현재는 국방부 소장 부원으로 新聞局에 파견근무 중입니다.

왕일서가 한국공산당원들을 비호하고 중한 두 나라의 친선관계를 파괴한다는 밀고가 있어 은밀히 내사한 바 있습니다. 여러 방면의 정보가 각기 달라 조사에 어려움이 없지 않았습니다만, 종합적으로 판단해 볼 때 왕일서가 공산당원이 아닐 가능성이 다분합니다. 후일 何(應欽) 부장에게 편지를 보내 왕일서의 성분에 대해 문의하였더니 何 부장은 왕일서의 사상과 사람됨에 대해서는 그다지 잘 알지 못한다며 羅 부총사령[122]이 소상히 알고 있을 것이라는 답을 보내왔습니다. 이에 羅 부총사령에게 편지를 보내 확인하였습니다. 羅 부총사령은 왕일서는 사상이 올바르고 당국에 충성하며 오래 전부터 한국으로 돌아가기를 희망하고 있으니 속히 그의 뜻이 이루어질 수 있도록 전역을 허가하는 것이 좋겠다는 답장을 보내 왔습니다.

여러 정황을 살피고 그의 경력을 참작하건대 왕일서는 공산당원이 아닌 것이 분명해 보입니다. 그의 전역을 허용하고 귀국시키는 것이 중한 두 나라의 관계를 증진시키는데 도움이 될 것입니다. 만일 그가 정말 공산당원이라면 아국에 남겨 두어봐야 우리에게 아무런 도움이 되지 않을 것입니다. 차라리 그를 귀국시켜 장래 유용하게 활용하는 것이 좋을 것입니다. 개인자격으로 귀국길에 오를 수 있도록 전역시키는 것이 좋을 것입니다. 이상의 의견이 타당한지 지시를 청합니다.

170. [卷名] 軍務局에서 韓人 金思牧 안건을 처리한 경과에 대한 보고

[入藏登錄號] 002-020400-00034-144

[發　信] 俞濟時

[受　信] 蔣介石

[時　間] 1948年 5月 28日

---

122) 羅卓英(1896~1961). 廣東 大埔 출신. 保定軍官學校 제8기 포병과 졸업. 陳誠과 동기동창. 항전시기 제19집단군 총사령, 제9전구 부사령장관, 버마원정군 사령장관 역임. 국공내전기인 당시에는 동북행원부주임으로 근무하였다.

[番　號]

[內　容]

사유: 군무국에서 한인 김사목 건을 처리한 경과보고입니다.

37년(1948) 5월 13일 陳 總長[123]이 보낸 熙虔第1041號 절략의 내용입니다.

북평시 민정국장 馬漢三이 한국혁명지사 金思牧을 소개하였습니다. 김사목은 우리 당국과 공산당에 대한 공동 대응방안, 공작진행의 구체적인 방법을 상의하는 한편 궁극적으로는 군사적 합작까지 바란다는 의사를 표시하였습니다. 그는 향후 구체적인 합작에 앞서 상호 정보교환부터 시작하는 것이 좋겠다는 뜻을 전하여 왔습니다. 이에 김사목을 남경으로 불러올려 직접 면담한 결과 아래 몇 가지 사정을 탐지할 수 있었습니다.

一. 김은 반공이론가이지 실천가는 아닌 것으로 보입니다. 다만 한국의 일부 단체, 특히 학생연맹 방면에는 분명 영향력을 행사할 수 있는 위치에 있는 것으로 보입니다.

二. 김이 아국을 방문한 목적은 중한연합반공참모부 성립을 위해서이며 단순히 정보수집을 위해서가 아닙니다.

三. 김사목은 금전적인 욕심은 없는 것으로 보입니다.

[첨부의견]

一. 만일 김사목에 대해 우리가 너무 냉담한 태도를 보이면 그의 불만을 자아내고, 나아가 韓國學聯 등 단체의 반감을 불러일으켜 우리에게 불리할 수 있습니다. 그러나 중한연합반공참모부 성립은 불가한 실정입니다. 상호 돈독한 관계를 유지하기 위한 필요에서 국방부 제2청의 편제 외 專員(무급) 명의를 주어 귀국시키는 것이 좋을 듯합니다.

---

123) 參謀總長 陳誠.

二. 국방부 제2청 소속 인원이 지금 한국에 파견되어 있습니다. 駐韓 小組의 외부 조직원으로 하여금 김사목과 접촉하여 우리에게 필요한 정보를 수집하도록 하는 것이 좋을 듯합니다.

[처리결과]

마침 총통께서 공무가 다망한 관계로 5월 19일 다른 경로를 통해 이 안건에 대한 재가를 청하였습니다. 그 결과 당일 侍洪第60303號 代電을 통해 "중한 두 나라 간 우호증진을 위해 애쓰는 단체의 명의로 김사목과 연계를 취하는 것은 좋으나 그에게 정부차원에서 명의를 제공하는 것은 바람직하지 않다"는 지시가 내려졌습니다. 이에 총통께 보고 드립니다.

原文

一. 特交文電－領袖事功之部－領導革命外交 －對韓菲越關係(一)

001. [卷名] 陳果夫電蔣中正去年為韓人入軍校訓練事蒙允特設一班令
分校照辦惟分校教育長屢次易人不易接洽請密電分校祝教育長准
予入學

[入藏登錄號] 002-090103-00009-021

[發　信] 陳果夫

[受　信] 蔣介石

[時　間] 1933年 10月 27日

[番　號] 來電17849號

[內　容]

南昌蔣委員長鈞鑒. 密. 去年爲韓人入軍校訓練事曾蒙允許特設一班,
今分校教育長屢次易人不易接洽. 茲因韓國同志約有百人之譜可以入校訓
練, 請密電分校祝教育長准予入學爲禱. 果夫叩.

002. [卷名] 顧祝同電蔣中正本戰區現有韓國光復軍第一支隊李蘇民區
隊及第二支隊金文鎬分隊兩部請指示協助對該兩部之工作

[入藏登錄號] 002-090103-00009-023

[發　信] 顧祝同

[受　信] 蔣介石

[時　間] 1943年 1月 24日

[番　號] 來電2220號

[內　容]

急. 重慶委員長蔣. 密. 據韓國光復軍第一支隊第二區隊長李蘇民報稱, 本隊前屬朝鮮義勇隊今改編爲光復軍, 直屬軍委會并奉諭本隊應配屬第三戰區長官部工作, 并策定今後計劃三項. (一)選派幹員潛入敵後智取敵僞情報, (二)進入敵後爭取朝鮮僑胞, (三)實施鋤殺敵僞酋長及破壞軍事設備. 活動地區以杭州上海南京爲中心, 組一諜報隊執行上項任務. 惟以經費困難請求補助事業費若干以利工作等情. 查本戰區現有李蘇民區隊及第二支隊金文鎬分隊兩部, 對該兩部之工作應如何指揮協助之處理合電請示遵. 職顧祝同. 智情梗未印.

003. [卷名] 軍事委員會電湯恩伯據韓光復軍總司令李靑天呈報由敵後投來韓人張善道等七員請發給維持費案仰就地派員查明具報以便核辦

[入藏登錄號] 002-090103-00009-024

[發　信] 軍事委員會辦公廳機要室

[受　信] 湯恩伯

[時　間] 1943年 11月 25日

[番　號] 戌有渝辦一參字第5280號

[內　容]

安徽臨泉第卅一集團軍湯總司令. 密. 據韓國光復軍總司令李靑天呈報, 轉據本部駐安徽阜陽招募員金學奎報告, 由敵區投來韓人張善道等七員請發給維持費等情一案. 仰就地派員查照所呈是否確實, 其投效經過詳細具報以便核辦. 軍委會.

004. [卷名] 軍事委員會電陶柳據韓國光復軍總司令李靑天呈報據投效韓人金利甲電稱脫離敵區乞速寄旅費護照以便來渝面呈一切等情

查明電報金利甲投效經過及其經歷身份以憑核辦

[入藏登錄號] 002-090103-00009-025

[發　信] 軍事委員會辦公廳機要室

[受　信] 陶柳

[時　間] 1943年 11月 25日

[番　號] 戌有渝辦一參字第5279號

[內　容]

浙江於潛廿八軍陶軍長. 密. 據韓國光復軍總司令李青天呈報, 頃據投效韓人金利甲電稱酉迴脫離敵區現住廿八軍司令部, 乞速電寄旅費護照以便來渝面呈一切等情, 轉請核示前來. 查所呈各節是否屬實, 仰將該金利甲投效經過及其經歷身分電報以憑核辦. 軍委會.

005. [卷名] 朱紹良等電蔣中正等前據韓國光復軍第二支隊隊長李範奭電稱寶雞俘虜收容所韓籍俘虜甚多請撥交該隊負責訓練以增抗戰力量等迺飭將該所韓俘鄭仁教等十名交該支隊訓練

[入藏登錄號] 002-090103-00009-026

[發　信] 朱紹良・胡宗南

[受　信] 軍事委員會辦公廳機要室

[時　間] 1942年 12月 31日

[番　號] 來電27號

[內　容]

重慶委員長蔣部長徐. 密. 前據西安韓國光復軍第二支隊李隊長範奭戌銑代電略稱, 寶雞俘虜收容所韓籍俘虜甚多, 因言語習俗之不同, 所有感化訓練工作自應韓國革命團體負責爲宜, 擬請將該項韓俘撥交職隊負責訓練, 以增抗戰力量等語. 除電飭據該所馬所長益祥表報該所現有韓俘十二

名，除二名受敵薰染太深外，其餘鄭仁敎等十名均思想正確頗守所規． 並
據稱該俘等均係熱血靑年深願在韓國光復軍第二支隊服務等情． 查該支隊
訓練有方，除就近逕飾將該韓俘鄭仁敎等十名擬交該支隊妥爲訓練以增抗
戰力量外，謹電請報備爲禱． 職朱紹良胡宗南． 代陝辦．

006. [卷名] 顧祝同電軍委會據韓國光復軍一支隊二區隊長李蘇民報稱 本軍總部自去年七月起應發本隊經費迄未撥發實難維持等除墊借 十五萬元外請迅飾請發該隊經費

[入藏登錄號] 002-090103-00009-027

[發　信] 顧祝同

[受　信] 軍事委員會辦公廳機要室

[時　間] 1945年 5月 16日

[番　號] 來電13616號

[內　容]

渝軍委會． 密． 據韓國光復軍第一支隊第二區隊長李蘇民報稱，本隊策
動韓籍敵兵反正工作加緊進行相當生效． 惟本軍總部自去年七月起應發本
隊經費迄未撥發實難維持，急轉軍委會令飾主管本隊經費部分迅速請發經
費，并懇先借一十五萬元應急等情． 除墊借十五萬元外，擬請迅飾請發該
隊經費并將本部墊款應還爲禱．

007. [卷名] 薛岳電蔣中正韓國光復軍第一支隊第三區隊經費預算茲查 原電漏列教育費三三零元又餉項三四五零元爲一萬四千三百八十 五元之誤乞准更正等

[入藏登錄號] 002-090103-00009-028

[發　信] 薛岳

[受　信] 軍事委員會辦公廳機要室

[時　間] 1945年 7月 5日

[番　號] 來電18498號

[內　容]

重慶委員長蔣. 密. 前以巳哿儉電呈報, 韓國光復軍第一支隊第三區隊
經費預算計蒙鈞察. 茲查原電漏列敎育費三三零元, 又餉項三四五零元爲
一萬四千三百八十五元之誤, 乞准更正併請增常備金爲一萬二千五百一十
四元一角, 月分合計二十九萬六千九百五十六元一角復示祗遵. 職薛岳. 午
冬儉印.

008. [卷名] **魏道明電蔣中正關於美對朝鮮方針今訪代理國務卿愛琴遜**
　　　　詳談美現時步驟擬先設中美英蘇四國託管制其原則前經與宋子文
　　　　商談並經英蘇贊同現正草擬辦法

[入藏登錄號] 002-090103-00009-029

[發　信] 魏道明

[受　信] 蔣介石

[時　間] 1945年 9月 26日

[番　號] 來電20717號

[內　容]

渝主席鈞鑒. 密. 申敬電奉悉. 關於美對朝鮮方針今晨訪代理國務卿愛
琴遜詳談. 美現時步驟擬先設中美英蘇四國托管制, 其原則前經與宋院長
商談並經英蘇贊同. 現正草擬辦法約數週內可完, 再與我國及英蘇商討. 美
對現時管理方法僅局利便辦理敵人投降及維持秩序, 不欲有不必要之延長.
擬儘速成立托管制卽屆時聯合國組織尚未完成亦可先辦, 俟聯合國組織成
立再屬入其系統. 至成立朝鮮政府自須俟托管制組成後商定之. 伊頗了解

朝鮮之複雜情形, 對於以朝鮮現在重慶之原有政府爲將來組織政府之基礎一點亦甚重視, 以爲須俟將來共同商討. 至現在朝鮮各方人士如經該處軍事當局認爲有需要時, 可以個人立場參加其行政職. 魏道明叩. 申宥印.

009. [卷名] 蔣中正電劉峙等據韓國光復軍報告以現在老河口西安之新
　　　招隊員未領得軍糧懇飭發給等情希就近撥發

[入藏登錄號] 002-090103-00009-030

[發　信] 蔣介石

[受　信] 劉峙 · 胡宗南

[時　間] 1945年

[番　號] 會電A1653-1654號

[內　容]

老河口劉長官, 西安胡代長官. 密. 據韓國光復軍報告以現在老河口西安之新招隊員廿四, 十四人未領得軍糧懇飭發給等情. 希就近撥發爲要. 中正.

010. [卷名] 蔣中正電胡宗南等爲安置逃來後方韓國青年凡駐有韓國光
　　　復軍之戰區該戰區長官部應會同光復軍支區隊長負責收容並嚴密
　　　考察等

[入藏登錄號] 002-090103-00009-031

[發　信] 蔣介石

[受　信] 胡宗南 等

[時　間] 1945年

[番　號] 會電A1781-1790號(單位銜名如附表)

[內　容]

密. 據報韓國青年陸續逃來後方爲數頗多, 茲爲妥謀安置起見暫定辦法如下. (一)在駐有韓國光復軍之戰區, 該戰區長官部應切實會同光復軍支區隊專負責收容, 就近撥充光復軍隊員按實有人數發給糧服, 並秘密考察嚴防漢奸混入. (二)未駐有韓國光復軍之戰區, 由長官部負責收容, 並設法護送附近戰區光復軍支區隊充隊員或直接送渝, 考察辦法如上同. 以上除分電外希切實遵辦. 中正. 渝辦一秦印.

附: 行文單位表

第一戰區 胡代長官

第二戰區 閻長官

第三戰區 顧長官

第五戰區 劉長官

第六戰區 孫長官

第七戰區 余長官

第八戰區 朱長官

第九戰區 薛長官

第十戰區 李長官

中國陸軍總司令部 何總司令

011. [卷名] 軍事委員會電龍雲等凡我政府機關需用收容所韓俘工作時須先報本會核備

[入藏登錄號] 002-090103-00009-032

[發　信] 軍事委員會

[受　信] 龍雲 等

[時　間] 1945年 6月 5日

[番　號] 會電(單位銜名如附表共14單位)

[內　容]

密. 查各地韓俘業經決定依照本會援助韓國光復軍辦法, 經感化後撥交韓國光復軍在案. 茲據韓國臨時政府金主席函稱, 各收容所之韓俘如中國政府需用工作時, 擬請先向韓國臨時政府洽商等語. 除復如我國政府各機關需用該項人員時, 隨時通知該國臨時政府並分電外, 此後凡我政府機關需用該項人員工作時, 並須先報本會核備特電遵照. 軍事委員會. 已微渝辦一參印.

行文單位表

昆明行營 龍主任

成都行營 張主任

鉛山東南行營 顧主任

漢中行營 李主任

昆明中國陸軍總部 何兼總司令

西安第一戰區 胡長官

山西第二戰區 閻長官

鉛山第三戰區 顧長官

草店市第五戰區 劉長官

恩施第六戰區 孫長官

龍南第七戰區 余長官

蘭州第八戰區 朱長官

汝城第九戰區 薛長官

立煌第十戰區 李長官

012. [卷名] 蔣中正電李品仙等據韓國臨時政府主席金九函請在西安阜陽成立訓練班懇電當地軍政當局子以協助等經予照准

[入藏登錄號] 002-090103-00009-033

[發　信] 蔣介石

[受　信] 李品仙(立煌)·胡宗南(西安)·王懋功(阜陽)

[時　間] 1945年 6月 10日

[番　號] 會電A7825-7827號

[內　容]

李長官·胡代長官·王主席. 密. 據韓國臨時政府主席金九函, 請在西安阜陽成立訓練班, 懇賜電當地軍政當局隨時予以協助等情, 經予照准希知照. 中正.

013. [卷名] 蔣中正電胡宗南等據韓國光復軍電以該軍幹訓班擬開始訓練請分電各有關戰區協助受訓人員之輸送等除復准並電協助運送

[入藏登錄號] 002-090103-00009-034

[發　信] 蔣介石

[受　信] 胡宗南 等

[時　間] 1945年 6月 16日

[番　號] 會電A2871-2875號

[內　容]

西安第一戰區胡長官. 密. 白河第五戰區劉長官. 密. 阜陽第十戰區何副長官. 表. 鉛山第三戰區顧兼長官. 密. 汝城第九戰區薛長官. 密. 據韓國光復軍電, 以該軍幹訓班擬于八月一日在蓉開始訓練, 既有各支隊受訓人員之輸送擬請分電各有關戰區協助等情. 除復准並分電外特電仰協助運送爲要. 中正. 巳銑渝辦一密印.

014. [卷名] 蔣中正電胡宗南等暫定撥交韓國光復軍充任隊員之韓籍青年糧服領發報銷辦法軍糧照軍糧領發報結暫行辦法第二第三第四條

之規定服裝由韓國臨時政府按人數提送軍政部再轉飭各戰區補給機構配發

[入藏登錄號] 002-090103-00009-035

[發　信] 蔣介石

[受　信] 胡宗南 等

[時　間] 1945年 7月 21日

[番　號] 會電A3479-3488號

[內　容]

　　各單位. 密. 江渝辦一會電計達. 關於收容撥交韓國光復軍充任隊員之韓籍青年, 其糧服領發報銷辦法茲暫規定如下. (一)軍糧照軍糧領發報銷暫行辦法第二·三·四條之規定, 由受領單位於上月月終以前填具人數統計表, 呈由戰區長官部核飭兵站主管機關掣填發糧通知, 並由該受單位出具受領證, 特向糧庫證領(自六月一日起概予免價補給). 月終仍由受領單位填具決算表逕送兵站核後分別徵補. (二)軍糧審核請重視核實, 依照補給盟軍例免報軍糧計算. (三)該項糧源暫由戰區餘糧內開支, 將來人數衆多時再由糧食部增撥缺額. (四)請領服裝由韓國臨時政府按照該軍編制人數, 分季列表提前送軍政部, 再轉飭各戰區補給機構, 按照規定適量配撥, 報銷依一般規定辦理. 上項除函韓國臨時政府飭光復軍知照並分令外特電遵照. 中正. 午馬辦參一印.

　　行文單位(共十單位)

　　第一戰區　胡長官

　　第二戰區　閻長官

　　第三戰區　顧長官

　　第五戰區　劉長官

　　第六戰區　孫長官

第七戰區 余長官

第八戰區 朱長官

第九戰區 薛長官

第十戰區 李長官

中國陸軍總司令部 何兼總司令

015. [卷名] 蔣中正電顧祝同等據韓國臨時政府代表金若山等電稱韓國臨
　　　時政府經派李白建為蘇浙沿海等地辦理招募工作特派員請令有關
　　　戰區協助等除復准照辦希即飭屬予以協助

[入藏登錄號] 002-090103-00009-036

[發　信] 蔣介石

[受　信] 顧祝同 · 李品仙

[時　間] 1945年

[番　號] 分電A3660-3661號

[內　容]

　　鉛山顧長官, 立煌李長官. 密. 據韓國臨時政府代表金若山等電稱, 韓國
臨時政府經派李白建一員(本名李表一)為蘇浙沿海等地辦理招募工作特派
員, 請令有關戰區協助指導等語. 除復准照辦並分電外希即飭屬予以協助
指導為要. 中正. 辦參一印.

016. [卷名] 蔣中正電萬耀煌韓國光復軍幹訓班開班在即其所需希即就中
　　　央軍校校有器具盡量撥給以撙開支

[入藏登錄號] 002-090103-00009-037

[發　信] 蔣介石

[受　信] 萬耀煌

[時　間] 1945年

[番　號] 會電A3676號

[內　容]

成都中央軍校萬敎育長. 密. 查韓國光復軍幹訓班前經核定附設於該校內並經電知在案. 現該班開班在卽, 旣需器具等項希校有盡量撥給以撙開支, 除電該軍知照外特電遵照. 中正. 支辦參一印.

017. [卷名] 軍委會電薛岳就近查明九江收容韓籍青年暫編爲韓國光復軍江南獨立支隊任張興爲隊長請接濟經費軍糧等是否屬實

[入藏登錄號] 002-090103-00009-038

[發　信] 軍事委員會

[受　信] 薛岳

[時　間] 1945年 10月 8日

[番　號]

[內　容]

第九戰區薛長官. 密. 據韓國臨時政府代表報告, 現在九江收容韓籍青年六百餘人, 暫編爲韓國光復軍江南獨立支隊任張興爲隊長, 請接洽經費軍糧等語. 是否屬實就近查明具報以憑核辦. 軍委會. 酉齊辦參一印.

018. [卷名] 軍委會電李品仙據韓國臨時政府代表金若山等電稱已令韓國光復軍第三支隊進駐徐州請電飭徐州前進指揮所協助及撥發糧服等准備案及電軍政部知照

[入藏登錄號] 002-090103-00009-039

[發　信] 軍事委員會

[受　信] 李品仙

[時　間] 1945年 10月 20日

[番　號] 會電

[內　容]

第十戰區李長官. 密. 據韓國臨時政府代表金若山李靑天酉佳代電稱, 爲適應工作需要已令韓國光復軍第三支隊由阜陽進駐徐州請予備案, 並請電飾徐州前進指揮所協助及撥發糧服等語. 除復准備案及電軍政部知照外, 希卽轉飾協助及就近酌予撥借糧服爲要. 軍事委員會. 酉號辦參一印.

019. [卷名] 軍委會電李品仙韓國光復軍金學奎部請撥借三十萬元及食米
　　　一節准予照借

[入藏登錄號] 002-090103-00009-040

[發　信] 軍事委員會

[受　信] 李品仙

[時　間] 1945年 10月 20日

[番　號] 會電

[內　容]

第十戰區李長官. 密. 經繹申感電悉. 韓國光復軍金學奎部請撥借卅萬元及食米一節准予照借, 除已電知軍政部, 並函韓國臨時政府代表轉知該軍外特復. 軍事委員會. 酉號辦參一印.

020. [卷名] 蔣中正電魏道明美國對朝鮮之政策究竟如何請杜魯門總統
　　　明示方針及四國協助組織訓政政府不如以其在重慶之原有政府爲
　　　基礎而予以擴充爲妥

[入藏登錄號] 002-090103-00009-041

[發　信] 蔣介石

[受　信] 魏道明

[時　間] 1945年 9月 24日

[番　號] 去電575號

[內　容]

華盛頓魏大使. 美國對朝鮮之政策究竟如何請杜總統明示方針. 我政府仍照與羅故總統所商定步驟, 首先由四國共同扶助朝鮮人組織訓政政府而後予以完全獨立也. 惟組織訓政政府不如以其在重慶之原有政府爲基礎而予以擴充爲妥, 否則另立新政府除爲共產黨所把持外, 恐無其他善後之道也. 此事重要望速與美政府切商詳告. 中正. 申敬.

021. [卷名] 何應欽電蔣中正關於韓國光復軍復員辦法已照美方意見規定
　　 即日運滬遣送回國

[入藏登錄號] 002-090103-00009-042

[發　信] 何應欽

[受　信] 蔣介石

[時　間] 1946年 4月 21日

[番　號] 來電30284號

[內　容]

急. 渝委員長蔣. 卯刪電奉悉. 密. 關於韓國光復軍復員辦法已照美方意見規定卽日運滬遣送回國, 卯未愼艷代電通令并呈報在案. 奉令前因謹復備核. 京職何應欽. 卯智愼艷印.

二. 特交文電－領袖事功之部－領導革命外交
－對韓菲越關係(二)

022. [卷名] 蔣中正電滕傑速派三人至貢沛誠處服務並需受其指揮為要

[入藏登錄號] 002-090103-00010-001

[發　信] 蔣介石

[受　信] 滕傑

[時　間] 1932年 7月 15日

[番　號] 發電120號

[內　容]

滕傑同志鑒. 速派三人至貢沛誠處服務, 并須受其指揮爲要. 中正. 咸印.

023. [卷名]　貢沛誠電蔣中正請扶助韓國獨立黨及內蒙騎隊革命抗日行
　　動與建議選派人員意見

[入藏登錄號] 002-090103-00010-002

[發　信] 貢沛誠

[受　信] 蔣介石

[時　間] 1932年 7月 6日

[番　號]

[內　容]

介公總座賜鑒. 誠爲抗日而歸國, 今蒙賜助得賡續努力, 精神上之愉快
誠無以復加矣. 本當稍緩雛謨面陳韓國獨立黨暨內蒙騎隊之運用與中央扶
助之途徑, 第塞北風重日緊一日, 實際工作之同志又函電交催迫不容緩, 爰
書所懷以代面陳謹祈鑒察焉.

韓國革命份子複雜, 革命團體紛岐自無庸諱言, 但實考其複雜紛岐之由, 則苦無革命重心耳. 故處今日而言助韓如助我也, 必注意此革命重心之促成. 韓人在滬所組之獨立政府原以獨立黨爲基幹, 就中尤以主持軍事及暗殺之金九爲重望所歸. 此番談於嘉興渠力言甚願得槍千枝, 招納獨立軍於熱邊與當地義軍共同動作, 掀起留居東省全體韓僑之革命情緒與倭賊作死戰, 用樹韓國革命重心而推進東亞革命之波瀾, 其志壯其言又眞切. 濮君精一奔走我南北垂數十年, 爲人忠誠係金九之左右手. 斯二人者不僅獨立黨之重要人物, 韓國國內最有力之新幹會與天道敎, 在東省之國民府無不仰望之. 此誠所切望總座迅予賜助以發揚今後抗日熱潮也.

內蒙敎育幼稚, 領略革命意義者固已絕無僅有. 卽求一實事求是, 主持一事勝任愉快者亦不易得. 據誠與蒙人多年往來經驗, 其足以付託一部分事權者首推前蒙事處處長吳君鶴齡. 此人思路淸晰工作着實, 前曾向總座陳述. 其回多倫訓練靑年子弟及蒙古騎兵隊, 事以充實抗日實力而減中央北顧之憂. 此事應急切必行, 苟能與扶助韓黨同時進行則勢猶枝車以抗外, 實亦控制要害以安內也.

上述兩項倘總座認爲可行, 祈逕電蕭錚同志轉知濮精一及吳鶴齡前來, 晉謁面決進行步驟. 承派黃埔同學數人協同工作無任歡迎. 但望選派性堅忍, 通北方語言及慣受風沙之苦者爲宜. 再誠到京後預計一週內北行, 在京通訊處爲荳菜橋十一號之三, 專肅謹叩. 勳安. 貢沛誠(印)謹上 七月 六日

024. [卷名] 張治中電蔣中正已逮捕狙擊金九兇犯李雲煥並將嚴訊呈報

[入藏登錄號] 002-090103-00010-003

[發　信] 張治中

[受　信] 蔣介石

[時　間] 1938年 5月 13日

［番　號］來電16611號

［內　容］

武昌委員長蔣鈞鑒. 密. 居留長沙韓國國民黨理事長金九等被其同黨李雲煥狙擊一案, 業將辦理經過情形已灰保秘長代電呈報察核在卷. 據報該兇犯李雲煥潛赴湘潭易家灣, 經省會警備部于文晨派特務人員前往該處偵緝. 該兇犯已購票正擬上車潛赴廣州, 比經查實將其拿獲已解省, 除飾嚴訊另文呈報外謹聞. 職張治中叩. 元保秘長印.

025. ［卷名］谷正倫電蔣中正已飭憲兵會同警備部偵緝韓國革命黨金九 槍殺案兇犯

［入藏登錄號］002-090103-00010-004

［發　信］谷正倫

［受　信］蔣介石

［時　間］1938年 5月 8日

［番　號］來電15664號

［內　容］

特急. 武昌軍委會委員長蔣麟密. 虞午後六時韓革命黨李靑天玄益哲在長沙南木廳五行家請金九柳東說等, 突生槍殺案. 玄斃命金柳重傷李輕傷. 兇手李雲漢爲該黨開除黨籍者在逃. 除飾憲兵會同警備部偵緝, 詳情續報外謹此電陳. 谷正倫張鎮警政叩.

026. ［卷名］宋子文電蔣中正報告韓僑李承晚韓吉洙兩派在美活動情報 及請示韓國義勇軍是否已被我國解散

［入藏登錄號］002-090103-00010-005

［發　信］宋子文

[受　信] 蔣介石

[時　間] 1942年 4月 6日

[番　號] 來電B2559號

[內　容]

侍電敬悉. 韓僑在美活動之兩派此間俱有相當聯絡. (一)李承晚派希望美國立卽承認金九主持之臨時政府, 其目的(甲)爲得友邦同情援助, (乙)爲得韓人之擁護, (丙)爲保持臨時政府個人之地位. 據李承晚表示, 金若山韓吉洙輩俱屬左傾, 如各友邦先承認臨時政府可避免金韓等在蘇聯勢力之下成立共産政府. (二)韓吉洙派主張韓人應先參加抗戰, 與友邦共同努力擊敗敵寇, 至承認政府問題將來再談. 據美國情報部意見, 韓派暗中活動甚力, 較李派有用, 但不如李派穩健服從. 關于朝鮮政治問題, 最好由中國指導, 應爲韓人所希望, 盆可在中國訓練韓人赴其國內破壞工作, 以便屆時策應中美反攻云云. 美方派來渝之GALE君卽負有訓練韓人及研究朝鮮問題之使命. 綜合各方意見不分外, (1)促動韓人抗戰及秘密工作. (2)承認韓國政府. 竊按此兩問題究必同時決定. 如能融合兩派使在同一政府統治之下共同抗寇自屬上策, 且免爲他國利用, 隨時注意連繫兮. 謹陳以供參考. 再李承晚言韓義勇軍已被我國解散, 眞相如何乞示. 弟子文叩.

027. [卷名] 蔣中正電陳布雷轉王寵惠於十一日承認韓國時間太急至少與美國商榷與通知以免誤會

[入藏登錄號] 002-090103-00010-006

[發　信] 蔣介石

[受　信] 王寵惠

[時　間] 1942年 4月 10日

[番　號] 去電2991號

[內　容]

限二小時到重慶. 機密. 陳主任轉王秘書長. 承認韓國問題事前毫無準備, 至少對美國有着商榷與事前通知, 不使因此發生隔膜. 故中意十一日承認, 時間匆促且無須如此急遽也. 中正. 佳機昆(八)印.

028. [卷名] 蔣中正電宋子文關於朝鮮及東北義勇軍與東北僞軍及商學各界秘密團體問題

[入藏登錄號] 002-090103-00010-009

[發　信] 蔣介石

[受　信] 宋子文

[時　間] 1942年 4月 14日

[番　號] 去電A1029號

[內　容]

東函電悉. (一)關於朝鮮問題, (甲)贊成朝鮮獨立, 並在蘇聯未能參加表示以前公布之, 最適合我國對朝鮮問題之政策. (乙)朝鮮國內秘密單體甚多, 但在日本嚴密統制下力量不大, 其中當有一部與蘇聯有關係. 我政府對朝鮮革命向來熱心扶助, 但在中日戰爭未達到接近朝鮮邊境或我東三省以前, 不能希望有積極開展現在我國境內已組有韓國光復軍. (丙)美國械款援助除東北抗日應由美自行處理外, 關於朝鮮革命部分爲防落匪手, 以交由中國政府酌量緩急虛實轉發韓國光復軍(現約五百人), 朝鮮義勇隊及本國內各秘密單體較爲確實. (二)關於東北義勇軍最近之情況, 遼吉黑三省各有省政府並皆有游擊隊. (三)關於東北僞軍情形, 東北僞軍均未忘懷祖國, 因迫於時勢不得與寇委蛇, 彼我軍勢力接近時可望大部反正. (四)關於學商各界之秘密單體情形, 東北學商各界反敵小組織應向潛在, 時有因事機不密被敵發覺, 致被株連而犧牲者特覆. 中正.

029. [卷名] 蔣中正電宋子文五日電已悉與關於朝鮮各黨派情形及我政府處置方略

[入藏登錄號] 002-090103-00010-011

[發　信] 蔣介石

[受　信] 宋子文

[時　間] 1942年 3月 14日

[番　號] 寅寒侍六字第5193號

[內　容]

中國大使館宋部長子文兄. 三月五日電處此間朝鮮各黨派情形及我政府處置方略如何. (一)韓人在渝概分爲韓國獨立黨及朝鮮革命黨兩派. 前者由金九領導組有光復軍, 後者由金若山領導組有義勇軍, 現暫飭何總長統一掌握分別運用. (二)此間韓國臨時政府大部由獨立黨金九等主持, 兩派頗有爭執, 我國皆不擬子承認, 視國際情勢及其黨派統一如何再行決定. (三)請注意該兩派在美活動情形及實力並暗中分別與之連繫. (四)請隨時注意美政府對朝鮮態度. 又聞在美韓人亦以金九一派爲重心, 當地政府對該派比較重視, 確否並祈電復. 中正. 寅寒侍六.

030. [卷名] 王寵惠陳布雷電蔣中正應否照孫科提議於韓國臨時政府成立廿三週年承認該政權

[入藏登錄號] 002-090103-00010-012

[發　信] 王寵惠

[受　信] 蔣介石

[時　間] 1942年 4月 6日

[番　號]

[內　容]

本日國防最高委員會常會, 孫院長提議四月十一日爲韓國臨時政府成立二十三年紀念日, 我國應於卽日正式承認該國政府. 當經提付討論有考慮(一)韓國與蘇接壤我若首先承認蘇聯能無反感, (二)英國觀感如何. 但孫院長謂(二)項不必顧慮, 至(一)項正惟蘇聯在韓有長久布置與潛力, 我愈應及早承認免使韓國革命力量全被一方操縱, 與團結該國內部一層於承認更可積極策動. 經決議通過外交部準備於十一日承認, 仍請示鈞座決定. 鈞意是否可以照辦請迅電核示, 再宋部長亦有來電另呈參考. 職寵惠. 布電叩.

031. [卷名] 王寵惠陳布雷電蔣中正應否照孫科提議於韓國臨時政府成立廿三週年承認該政權

[入藏登錄號]002-090103-00010-013

[發　信] 王寵惠

[受　信] 蔣介石

[時　間] 1942年 4月 7日

[番　號] 渝發字第10819號

[內　容]

卽到吳眉顯密委座鈞鑒. 本日國防最高委員會常會, 孫院長提議四月十一日爲韓國臨時政府成立二十三年紀念日我國應於此日正式承認該國政府. 當經提付討論有顧慮(一)韓國與蘇聯長久我若首先承認蘇聯能無反感. (二)英國觀感如何. 但孫院長等意(二)項下必顧慮, 至(一)項正惟蘇聯在韓有長久布置與潛力, 我愈應及早承認免使韓國革命力量全被一方操縱, 與團結該國內部一層於承認更可積極策動. 經決議通過外交部准備於十一日承認, 仍請示鈞座決定. 鈞意是否可以照辦請迅電核示, 再宋部長亦有來電另呈參考. 職寵惠. 布電叩. 魚印.

032. [卷名] 美國高麗民衆聯合委員會電蔣中正感謝對高麗政府的援助 並請承認高麗共和國臨時政府及援助成爲同盟國第廿七國

[入藏登錄號] 002-090103-00010-015

[發　信] 美國高麗民衆聯合委員會

[受　信] 蔣介石

[時　間] 1942年 2月 6日

[番　號] 來電4305號

[內　容]

重慶蔣委員長. 茲代表美國與夏威夷高麗同胞爲閣下對高麗臨時政府之援助敬表謝意. 深知日本對世界和平之威脅, 在樸次茅斯和平會議對高麗在遠東之地位未能準確認定時實已開始. 我等深信欲求東亞永久之和平, 必須使高麗獨立自由, 而更信世界和平, 實有賴於東亞和平. 故懇求閣下爲人道正義及二千三百萬高麗民衆之自由, 對高麗共和國臨時政府能正式承認, 並援助高麗使能在同盟國會議中參加第二十七國之地位, 則全高麗民衆當永誌閣下之大德也. 慶祝閣下健康及中國對我等共同敵人日本抗戰勝利. 美國高麗民衆聯合委員會叩.

033. [卷名] 蔣中正電顧祝同光復軍李蘇民金文鎬等區分隊工作應按系 統請示不得直指要請且該隊人員應待點驗考核後統籌辦理

[入藏登錄號] 002-090103-00010-020

[發　信] 蔣介石

[受　信] 顧祝同

[時　間] 1943年 2月 1日

[番　號] 東渝辦一參字第3145號

[內　容]

上饒第三戰區顧司令長官. 密. 知情梗未電悉. 光復軍李蘇民金文鎬等區分隊之工作應按系統請示不得直指要請. 此該軍各支隊人員尚未經點驗考核工作計劃, 應俟點驗考核後統等辦理, 所請仰飭應毋庸議特復. 中正.

034. [卷名] 軍委會電第一戰區長官部韓國光復軍暨所屬部隊發電應一律付現不適用拍發軍電付費辦法

[入藏登錄號] 002-090103-00010-021

[發　信] 軍事委員會

[受　信] 胡宗南

[時　間] 1943年 3月 25日

[番　號] 會電A955號

[內　容]

第八戰區長官部. 寅銑未業晏電悉. 甫密韓國光復軍暨所屬部隊發電應一律付現, 不適用拍發軍電付費辦法特復. 軍委會. 有辦二通渝印.

035. [卷名] 蔣中正電蔣鼎文韓國光復軍第一支隊分於鄭鄼設韓人招募處本會無案該軍各地招募人員需持有本會護照者方可協助

[入藏登錄號] 002-090103-00010-022

[發　信] 蔣介石

[受　信] 蔣鼎文

[時　間] 1943年 6月 4日

[番　號] 支渝辦一參字第1750號

[內　容]

洛陽蔣長官. 密. 辰篠詹松志電悉. 密查韓國光復軍第一支隊分於鄭鄼設韓人招募處本會無案. 該軍各地招募人員須持有本會護照者方可協助. 特

電遵照, 并仰轉飾所屬遵照爲要. 中正.

036. [卷名] 軍委會電顧祝同已將審訊所得情形意見詳報關於李青天轉
　　　據金利甲電稱脫離敵區現住十八軍司令部請電匯旅費及護照案

[入藏登錄號] 002-090103-00010-023

[發　信] 軍事委員會

[受　信] 顧祝同

[時　間] 1943年 12月 6日

[番　號] 魚渝辦一參字第51285號

[內　容]

建陽顧長官. 密. 據韓光復軍總司令李青天轉據, 投效韓人金利甲電稱
脫離敵區現住十八軍司令部, 乞匯寄旅費護照來渝等情, 轉請核示一案.
經電據陶軍長復稱已解該長官部, 仰將審迅所得情形, 并擬具意見報核爲
要. 軍委會.

037. [卷名] 蔣中正電湯恩伯請就近派員偵察詳報韓國光復軍招募主委
　　　金學奎工作情形與行動若有招搖或軌外即予取締而後需有本會護
　　　照始准活動

[入藏登錄號] 002-090103-00010-024

[發　信] 蔣介石

[受　信] 湯恩伯

[時　間] 1943年 12月 10日

[番　號] 亥灰渝辦參一字第3688號

[內　容]

臨泉三十一集團軍湯總司令. 密. 據本會政治部轉據魯蘇皖豫邊區總司

令政治部轉報, 阜陽駐有韓國光復軍招募委員會主任委員金學奎等工作人員十餘人, 該會態度若有無左傾色彩轉請核示等情. 查本會僅核准金學奎一員爲光復軍駐阜陽招募員, 并未核准其他招募委員, 具其工作情形及行動極少據報. 仰就近派員密查該員言行詳報, 其招搖及軌外行動卽予取締或停止其活動, 俟後須報有本會護照始准其活動爲要. 中正.

038. [卷名] 李宗仁電蔣中正請求將來歸韓人除洪寅英金一東外就地交 與韓國光復軍第一支隊第一區隊工作如何

[入藏登錄號] 002-090103-00010-027

[發　信] 李宗仁

[受　信] 蔣介石

[時　間] 1944年 12月 25日

[番　號] 亥參字第28140號

[內　容]

渝委座蔣. 密. 職部現有來歸韓人除洪寅英金一東等二名外尙有十一名. 內有九名係美籍空軍軍官來威斯上尉從新四軍(大悟山總部)中帶來. 據供新四軍現在槪不收容日人及通日語之韓人, 查該俘等皆係二十一歲之新兵, 有五名係小學畢業其外六名皆未入學校, 同爲本年九月間被編入伍來華, 十月間到達長江下游未編入作戰部隊, 因不願替日敵犧牲, 而聞中國後方有韓國臨時政府組織遂脫日逃出等語. 擬應韓國光復軍第一支隊第一區隊之請求時, 該俘等十一名就地交該區隊工作如何敬乞示遵. 職李宗仁謹喜. 亥參二印.

039. [卷名] 李宗仁電蔣中正據韓國光復軍第一支隊第一區隊電稱又據 鈞座訓令規定故擬兩項優待韓俘辦法呈請核示

[入藏登錄號] 002-090103-00010-028

[發　信] 李宗仁

[受　信] 蔣介石

[時　間] 1944年 12月 26日

[番　號]

[內　容]

　　重慶委員長蔣. 密. 據韓國光復軍第一支隊第一區隊長迭次呈稱, 當自本區隊至戰區工作以來, 由於直接之爭取與間接之宣傳使敵方韓人已深明大義, 參加本軍自願投誠來歸者日益曾多. 今後鄭鄝韓人, 擬請交本區隊收容或妥子優待以求加强策動工作等情, 查尚屬實. 惟查韓籍俘虜之處置經奉鈞會訓令規定在案, 對韓俘看待似與日俘無異. 但爲使駐鄂之韓國軍對策動工作更加熱心努力, 且使韓俘或投誠此得優待謹擬辦法兩項如下. (一) 將韓俘另設所收容仍由本部負責看管, 另由韓國軍派員到所施感化教育. (二) 對於投誠或歸附之韓人處置辦法, 是否與韓俘相同抑子優待以勵來附尚未奉有明令規定. 上二項謹電請察核示遵. 職李宗仁謹喜. 亥梗印.

040. [卷名] 陳大慶電蔣中正轉呈蘇豫皖邊區幹訓團韓國光復軍訓班電國民參政會要求重提承認重慶臨時政府案

[入藏登錄號] 002-090103-00010-029

[發　信] 陳大慶

[受　信] 軍事委員會辦公廳機要室

[時　間] 1944年 9月 15日

[番　號] 來電B7118號

[內　容]

　　急. 渝軍委會請轉政治部長. 密. 據邊區幹訓團韓國光復軍訓練班金學奎率全體韓籍學員擬與國民參政大會致敬電一件, 如可送達敬請鈞部察核轉交爲禱電文如下. 急. 重慶國民參政會第三屆大會參政員諸先生賜鑒. 日寇窮兵黷武野心畢路, 不但獨覇東亞且欲征服世界破壞和平. 同盟國家作戰之目標於大西洋憲章及四强宣言闡明無遺. 凡屬愛好和平人士靡不竭誠擁護斁力以赴. 吾韓壤接貴國夙昔疑洽脣齒相依歷千年, 雖已淪於日寇實人心猶未死耳. 三十四年以來革命志士奔走獨立冒險犯難期在光復. 前榮貴會於三十一年間提請政府承認重慶韓國臨時政府方面隆情摯誼感佩殊深. 邇自盟軍勝利業已在望一簣之功必須共赴. 學奎關懷祖國未敢後人, 同仇敵愾尤具決心爰來邊區協力抗戰發動韓胞瓦解敵軍. 吾韓人士聞悉吾臨時政府在渝備受貴國協助情形. 空前由日寇陣地逃出已達數百人, 且均係大學生文化水準較高抗戰意志彌堅. 復荷湯副長官予以收容設班訓練俾得增進革命技術振奮革命精神益切欣感. 諸公高瞻遠籌鴻謨盡籌夙所欽仰, 尚懇於大會重提前案促其實現. 現則豈特吾韓人士拜惠良多而東亞和平亦同深利. 賴際玆大會開幕之期肅電致敬藉申微悃, 并祝大會成功諸公健康. 蘇豫皖邊區幹訓團附設韓國光復軍訓練班主任金學奎率全學員同叩. 申邊皖臨職陳大慶. 申齊秘轉印.

041. [卷名] 何應欽電胡宗南除李靑天趙德樹前往徹查訓導韓國光復軍第二支隊反對支隊長李範奭事件並將情況詳報

[入藏登錄號] 002-090103-00010-030

[發　信] 軍事委員會辦公廳機要室

[受　信] 胡宗南

[時　間] 1944年 1月 12日

[番　號] 子文渝辦一參字第001號

[內　容]

西安第八戰區胡副長官. 密. 韓國光復軍第二支隊隊員以反對支隊長李

範竟有騷動情事. 除派該軍李總司令趙參謀長前往徹查訓導外, 希查明眞相設法制止, 并將現時情況電復爲盼. 何應欽.

042. [卷名] 何應欽電蔣中正請即頒發戰俘及韓籍投誠官兵優待標準及辦法以俾遵循

[入藏登錄號] 002-090103-00010-031

[發　信] 何應欽

[受　信] 蔣介石

[時　間] 1945年 6月 6日

[番　號]

[內　容]

重慶委員長蔣. 密. 據王司令官辰儉來理夙電稱, 據各部報稱近來戰俘及韓籍投誠官兵日增, 同時物價高漲不已. 對於戰俘及韓籍投誠官兵之優待向無部頒標準爲有依據, 懇卽頒發優待辦法及標準俾資遵循等情. 查所報屬實, 懇卽分別頒發優待標準及辦法俾資遵循等情謹電核示. 昆職何應欽. 巳魚恒叩.

043. [卷名] 顧祝同電蔣中正已將本部投誠韓人朱勝裕等十人交付韓國光復軍第一支隊第二區隊感訓

[入藏登錄號] 002-090103-00010-032

[發　信] 顧祝同

[受　信] 蔣介石

[時　間] 1945年 5月 11日

[番　號] 來電13213號

[內　容]

重慶委員長蔣. 卯江渝辦一參電奉悉. 密. 查本部臨時俘虜收容所現有投誠韓人朱勝裕等十人徑以事俘辰虞電請示在案. 奉電前因除將該朱勝裕等遵交韓光復軍第一支隊第一區隊感訓外謹電核備. 職顧祝同. 辰眞事俘叩.

044. [卷名] 王陵基電蔣中正已將七二軍送來七名韓籍敵兵經審訊後交付新十五師四五團按原級補用酌施訓練以備戰時

[入藏登錄號] 002-090103-00010-033

[發　信] 王陵基

[受　信] 蔣介石

[時　間] 1945年 7月 6日

[番　號] 午江巳18702號

[內　容]

急渝委員長蔣. 密. 據72軍送來投誠朝鮮籍敵兵盧在變崔德奎〇〇〇李正熙韓長植徐智錫洪八鎬等7名經審訊, 據供均皆被迫爲敵寇充兵, 因不堪受敵壓迫秘密過來及願加入中國軍隊共同消滅倭寇等語. 查所供尙屬實情, 除許交新15師45團按原級付用酌施訓練並子優待, 以備戰時付以工作外謹電核備. 職王陵基. 抵午巳江剴.

045. [卷名] 李品仙電蔣中正韓國光復軍金昌國金學奎兩部互不合作應准何部在本戰區活動及由漢口投誠韓籍敵兵應交何部

[入藏登錄號] 002-090103-00010-034

[發　信] 李品仙

[受　信] 蔣介石

[時　間] 1945年 7月 6日

[番　號] 巳陷18718號

渝委員長蔣. 密. (一)茲有韓籍敵兵鄭鍾實李熙贊崔鍾植鄭文弼徐相哲安繼永李景雲李榮秀崔文太李丙步梁相益韓仁鎬等12名由漢口經匪區投誠到鄒, 經訊確係被敵壓迫相率投誠, 並無其他懷疑交韓光復軍收發. (二)韓光復軍派在本戰區工作有第一支隊獨立區隊長金昌國及第三支隊長金學奎等兩部. 前者屬民族革命黨, 後者屬獨立黨, 彼此並不合作且有互相攻詰模樣. 茲後收容韓籍投誠敵兵及韓俘應交何部收發, 並應否准許該兩部共同或准許何部在本部戰區活動. 上二項謹電呈核示遵. 職李品仙職謀. 巳陷二印.

046. [卷名] 劉茂恩電蔣中正報告韓俘金義成及日俘板本鳩石九審訊供詞

[入藏登錄號] 002-090103-00010-035

[發　信] 劉茂恩

[受　信] 蔣介石

[時　間] 1945年 7月 7日

[番　號] 午冬總謀濤18788號

[內　容]

渝委員長. 密. 據第一區王專員巳儉電轉據鄭縣崔縣長報稱, (一)已交有韓籍金義成一名向轄區前來經俘獲, 供稱華北大學政治經濟系肄業年23歲, 去年曾任鄭州敵軍政府飜譯官五個月, 現擬赴重慶韓國政府作復國運動. (二)巳皓我團隊在仁愛鄉俘日兵板本鳩石九一名, 供稱係平漢路司機可修汽車及機件等語, 押解至署覆訊無異於感酉派員解禹縣縣府等情. 除飭沿途慎子遞解來部轉解外謹電奉陳. 職劉茂恩. 午冬總謀濤印.

047. [卷名] 薛岳電蔣中正韓兵向本區投誠者120名已妥為優待並編組為
韓國光復軍第一支隊第三區隊且訓練對敵工作

[入藏登錄號] 002-090103-00010-036

[發　信] 薛岳

[受　信] 蔣介石

[時　間] 1945年 7月 9日

[番　號] 午佳19161號

[內　容]

渝委員長蔣. 午支會辦參一電奉悉. 密. 韓兵陸續向本戰區投誠者120名，已妥爲優待並已遵令編組爲韓國光復軍第一支隊第三區隊，並在訓練對敵工作. 薛岳. 午佳明印.

048. [卷名] 顧祝同電蔣中正七二軍送來七名韓籍戰俘皆已審訊完畢轉
　　　交新十五師四五團按原級補發給予優待以便戰時賦予工作

[入藏登錄號] 002-090103-00010-037

[發　信] 顧祝同

[受　信] 蔣介石

[時　間] 1945年 7月 10日

[番　號] 午灰19336號

[內　容]

重慶委員長蔣. 密. 稱卅集團軍王總司令午微電稱，據72軍送來投誠韓俘盧在變崔德奎○○○李正熙韓長植徐智錫洪八鎬等7名. 據供稱均係被迫爲敵寇充兵因不堪受敵壓迫秘密來附願加入中國軍隊共同消滅倭寇等語. 查所供屬實，除交新15師45團按原級補缺並予優待以備戰時付以工作外謹電呈核等情謹電核示. 職顧祝同. 午灰沉韓印.

049. [卷名] 顧祝同電蔣中正俘虜韓籍軍民可否撥交韓國光復軍集中受訓

[入藏登錄號] 002-090103-00010-038

[發　信] 顧祝同

[受　信] 蔣介石

[時　間] 1945年 7月 11日

[番　號] 午眞19327號

[內　容]

即到渝委員長蔣. 辰艷事連電計呈. 密. 俘虜韓籍軍民可否撥交韓國光復軍集中受訓, 謹電請核示祗遵. 職顧祝同. 午眞俘印.

050. [卷名] 顧祝同電蔣中正已依指示將五名投誠韓人撥交韓國光復軍
　　　　第一支隊第二區隊負責感訓且令該區隊將情形具報

[入藏登錄號] 002-090103-00010-039

[發　信] 顧祝同

[受　信] 蔣介石

[時　間] 1945年 7月 14日

[番　號] 午寒19690號

[內　容]

重慶委員長蔣. 密. 查本部現有投誠韓人金映男金鳳玉崔龍德丁炳嶂歐在榮等五名, 已遵鈞會卯江渝辦一參電轉交韓國光復軍第一支隊第二區隊負責感訓. 除飭該區隊將感訓及運用情形具報外謹電核備. 職顧祝同. 午寒參二俘印.

051. [卷名] 顧祝同電蔣中正本部韓籍俘虜李炳淳及投誠韓人許璋黃宗順
　　　　已依指示撥交韓國光復軍第一支隊第二區隊負責感訓

[入藏登錄號] 002-090103-00010-040

[發　信] 顧祝同

［受　信］蔣介石

［時　間］1945年 8月 27日

［番　號］未感24453號

［內　容］

渝委員長蔣. 密. 查本部現有韓籍俘虜李炳淳一名及投誠韓人許璋黃宗順等二名. 已遵鈞會巳佳卯江兩渝辦一參電轉交韓國光復軍第一支隊第二區隊負責感訓. 除飭將感訓情形具報外謹電備核. 職顧祝同. 未感着伊印.

052. **［卷名］胡宗南電蔣中正崔東一在北平密組韓團團員分佈平津現集中北平游擊員五百餘人即由韓國光復軍派員指導處理當否**

［入藏登錄號］002-090103-00010-041

［發　信］胡宗南

［受　信］軍事委員會辦公廳機要室

［時　間］1945年 9月 20日

［番　號］申號臻仁

［內　容］

急. 重慶委員長蔣. 密. 據報戰幹團韓靑班畢業生崔東一在平密組韓團, 崔爲團長有團員千餘人分布平津等地工作年餘, 現集中平市游擊員五百餘人卽派員指導等情. 除由韓光復軍派員指導處理當否乞示. 職胡宗南. 申號臻仁川鄭陝敬轉印.

053. **［卷名］胡宗南電蔣中正應如何處理新鄉開封韓僑組織韓僑會**

［入藏登錄號］002-090103-00010-042

［發　信］胡宗南

［受　信］軍事委員會辦公廳機要室

[時　　間] 1945年 9月 23日

[番　　號] 申號臻仁廷

[內　　容]

急. 重慶委員長蔣. 密. 據豫北特派員牛平章轉據新鄉韓僑代表李正賢呈稱, 查現住新鄉韓僑共約千五百名, 自來卽被日人集合與彼等同住. 韓僑以韓國已經獨立再不願受彼等保護, 故與開封韓僑組織新汴韓僑會以資保障, 並請轉新鄉有關機關爲禱等情. 查該組織有關國際未敢擅專究, 應如何處理請卽當示. 職胡宗南. 申皓臻仁廷印.

054. [卷名] 胡宗南電蔣中正銑電奉悉韓國光復軍未向職部借領旅費

[入藏登錄號] 002-090103-00010-043

[發　　信] 胡宗南

[受　　信] 蔣介石

[時　　間] 1945年 9月 23日

[番　　號] 申梗27628號

[內　　容]

重慶委員長蔣. 申銑參一電奉悉. 密. 查韓國光復軍未向職部借領旅費謹復. 職胡宗南. 申梗羚印.

055. [卷名] 何應欽電蔣中正孫連仲可否准派政訓組李泰鉉張敏隨同韓國光復軍前往平津調查華北韓僑分佈情形

[入藏登錄號] 002-090103-00010-044

[發　　信] 何應欽

[受　　信] 蔣介石

[時　　間] 1945年 9月 27日

［番　號］申感28032號

［內　容］

重慶委員長蔣. 據孫長官連仲申文參六陝電稱, 據韓國光復軍第二支隊長李範奭申眞電稱, 本隊奉敝國臨時政府令, 調查華北各地韓僑分布情形及生活狀況俾資呈報救濟, 擬派政訓組員李泰鉉張敏二員隨同貴部前往平津一帶工作等情. 可否遵其所請祈電示遵等情, 除復准外謹聞示. 何應欽. 申感情性勳印.

056. ［卷名］顧祝同電蔣中正請飭韓國臨時政府明定本戰區及東南光復軍與韓僑團體合法代表及是否准金文慈部活動

［入藏登錄號］002-090103-00010-045

［發　信］顧祝同

［受　信］軍事委員會辦公廳機要室

［時　間］1945年 10月 22日

［番　號］酉養戰際字第31072號

［內　容］

卽刻到. 渝委員長蔣. 頃奉鈞會酉佳辦參一電, 禁止無案之光復軍及韓僑團體活動等. 因查本戰區除光復軍第一支隊第二區隊李蘇民部, 向鈞會有案並歷年與本部保持不斷之連繫外, 另有自稱光復軍第三支隊第一區隊第一分隊金文慈部, 係最近由韓國臨時政府追認者, 渠與李蘇民又互不隸屬. 請飭韓國臨時政府明定本戰區及東南光復軍與韓僑團體之合法代表機構負責人統一事權. 又金文慈部是否亦准活動乞卽示遵. 職顧祝同. 酉養戰際印.

057. ［卷名］何應欽電蔣中正請示是否准韓國青年團重整團務編組義勇

隊等公開活動以便辦理

[入藏登錄號] 002-090103-00010-046

[發　信] 何應欽

[受　信] 蔣介石

[時　間] 1945年 10月 1日

[番　號] 來電26344號

[內　容]

　　重慶委員長蔣. 據湯總司令官申哿電稱. 密. 韓國青年團金團長呈稱, 該團於五年前奉該國在華之臨時政府密令在滬地下活動. 茲因日寇降服該團重光擇定外灘215號房屋爲辦公地點, 重整團務辦理僑胞登記, 團員組編義勇總隊, 授以軍事訓練以資團用. 除科組織章程工作經過暨爾後工作方針呈報該團在渝政府備案, 並與光復軍駐滬辦事處切取聯絡外謹請示遵等情. 是否獲子公開活動之處, 謹呈請示以便處理等情. 查南京亦有同樣情形, 除飭暫不准公開活動另候指示外謹電請示方針. 京職何應欽. 申艷情佳勳印.

058. [卷名] 何應欽電蔣中正是否予以承認韓國臨時政府選派成立之駐華代表團

[入藏登錄號] 002-090103-00010-047

[發　信] 何應欽

[受　信] 蔣介石

[時　間] 1945年 12月 11日

[番　號] 亥佳37303號

[內　容]

　　渝委員長蔣. 准韓國臨時政府主席金九戌東函開. 密. 敬啓者, 敝臨時政府諸同仁已定期返國, 嗣後關於僑民善後及與貴國洽商事宜特組駐華代表團辦理, 選派濮純同志爲團長李靑天閔石麟等同志爲代表. 茲該團已於11月1日正式成立, 相應函請查調惠子協同等由. 是否應子承認謹電核示. 京何應欽. 亥佳性凱印.

059. [卷名] 錢大鈞電蔣中正請核示韓國光復軍駐滬辦事處及其暫編駐滬支隊番號案

[入藏登錄號] 002-090103-00010-048

[發　信] 錢大鈞

[受　信] 軍事委員會辦公廳機要室

[時　間] 1945年 12月 1日

[番　號] 亥東36178號

[內　容]

即刻到渝委員長蔣. 據韓國光復軍總部公函略開. 密. 本部前所商請軍委會程代總長面許先在上海設一辦事處, 派金學奎少將爲該處主任, 收容滬區韓國投效靑年和韓國光復軍暫編駐滬支隊, 番號俟軍委會編軍辦法確定後再行改編等由. 查韓國光復軍駐滬辦事處及其暫編駐滬支隊是否經呈准備案, 本部未奉明令謹核示爲禱. 職錢大鈞. 亥東參一印.

060. [卷名] 湯恩伯電蔣中正請示關於處理日僑戰俘中韓籍士兵及韓僑集中辦法

[入藏登錄號] 002-090103-00010-049

[發　信] 湯恩伯

[受　信] 軍事委員會辦公廳機要室

[時　間] 1945年 11月 27日

[番　號] 戌有35666號

爲韓國光復軍第五支隊第三區隊(下轄三分隊, 每分隊隊員二十員)暫由該
戰區指揮, 工作似告一段落時再行歸還建制. 除電光復軍知照外, 希卽愼
重選撥適當人員派充區隊長具報. 中正. 寒渝辦一參印.

068. [卷名] 蔣中正電臨泉指揮所何柱國查明詳報韓國光復軍在阜陽附近現有新招募隊員百名是否屬實

[入藏登錄號] 002-090103-00010-057

[發　信] 蔣介石

[受　信] 何柱國

[時　間] 1945年

[番　號] 會電A2102號

[內　容]

臨泉指揮所何主任. 密. 據韓國光復軍呈報, 阜陽附近現有新招隊員約
120名等語. 是否屬實希速詳細查報. 中正. 渝辦一參印.

069. [卷名] 蔣中正電顧祝同韓人朱勝裕等十名撥交光復軍准予備案

[入藏登錄號] 002-090103-00010-058

[發　信] 蔣介石

[受　信] 顧祝同

[時　間] 1945年 5月 16日

[番　號] 會電A2292號

[內　容]

鉛山顧長官. 密. 辰眞事佇電悉. 韓人朱勝裕等十名撥光復軍各節准予
備案. 中正. 辰渝辦一參印.

070. **[卷名] 蔣中正電薛岳希即辦理瀏陽湘陰韓人暫編韓國光復軍第一支隊第三區隊指揮訓練待本會偽軍編訓辦法定妥後再行更動**

[入藏登錄號] 002-090103-00010-059

[發　信] 蔣介石

[受　信] 薛岳

[時　間] 1945年 6月 4日

[番　號] 會電A2747號

[內　容]

汝城第九戰區薛長官. 密. 轉據99軍梁軍長卯馬電，以瀏陽湘陰縣附近收容朝鮮人四十餘名，擬編隊訓練隨軍工作等情，希卽遵照卯寒渝辦一參電飭. 瀏陽等縣韓人暫編入韓國光復軍第一支隊第三區隊，由該戰區就近指揮運用，俟本會對來歸偽軍編訓運用辦法訂妥頒布後，再行令飭依照該項辦法辦理特電遵照. 中正. 巳支渝辦一參印.

071. **[卷名] 蔣中正電顧祝同在本會未定辦法前准將查無諜奸嫌疑韓籍敵軍撥交韓國光復軍管訓**

[入藏登錄號] 002-090103-00010-060

[發　信] 蔣介石

[受　信] 顧祝同

[時　間] 1945年 6月 9日

[番　號] 會電A2806號

[內　容]

鉛山顧兼長官. 密. 辰艷事連電悉. 卽有戰俘韓籍敵軍官兵及技術人員在本會未訂其他辦法以前，照查確無諜奸嫌疑准撥交韓國光復軍受訓特電. 中正. 巳佳渝辦一參印.

072. [卷名] 蔣中正電何應欽除戰俘優待標準另由軍政部電知外投誠韓人暫照軍政部訂發給戰俘標準辦理優待其膳食等費

[入藏登錄號] 002-090103-00010-061

[發　信] 蔣介石

[受　信] 何應欽

[時　間] 1945年 6月 17日

[番　號] 會電A2889號

[內　容]

昆明何兼總司令. 密. 巳魚恒電悉. 除戰俘優待標準另由軍政部電知外, 投誠韓人應照本會丑儉渝辦一參電妥子優待. 其膳食等費暫照軍政部所訂發給戰俘標準辦理(主食米與國軍士兵同, 副食費每月二千元)特復. 中正. 巳篠渝辦一參印.

073. [卷名] 蔣中正電胡宗南祝紹周李品仙何柱國准韓國臨時政府成立西安阜陽訓練班除分電外希即子以協助

[入藏登錄號] 002-090103-00010-062

[發　信] 蔣介石

[受　信] 胡宗南 等

[時　間] 1945年 6月 30日

[番　號] 會電A3191-3194號

[內　容]

西安胡代長官 · 西安祝主席 · 立煌李長官 · 臨泉指揮所何主任(何總司令). 密. 據韓國臨時政府主席金九5月28日函請, 准在西安 · 阜陽兩地成立訓練班, 並電西安 · 阜陽軍政當局隨時協助等請. 業經准為所請, 除分電外希即子以協助為要. 中正. 巳(卅)渝辦一參印.

074. [卷名] 蔣中正電李品仙希即予以協助指導留駐阜陽韓國光復軍第
三支隊招募工作

[入藏登錄號] 002-090103-00010-063

[發　信] 蔣介石

[受　信] 李品仙

[時　間] 1945年 6月 30日

[番　號] 會電A3196號

[內　容]

立煌第十戰區李長官. 密. 據韓國光復軍李總司令代電報稱, 原駐阜陽
之該軍第三支隊移駐立煌, 僅需少數員兵駐阜陽繼續招募工作, 懇飾十戰
區長官部於俟支隊到達時隨時予以協助指導等情. 除復照准辦外, 希卽予
以協助指導爲望. 中正. 巳卅會辦參一印.

075. [卷名] 蔣中正電顧祝同韓籍俘虜一案在本會未定辦法前如查無諜
奸嫌疑准撥交韓國光復軍管訓

[入藏登錄號] 002-090103-00010-064

[發　信] 蔣介石

[受　信] 顧祝同

[時　間] 1945年 7月 21日

[番　號] 會電A3477號

[內　容]

鉛山顧長官. 密. 午眞俘電悉. 查韓籍俘虜及技術人員可否撥交韓國光
復軍一案, 前徑以巳佳渝辦一參電飾在本會未訂其他辦法以前, 照查確無
諜奸嫌疑時撥交該軍准撥在案. 俘虜韓籍軍民仍希參照前電辦理爲望. 中
正. 午(養)辦三一印.

076. [卷名] 蔣中正電李品仙除收容撥交韓國光復軍充任隊員的韓籍來歸青年其領發糧服報銷辦法另令飭知外關於該軍經費向由韓國臨時政府統籌領發不必由戰區撥給

[入藏登錄號] 002-090103-00010-065

[發　信] 蔣介石

[受　信] 李品仙

[時　間] 1945年 7月 22日

[番　號] 會電A3478號

[內　容]

立煌李長官. 密. 徑辰東電悉. 除收容撥交韓國光復軍充任隊員之韓籍來歸青年，其領發糧服報銷辦法另會飭知照外，關於該軍經費向由韓國臨時政府統籌領發，不必由戰區撥給希卽知照. 中正. 午馬辦參一印.

077. [卷名] 蔣中正電李品仙此後可依投誠韓兵志願分別撥交至韓國光復軍第三支隊或第一支隊而各支隊活動範圍可暫不予限制

[入藏登錄號] 002-090103-00010-066

[發　信] 蔣介石

[受　信] 李品仙

[時　間] 1945年 7月 28日

[番　號] 會電A3594號

[內　容]

立煌李長官. 密. 謀巳陷二電悉. 卽報投誠韓兵撥交韓國光復軍一節准予備案. 此後該戰區投誠韓兵可依投誠人志願分別撥第三支隊或第一支隊，至各支隊活動範圍可暫不予限制特復. 中正. 午儉辦參一印.

078. **[卷名] 蔣中正電李品仙希查照辦理由立煌六安該戰區就近撥借韓
國光復軍金昌國部招募青年所需糧服及生活費將來再由光復軍歸
還**

[入藏登錄號] 002-090103-00010-067

[發　信] 蔣介石

[受　信] 李品仙

[時　間] 1945年 8月 1日

[番　號] 會電A3658號

[內　容]

　立煌李長官. 密. 據韓國臨時政府代表金若山等與齊電略, 以韓國光復
軍第一支隊第一區隊金昌國部已在立煌六安招募來歸青年51名, 請飭就近
撥發糧服及生活費等語. 該金昌國部收容之來歸人員糧服及生活費, 准先
該戰區就近撥借, 將來由韓國臨時政府電飭光復軍歸還, 除復並電軍政部
知照外, 希查照辦理具報. 中正. 未冬辦三一印.

079. **[卷名] 蔣中正電顧祝同豔電悉撥交韓國光復軍第一支隊管訓韓俘
鄭斗星等九名准予備案**

[入藏登錄號] 002-090103-00010-068

[發　信] 蔣介石

[受　信] 顧祝同

[時　間] 1945年 8月 7日

[番　號] 會電A3721號

[內　容]

　鉛山顧長官. 密. 午豔沉電悉. 韓俘鄭斗星等9名撥交韓國光復軍第一支
隊管訓一節, 准子備案. 中正. 未陽辦三一印.

080. [卷名] 蔣中正電胡宗南劉峙李品仙顧祝同薛岳希即報備韓國光復軍受訓人員赴成都尚未歸還的旅費以列入對韓借款

[入藏登錄號] 002-090103-00010-069

[發　信] 軍事委員會

[受　信] 胡宗南 等

[時　間] 1945年 9月 16日

[番　號] 會電A3630-3634號

[內　容]

第一戰區胡長官‧第五戰區劉長官‧第十戰區李長官‧第三戰區顧長官‧第九戰區薛長官. 密. 查韓國光復軍在蓉成立幹訓班一案，前徑電知就近撥發各支隊赴蓉受訓人員旅費在案. 茲以該軍成都幹訓班已予停辦，各該戰區即墊旅費該軍尚未歸還，希即報會以便列入對韓借款項內爲要. 軍事委員會. 申銑組參一印.

081. [卷名] 軍委會電何應欽希即予以協助韓國光復軍赴寧滬一行

[入藏登錄號] 002-090103-00010-070

[發　信] 軍事委員會

[受　信] 何應欽

[時　間] 1945年 10月 6日

[番　號] 會電A4999號

[內　容]

南京何兼總司令. 密. 據韓國光復軍李總司令呈，爲展開工作擬赴寧滬一行等語. 除復准並派本會派駐韓光復軍連絡員王繼賢陪同前往外，希予協助爲要. 軍事委員會. 酉艷辦三一印.

082. [卷名] 軍委會電何應欽凡未報經我政府核准有案均禁止任何韓僑團體及光復軍在各地活動以保我主權及應禁止韓國青年團在滬活動

[入藏登錄號] 002-090103-00010-071

[發　信] 軍事委員會

[受　信] 何應欽

[時　間] 1945年 10月 9日

[番　號] 會電A5060號

[內　容]

南京何兼總司令. 密. 申艷情性勳電悉. 查韓僑團體及光復軍每不服經我政府核准擅在各地任意活動，殊無尊重我國主權之道. 除已函知韓國臨時政府金九主席及光復軍李總司令，凡未報經我國核准有案的任何韓僑團體及光復軍，均禁止在各地活動，以保主權以而防流弊外. 查韓國青年團在滬活動未經我國政府有案，希飭暫停止活動特復. 軍事委員會. 酉佳辦三一印.

083. [卷名] 軍委會電胡宗南已函知韓臨時政府禁止韓僑團體及光復軍在各地活動以保我主權及應停止崔東一及新鄉韓僑會活動以防奸乘機活動

[入藏登錄號] 002-090103-00010-072

[發　信] 軍事委員會

[受　信] 胡宗南

[時　間] 1945年 10月 9日

[番　號] 會電A5061號

[內　容]

西安胡長官. 密. 申號靖仁廷申號靖仁川兩電均悉. 查韓僑團體及光復軍每不服經我政府核准擅在各地任意活動, 殊無尊重我國主權之道, 除已函知韓國臨時政府金九主席及光復軍李總司令, 凡未報經我國核准有案的任何韓僑團體及光復軍均禁止在各地活動, 以保主權以而防流弊外. 查崔東一在平密組韓僑一節, 未經報我政府有案應飭暫行停止活動. 至新鄉韓僑成立韓僑會一節, 應飭信援以防奸乘機活動, 惟對各地韓僑可飭屬安爲保護特復. 軍事委員會. 酉佳辦三一印.

084. [卷名] 軍委會電何應欽希即轉知有關戰區參謀處理上海外灘韓人地下活動及新鄉韓僑會問題

[入藏登錄號] 002-090103-00010-073

[發　信] 軍事委員會

[受　信] 何應欽

[時　間] 1945年 10月 24日

[番　號] 去電A5335號

[內　容]

南京中國陸軍總部何兼總司令. 密. 酉佳辦參一電計達. 據韓國臨時政府金九主席刪函節稱, 滬外灘地下活動及新鄉組織韓僑會等問題, 本政府之前並未知情. 惟平津一帶則本政府於密令派趙城山等同志招練韓籍士兵, 並組織韓國人會等地下活動. 自暴日投降中央大員蒞平, 該趙城山同志即首先謁見行營王參謀長呂指揮所主任天津警察局李局長, 分別報告工作經過, 當蒙慨允贊助在案. 至崔某等在平津之與韓團申一龍等之韓僑指導委員會, 俱早與陝北聯絡, 由某路軍背後操縱積極進行擴編工作, 將來隱憂不堪設想等語. 希知轉知有關戰區參考處理. 軍事委員會. 酉迴參一印.

085. [卷名] 軍委會電薛岳文電已悉除電韓國臨時政府代表轉飭九江韓國光復軍江南獨立支隊暫停活動外希即制止其活動為要

[入藏登錄號] 002-090103-00010-074

[發　信] 軍事委員會

[受　信] 薛岳

[時　間] 1945年 10月 24日

[番　號] 會電A5337號

[內　容]

　　第九戰區薛長官. 密. 酉文培電悉. 除電韓國臨時政府代表轉飭九江韓國光復軍江南獨立支隊暫停活動外, 希卽制止其活動爲要. 軍事委員會. 酉迴辦三一印.

086. [卷名] 軍委會電何應欽准韓國光復軍於日本投降後派員於收復區內保障韓僑生命財產及灌輸正確政治意識希即轉飭有關戰區知照

[入藏登錄號] 002-090103-00010-075

[發　信] 軍事委員會

[受　信] 何應欽

[時　間] 1945年 10月 25日

[番　號] 去電A5372號

[內　容]

　　南京中國陸軍總部何兼總司令. 密. 據韓國臨時政府代表金若山李靑天西皓代電節稱, 據韓國光復軍第二支隊長李範奭十月四日呈報, 自日寇投降後本支隊爲謀敵後方韓僑生命財產之安全與保障, 及灌輸收復區內一般韓僑正確政治意識起見, 經派隊員朴益得張在敏二員, 赴豫東方面工作. 又派副官主任徐崑赴洛陽與河北省各地韓人團體及個人謀取聯絡, 並派隊員吳政雄(原充十一戰區參謀)赴北平組織宣戰，請准備查等語．應准備查，希卽轉飭有關戰區知照．軍事委員會．酉有辦參一印．

087. [卷名] 軍委會電胡宗南希卽查明具報李範奭所稱在洛陽接收韓籍青年及編組案是否屬實

[入藏登錄號] 002-090103-00010-076

[發　信] 軍事委員會

[受　信] 胡宗南

[時　間] 1945年 10月 26日

[番　號] 會電A5373號

[內　容]

第一戰區胡長官．密．據韓國臨時政府代表金若山李靑天酉皓代電節稱，據韓國光復軍第二支隊長李範奭十月四日報告，曾于32年派分隊長張利浩與中國別動隊作敵後諜報工作，在石家莊新鄉洛陽等地活動．日寇投降後經與第一戰區洛陽先遣指揮所主任裴副長官接洽，將接收敵軍中韓籍靑年40名編組爲本支隊獨立分隊，請准備查等語．查所稱在洛陽接收韓籍靑年及編組各節是否屬實，希查明具報．軍事委員會．酉宥辦三一印．

088. [卷名] 顧祝同電蔣中正已飭韓國光復軍辦理收容來歸韓籍靑年而應否將韓籍戰俘一併撥交其集中訓練給予適當工作

[入藏登錄號] 002-090103-00010-077

[發　信] 顧祝同

[受　信] 蔣介石

[時　間] 1945年 5月 30日

[番　號] 來電15147號

〔內　容〕

渝委員長蔣. 密. 查來歸韓國靑年應由戰區協同韓光復軍負責收容, 經奉鈞座卯江渝辦一參電飾. 據該軍駐本戰區第一支隊第二區隊呈, 其官兵人數訓練計劃幷發給糧餉各在案. 惟將韓籍敵軍官兵及其技術人員, 應否一倂撥交韓光復軍集中訓練, 經予適當工作謹電核示.

089. 〔卷名〕 蔣中正電何應欽李宗仁准韓國臨時政府派崔用德爲其駐平辦事處長且希卽予以協助指導

〔入藏登錄號〕 002-090103-00010-078

〔發　信〕 蔣介石

〔受　信〕 何應欽 等

〔時　間〕 1945年 10月 25日

〔番　號〕 會電A5374-5375號

〔內　容〕

南京駐軍總部何兼總司令北平行營李主任. 密. 據韓國臨時政府代表金若山李靑天酉則代電, 爲擬派崔用德爲韓國光復軍駐北平辦事處處長, 剋日赴平視事懇電當地有關各方隨時予以協助, 並請指導等情. 除復准並電北平行營李主任何兼總司令外, 希卽飾屬予以協助指導, 並予便利爲要. 中正. 酉有參一印.

090. 〔卷名〕 軍委會電劉峙除已電令軍政部轉帳將韓國光復軍停辦幹訓班原各戰區墊借該軍隊員前往成都旅費列入對韓借款

〔入藏登錄號〕 002-090103-00010-079

〔發　信〕 軍事委員會

〔受　信〕 劉峙

[時　間] 1945年 11月 1日

[番　號] 會電A5508號

[內　容]

　白河第五戰區劉長官. 密. 酉歌徑審電悉. 查韓國光復軍幹訓班已准予停辦, 所有各戰區墊借該軍隊員赴蓉旅費, 前經規定胥由軍政部彙列入對韓借款帳內. 該戰區墊借旅費47萬元, 除已電令軍政部轉帳外特復知照. 軍事委員會. 戌東辦三一印.

091. [卷名] 軍委會電錢大鈞希即查明並具報李蘇民來滬籌措經費其中無不法情事則可予釋放

[入藏登錄號] 002-090103-00010-080

[發　信] 軍事委員會

[受　信] 錢大鈞

[時　間] 1945年 11月 1日

[番　號] 去電A5509號

[內　容]

　上海淞滬警備總司令部錢總司令. 密. 據韓國臨時政府代表金若山等代電稱, 韓國光復軍第一支隊第一區隊長李蘇民, 因由三戰區來滬籌措經費被淞滬警備部拘押, 懇轉令釋放俾利工作等. 經希即查明該員如無他嫌疑及不法情事可予釋放, 並具報爲要. 軍事委員會. 戌東辦參一印.

092. [卷名] 蔣中正電錢大鈞可囑市黨部出面招待金九來滬事宜如其在滬關於韓僑如安重根之子等反動份子可協助其處置

[入藏登錄號] 002-090103-00010-081

[發　信] 軍事委員會

［受　信］錢大鈞

［時　間］1945年 11月 4日

［番　號］去電1365號

［內　容］

　上海錢市長. 密. 韓國政府金九主席等到滬, 可囑市黨部出面誠意招待, 但不必形式化. 如其在滬有關於韓僑如安重根之子等反動分子, 可協助其處置也. 中正. 戌支亥府機印.

093. ［卷名］ 蔣中正電魏道明請速與美國政府切商扶助朝鮮組織政府的政策

［入藏登錄號］ 002-090103-00010-082

［發　信］ 蔣介石

［受　信］ 魏道明

［時　間］ 1945年 9月 24日

［番　號］ 去電575號

［內　容］

　華盛頓魏大使. 美國對朝鮮之政策究竟如何請杜總統明示方針. 我政府仍照與羅故總統所商定步驟, 首先由四國共同扶助朝鮮人組織訓政政府而後子以完全獨立也. 惟組織訓政政府不如以其在重慶之原有政府爲基礎而子以擴充爲妥. 否則另立新政府除爲共產黨所把持外, 恐無其他善後之道也. 此事重要望速與美政府切商詳告. 中正. 申敬.

094. ［卷名］ 蔣中正電何應欽希即轉飭各收復區如在華韓僑無罪犯行為應與韓臨時政府派往各地的韓僑宣撫團商洽辦理韓僑問題

［入藏登錄號］ 002-090103-00010-084

[發　信] 蔣介石

[受　信] 何應欽

[時　間] 1945年 11月 8日

[番　號] 去電A5733號

[內　容]

何兼總司令. 密. 據韓國臨時政府金九先生十月十九日函稱, 關於在中國韓僑問題, 對兩民族前途關係甚深, 請賜令各收復區當局, 對處理韓僑案件就近與敝臨時政府所派往各地之韓僑宣撫團商洽辦理等情. 希卽轉飭各收復區, 如韓僑無罪犯行爲, 應與各該地韓僑宣撫團商洽辦理. 中正. 戌庚府軍義.

095. [卷名] 蔣中正電湯恩伯梗電已悉對處理韓僑不可與日俘同等待遇且可向何應欽請示

[入藏登錄號] 002-090103-00010-085

[發　信] 蔣介石

[受　信] 湯恩伯

[時　間] 1945年 12月 1日

[番　號] 去電A6036號

[內　容]

湯司令官. 密. 戌梗電悉. 對韓僑不可與日俘同等待遇. 至韓僑之處理事宜, 卽向何總司令請示可也. 中正. 戌陷府軍義.

096. [卷名] 何應欽電蔣中正正與美方商辦遣送韓僑可攜帶款項及行李磅數並已通令內地運送時不可加以限制

[入藏登錄號] 002-090103-00010-086

［發　信］何應欽

［受　信］蔣介石

［時　間］1946年 4月 8日

［番　號］來電9729號

［內　容］

渝委員長蔣. 密. 查關于韓人遣送時准許携帶之物品, 前經規定與日俘僑相同. 兹准美方通知, 韓人回國時可准携帶行李二五零磅等語, 經已通令遵照. 至携帶款項, 似亦應子以放寬. 除海港上船時准許携帶若干, 正與美方洽商, 并已通令內地運送時可不加限制外謹電察核. 京職何應欽. 卯齊未愼凱印.

097. ［卷名］ 南韓臨時立法會議主席金弘一電蔣中正表示景仰鈞座為統一中國奮鬥精神的努力與南韓獨立奮鬥互勉

［入藏登錄號］002-090103-00010-087

［發　信］金弘一

［受　信］蔣介石

［時　間］1946年 12月 12日

［番　號］

［內　容］

當此南韓臨時立法會議成立之時, 余謹向閣下表達余本人及全體韓國人民之景仰與感謝. 閣下不眠不休爲中國統一而奮鬥, 實爲我人之光明燈塔. 閣下在歷史上已爲自古至今使中國復爲世界强國之象徵. 韓國在爲統一與完全獨立之奮鬥中, 當要望閣下賜子新的勇氣及鼓勵. 南韓臨時立法會議主席金逸署(金弘一).

098. [卷名] 韓國基督教徒電蔣中正百萬教徒舉行祈禱獨立大會並通過感謝盟國使彼等自日本帝國主義脫離等三項決議

[入藏登錄號] 002-090103-00010-090

[發　信] 韓景職 等

[受　信] 蔣介石

[時　間] 1947年 2月 2日

[番　號] 來電A1306號

[內　容]

一百萬韓國基督教徒於一九四七年二月二日舉行祈禱獨立大會. 我等矢誓泣禱, 並通過下列決議. 1.韓國基督教徒同心感謝盟國使彼等自日本帝國主義重獲自由. 2.我等基督教徒要求依照國際諾言韓國立卽完全獨立. 3.吾人絕對反對三巨頭在莫斯科託管韓國之決定, 因此爲阻礙韓國完全獨立之措施.

099. [卷名] 顧維鈞電蔣中正魚電已悉遵經轉達及李承晚擬於本月來京晉謁再返漢城

[入藏登錄號] 002-090103-00010-091

[發　信] 顧維鈞

[受　信] 蔣介石

[時　間] 1947年 2月 15日

[番　號] 來電A1440號

[內　容]

京主席鈞鑒. 密. 丑魚電敬悉. 遵經轉達李承晚, 頃據告擬於本月杪來京晉謁再返漢城, 謹電奉復. 顧維鈞叩. 刪.

100. [卷名] 杜聿明電蔣中正查韓人申肅在瀋陽成立韓國僑民總會並未經職部撥款詳情已以代電呈復在案敬復鑒核

[入藏登錄號] 002-090103-00010-092

[發　信] 杜聿明

[受　信] 蔣介石

[時　間] 1947年 2月 25日

[番　號] 來電A1765號

[內　容]

急. 京軍務局轉呈主席蔣. (卅六)丑皓侍洪號代電奉悉. 逕查韓人申肅在瀋成立韓國僑民總會, 並未經由職部撥款, 詳情已以丑皓雲勳義代電呈復在案, 敬復鑒核. 職杜聿明叩. 丑有雲勛婆印.

101. [卷名] 金九電蔣中正因蘇俄佔領三八度線外使韓人缺乏食物引起自殺騷動請盡可能解救另提請蘇俄當局注意也喚起世界大眾同情

[入藏登錄號] 002-090103-00010-093

[發　信] 金九

[受　信] 蔣介石

[時　間] 1947年

[番　號] 來電A2789號

[內　容]

我等謹將卅八度緯線外目前之情形提請閣下注意. 蘇俄軍事占領之結果, 彼處人民由於缺乏食物, 連日紛紛投入大同河自殺. 在鎮南浦亦因上述原因引起騷動, 有百餘人被監禁殺害. 我等聞悉此種情況, 至為痛心, 而又無能為力. 謹懇閣下仁慈為懷, 立子儘可能之解救. 同時我等亦提請蘇俄當局注意此一事件, 並望喚起世界大眾之同情. 務懇閣下充分利用所屬優秀官員, 俾便此等苦難民衆立卽獲得解救. 此爲我等最大之要求. 金九.

102. [卷名] 金九電蔣中正冒昧通知韓國民主黨代表會議主席李承晚將訪南京請敎韓國獨立問題請鑑於中韓邦誼予以援助

[入藏登錄號] 002-090103-00010-094

[發　信] 金九

[受　信] 蔣介石

[時　間] 1947年

[番　號] 來電A1706號

[內　容]

茲冒昧通知閣下. 韓國民主黨代表會議主席李承晚博士將訪問南京, 就關於韓國獨立向閣下請敎. 我等誠摯盼望閣下爲中韓間傳統之友誼關係, 予彼以無限制之援助與支持. 謹以深刻之敬意及至高之尊重慶祝貴國國運昌隆. 金九.

103. [卷名] 何應欽電蔣中正聞美韓對李承晚多不擁護又聞美軍部對其亦不擬支持故其來訪我國時招待似不宜過於隆重

[入藏登錄號] 002-090103-00010-095

[發　信] 何應欽(華盛頓)

[受　信] 蔣介石

[時　間] 1947年 3月 31日

[番　號] 來電A2984號

[內　容]

南京主席蔣. 密. 李承晚君日內將來訪問我國. 李本人年事已高, 性情戇直, 聞美韓人對彼多不擁護. 又聞美軍部對彼亦不擬支持. 彼度我國時招待上似不宜過於隆重. 職應欽. 寅世.

104. [卷名] 顧維鈞電蔣中正據美國務院告知因李承晚歲高性頑固且最 近言行多倒行逆施等故美府及駐韓當局對其不滿將如何招待其來 訪以防美蘇疑忌

[入藏登錄號] 002-090103-00010-096

[發　信] 顧維鈞

[受　信] 蔣介石

[時　間] 1947年 4月 2日

[番　號] 來電A3043號

[內　容]

南京主席蔣. 密. 韓李承晚定一日離美飛往日本逗留二日即飛華晉謁鈞.
茲據美國務院人密告, 美國政府及駐韓軍事當局對李頗多不滿, 以其最近
言論行動頗多倒行逆施. 如鼓動韓民要求美軍撤退, 並攻擊美駐軍當局及
反對託管制度, 認爲缺乏遠大眼光, 不足號召全國. 且年齡已高, 秉性頑固
不易與之合作. 雖對其政治問題洽商不願加以制止, 如彼得韓民擁護出執
政權亦不反對. 然美國政府對彼冷淡不擬予以援助云. 謹陳如何招待以免
美蘇疑忌, 並乞鈞裁. 顧維鈞. 冬印.

105. [卷名] 李承晚電蔣中正宋美齡韓民現決定不予考慮莫斯科協定提 議託管請電聯合國大會中國代表團打消四強重行討論韓國問題

[入藏登錄號] 002-090103-00010-097

[發　信] 李承晚

[受　信] 蔣介石

[時　間] 1947年

[番　號] 來電A3043號

[內　容]

警聞聯合國大會中國代表團堅持四强重行討論韓國問題. 關於莫斯科協定提議託管, 已遭韓國民族之堅決奮鬪反對, 現已決定不予考慮. 何以中國竟贊同蘇俄使情勢複雜. 請電貴國代表團, 指示彼等打消此議. 閣下熱心渴望願見韓國迅速恢復獨立, 我等正要求在南韓進行國會普選, 設立臨時政府, 而後吾人以堅强之立場要求廢去卅八緯線及撤退外國部隊, 組織保衛國家之武力, 以共同維護貴我兩國之利益. 謹問候閣下及夫人. 李承晚.

106. [卷名] 毛景彪電俞濟時因李承晚訪華僅有二天到滬後即來京晉謁請核示派機一架以資其當日來京

[入藏登錄號] 002-090103-00010-098

[發　信] 毛景彪

[受　信] 俞濟時

[時　間] 1947年 4月 7日

[番　號] 去電B381號

[內　容]

軍務局局長俞. 密. 准韓國駐華代表團團長閔石麟電稱, 敝國李承晚博士定卯眞到滬, 因在華僅有二日勾留, 到滬後即來京晉謁主席, 請派飛機一架以資當日來京等語. 謹電請核示. 職毛景彪. 卯陽空.

107. [卷名] 何應欽電蔣中正寒電奉悉報告處理南京及各地韓籍士兵與韓僑運送情形

[入藏登錄號] 002-090103-00010-341

[發　信] 何應欽

[受　信] 蔣介石

[時　間] 1946年 3月 16日

[番　號] 來電7727號

[內　容]

重慶委員長蔣. 密. 寅寒令電奉悉. 查(一)南京韓籍士兵710名已於寅江運滬, 韓僑正在運送中. 其他各地韓籍官兵僑民業經通令分區向港口集中, 並已寅佳巳愼凱電呈報在案. (二)上海韓人已遣送二批共計5151名, 並經寅佳寅文愼凱代電分別呈報在案. (三)韓光復軍第一支隊第三區隊, 前經顧主任丑寒電稱, 徐州區有韓光復軍第三支隊隊部員210名, 第三區隊員457名, 經查與核准之韓光復軍各支區分隊人數解地表不符, 已飾查報奉令前因, 除再轉飾速報外謹先電復. 京職何應欽. 寅銑愼凱印.

108. [卷名]　何應欽電蔣中正請裁示與李青天商洽韓國光復軍遣送事宜五項辦法

[入藏登錄號] 002-090103-00010-342

[發　信] 何應欽

[受　信] 蔣介石

[時　間] 1946年 4月 9日

[番　號] 來電9668號

[內　容]

卽刻到. 渝委員長蔣. 卯歌機電計呈. 密. 關于韓國光復軍遣送事, 經由軍令部與李青天商洽結果, 現由李青天提出辦法五項. (一)本軍在中國境內協助盟軍作戰之任務業已完成, 擬自動宣佈復員. (二)請中國政府告知美方, 本軍過去在反侵略戰爭中與盟軍共同作戰之光榮歷史, 希望對于李總司令及其以前所率領之戰友子以認識諒解與便利其回國之船隻，請美方子以協助，益以專輪運送爲宜．(三)回國裝備擬携帶護身短槍，仍由韓國臨時政府駐華代表團向中國政府洽借．　(四)在返國以前關于光復軍所屬各級華籍工作人員，務請中國政府設法以原級安挿，或各給遣散費三個月．(五)擬請准留秘密軍事代表駐華，保持將來工作上之連繫等語．　可否之處請一併電示．京職何應欽．卯佳愼凱印．

109. [卷名]　宣鐵吾電蔣中正哿電計呈查崔昌植金元慶可否轉請韓國政
　　　府領回法辦

　　[入藏登錄號] 002-090103-00010-344

　　[發　信] 宣鐵吾

　　[受　信] 蔣介石

　　[時　間] 1946年 6月 21日

　　[番　號] 來電14198號

　　[內　容]

　軍委會委員長蔣．巳哿法電計呈．密．查崔昌植金元慶可否轉請韓國政府領回法辦乞示．兼淞滬警備司令宣鐵吾．巳馬法一豊印．

三. 特交檔案 – 對韓國外交(一)

110. [卷名] 戴笠呈蔣中正處決暗殺韓國愛國志士之漢奸吳大根等

　　[入藏登錄號] 002-080106-00068-015

　　[發　信] 戴笠

[受　信] 蔣介石

[時　間] 1945年 11月 19日

[番　號]

[內　容]

一. 查韓人黃逸民卽吳大近漢奸陳鴻文兩名, 係本年二月間自滬受日人指使來京, 圖暗殺金九者. 爲我京區秘密逮捕, 供認不諱. 生於二月間在牯嶺曾面請子以槍決. 當蒙諭准在案. 惟當時未奉條諭, 故迄未執行. 詎日前黃犯逸民, 竟將同室人犯閱讀之國聞週報拆開, 在縫線處密寫日文, 託同押之程和卿於釋放時帶投日本領事館, 經看守發覺, 並由程密報, 因得查獲, 當經譯出, 係該犯函請日領援救, 並指其被禁地點爲藍衣社密設之機關等文字, 事關重大. 幸被發覺得不敗露. 爲剷除漢奸, 防止後患計, 伏乞准子將黃逸民陳鴻文兩犯卽行秘密槍決, 可否乞示. 謹呈校座. 生笠.

111. [卷名] 韓國義烈團工作報告

[入藏登錄號] 002-080106-00068-016

[發　信] 陳國斌

[受　信] 蔣介石

[時　間] 1932年 12月 20日

[番　號]

[內　容]

義烈團報告(自本年七月至十二月)

· 國外

· 軍事方面

一. 本團於本年七月初間命住在東北之金國賓 · 柳基錫 · 金剛岩 · 金世雄等同志接洽參加東北抗日救國會事宜. 而該救國會認爲熱境防務最爲重

要，劃定熱河爲東北民衆抗日救國獨立第一支隊之駐屯區，委任本團同志金國賓(卽前任奉軍剿匪司令部軍法處長職有九年)爲司令職以來着手收編隊伍，其數已達一萬一千五百餘人，共分爲二路：

第一路 赤峯　三千騎兵林東·林西　二千步兵哈爾濱　三千步兵

第二路 河北 都山縣 一千五百步兵撫賓縣　二千步兵

二. 今年七月中旬派金元植·金尙德兩同志前往東北. 金元植同志與李靑天在吉林敦化額穆等地組織獨立軍第一支隊, 人數約有五百餘. 金尙德同志在遼寧省通化輯安等地組織獨立軍第二支隊, 人數約有三百餘.

· 政治方面

一. 韓國對日戰線統一同盟之組織經過及內容

A. 組織經過

派代表李振善·韋思源兩同志前往上海, 召集韓國獨立黨·朝鮮革命黨·韓國革命黨·光復同志會等團體代表, 於十一月六日開正式代表大會, 一致議決組織'韓國對日戰線統一同盟'. 但此等諸團體之實力薄弱, 內部不純, 不能認爲韓國革命勢力之統一機關, 然爲促成將來統一戰線之媒介, 意義上爲現下之必要組織者也.

B. 內容

1. 名稱

韓國對日戰線統一同盟

2. 綱領

a. 我們以革命的方法完成韓國獨立

b. 我們集中革命力量統一指導而擴大對日戰線

c. 我們與信賴的友軍取切實聯絡

d. 我們一切活動均以民衆利益爲基準

3. 參加團體及代表

義烈團 李振善 韋思源

韓國獨立黨 金白淵 李春山

朝鮮革命黨 崔東昕 柳春郊

韓國革命黨 王海公 成玄園

光復同志會 金仲文

4. 組織

a. 執行委員 九人至十五人(暫爲九人)

金白淵 金仲文 李振善 韋思源 李春山 崔東昕 柳春郊 成玄園

b. 常務委員 五人至七人(暫爲五人)

金仲文 金白淵 李振善 王海公 崔東昕

二. 中韓民衆大同盟組織經過及內容

A. 組織經過

上海方面之抗日團體中華民衆自衛大同盟在反日之共同目標下, 願與韓國對日戰線統一同盟合作, 故於十一月十四日雙方代表在上海組織'中韓民衆大同盟'.

B. 內容

1. 目的

收復中國之失地, 並完成韓國獨立而實現眞正自由平等之人類社會.

2. 政策

組織中韓對日聯合軍, 聯合一切反日勢力擴大民衆反日運動.

3. 幹部

葉承明 李次山 吳 山 河永貞 丁超五 華僑代表一人(以上中人)

金仲文 李振善 柳春郊 李春山 王海公(以上韓人)

三. 中華五族救國同盟會組織經過及內容

A. 組織經過

日本帝國主義以强吞韓滿之老獪手段煽動蒙古陰謀脫離母國，內蒙古左右實有影響於中韓民族之前途.　又現在熱蒙等處住居韓人已達二萬餘人，且自東省被逐韓僑追漸來往，故本團決在熱蒙等地于最短期內着手建立韓國革命軍基本隊伍.　如在蒙邊不與蒙人切實聯絡，則不能順利進行活動，故委派柳基錫·金世雄兩同志與黃震陽·那彦圖王爵·德色賴托布蒙古首領共議進行，遂於十一月三十日在北平組織中華五族救國大同盟.

B. 內容

1. 綱領

剷除我民族當面的仇敵日本軍國主義，挽回固有利權，促進國際地位平等及發展生産事業.

2. 組織

a. 執行委員 二十五人

那彦圖(蒙人) 黃震陽(中國人) 金國賓(同志) 金世雄(同志) 金寶忱(中國人) 張玄黙(同志) 錢利民(中國人) 溫松康(中國人) 李壽符(蒙王德色賴托布之代表) 林雪松(華僑) 羅濟民(中國人) 吳受天(中國人) 等

b. 候補委員 六人

高東初(中國人) 李曉時(中國人) 柳基錫(同志) 孫是政(同志) 李興(中國人) 等

c. 監察委員 五人

連福 周潤山(中國人) 達珍亭(蒙人) 芮石丞 張子安(中國人)

d. 候補委員 二人

劉鏡明(中國人) 續大民

· 國內

一 農民運動

一. 本團指導下農民組合新成立者有四處，改組者有一處，指導抗租運動者有一次.

A. 新成立農民組合

咸鏡南道洪原郡　責任者　李光漢

平安北道龍川郡　東洋拓殖會社管理之不二農場　責任者　鄭仁祚

平安北道博川郡　責任者　姜一鉉

江原道江陵郡　責任者　金化善

B. 抗租事件

龍川郡不二農場第二次抗租事件

C. 改組農民組合

慶尙南道南海郡　責任者　李明洙

一　勞動運動

一. 成立支部五處

釜山陶器工場支部　責任者　黃相喆

釜山橡皮工場支部　責任者　柳一善

京城鐵道會社支部　責任者　許仁煥

平壤電氣工廠支部　責任者　姜永基

一　學生運動

一. 成立支部七處

京城第一女子高等普通學校　二支部　責任者　王士源

京城醫學專門學校　一支部　責任者　郭憲

大邱商業學校　一支部　責任者　張雋永

大邱高等普通學校　一支部　責任者　李弼浩

平壤女子高等普通學校　一支部　責任者　許一平

以上

中華民國二十一年十二月二十日　第四期學生　陳國斌(印)呈

112. [卷名] 在東北韓國革命黨抗日計劃綱要

[入藏登錄號] 002-080106-00068-017

[發　信]

[受　信]

[時　間]

[番　號]

[內　容]

· 在東北韓國革命黨抗日計劃綱要

甲. 組織

一. 特派員

1. 圖們江沿岸老日嶺東南自俄境至琿春汪淸和龍延吉敦化一帶派二人.

2. 遼寧興京通化桓仁柳河輯安吉垣以南長春以南滿鐵沿線至長白山西南及鴨綠江以北派二人.

3. 中東鐵路沿線哈爾濱一帶派二人.

4. 黑龍松花兩江沿岸至滿哈線一帶派一人.

5. 哈長洮昻四洮各線一帶派一人.

二. 特派員之任務

1. 遵承本部命令召集各地革命團體實行暴力抗日.

2. 辦理一切交通事宜.

三. 工作

1. 各地革命團體按照個別情實與中國義勇軍完全合作.

2. 另編若干部隊向韓境進攻.

乙. 聯絡

一. 派幹員二人跟隨總機關辦理傳達本部及各地機要事宜.

二. 規定各種暗號.

三. 供給一切情報宣傳資料.

丙. 經費

一. 特派員旅費及維持費

1. 旅費 每人三百元八人共計二千四百元.

2. 維持費 每人一月五十元八人六個月共計二千四百元.

3. 宣傳費 先辦中韓文刊物二種約三千元.

4. 召編費 特派員所駐五處每處約八千元共計四萬元.

5. 通信聯絡及其他雜費約二千二百元.

113. [卷名] 亞洲文化協會對於韓國革命運動已擬具第一期工作項目及預算案

[入藏登錄號] 002-080106-00068-017

[發　信] 黃紹美

[受　信] 蔣介石

[時　間] 1932年 5月 10日

[番　號]

[內　容]

校長吾師: 密呈者. 亞洲文化協會對於韓國革命運動, 已擬具'第一期工作項目及預算案', 曾交滕傑同學轉呈諒鈞座已經批閱. 謹再詳爲說明如下:

朝鮮革命重心在其國內, 富民族解放之秘密集團如:

(一)天道教. 教徒二百萬人. 主要幹部爲崔麟鄭廣朝吳士昌權東振金起田李敦化等.

(二)基督教. 教徒七十萬人. 富革命性幹部爲吉善宙梁甸白曹萬植金東原鄭仁果等.

(三)東亞日報. 革命性集團, 分社遍各地. 主要幹部爲宋鎭禹李光洙金性洙等.

(四)朝鮮日報. 與東亞日報同, 主要幹部爲安在鴻等.

(五)新幹會靑年同盟農民同盟勞動同盟少年同盟婦女團體等, 均屬親俄親中兩派份子合組成, 其力量頗大.

至高麗革命同志逃亡在國外者, 其秘密組織有:

(一)韓國獨立黨. 最高幹部爲理事會十二人, 金九爲理事長. 安昌浩爲黨首, 能指揮臨時政府各集團及美洲國民會.

(二)韓國臨時政府. 委員七人, 主席爲李東寧.

(三)上海大韓僑民團及各種靑年婦女等團體.

以上在上海方面

(四)國民府. 係三年前由'正義府'·'新民府'·'參議府'三集團合組成. 其主要幹部爲梁濟夏金利大等.

(五)朝鮮革命黨. 領導國民府, 其主要幹部爲李佛泉崔東旿柳東說梁碧海申肅韓成南亨祐等.

以上在滿洲方面.

(六)國民會. 歷史甚長, 革命成績較優, 主要幹部爲白一圭洪焉.

(七)民團. 前屬國民府, 後因上海臨時政府成立, 遂分離獨立, 其主要幹部爲金鉉九宋德仁等.

(八)此外靑年婦女等集團甚多.

以上在美洲方面.

九一八事件發生之後, 韓國海外同志在上海秘密組織以下集團, 名爲

(九)對日戰線統一同盟. 係韓國獨立黨韓國臨時政府朝鮮革命黨合組成. 其最高幹部五人爲安昌浩李東寧趙煜車利錫崔東旿, 安爲委員長(附對日戰線統一同盟簡章).

綜觀以上韓國革命實力之與亞洲文化協會聯絡者或屬局部或屬全體. 亞

協中之韓國同志, 爲集中其力量, 謀彼此之通力合作計, 故先有專員之派遣, 次有代表大會之召集, 中有特別宣傳隊員之養成和派遣, 如此方能集中韓國革命力量, 組成韓國大獨立黨, 協助中國共同撲滅日本帝國主義. 惟是經費無着, 懇請吾師暫撥拾萬元, 以資進行是所至禱. 專此敬請鈞安. 生黃紹美(印)呈. 五月十日於大石橋三十八號.

〔添 附〕 對日戰線統一同盟簡章

· 宗旨

一. 本同盟際此東亞時局大變動之非常時期, 總集合國內外各方面之革命力量而完成統一的組織, 以圖戰鬪力之充實.

二. 本同盟促成我韓國革命者統一的團結, 同時切實聯絡中國革命同志樹立對日共同作戰計劃, 而實行聯合戰鬪工作.

· 實務

三. 選派專員於各地接洽各方革命同志籌劃統一.

四. 密派宣傳隊於韓國與中國東北各地, 積極宣傳喚起大衆之革命精神, 鼓吹統一組織與中韓兩民族合作之必要.

五. 刊行傳單 · 小册子 · 小報等以圖宣傳之普及.

六. 接洽中國革命領導者協定中韓兩民族之合作方針, 且宣傳於中國民衆實現對日聯合戰線.

七. 招集各地革命戰士編成統一的隊伍準備對日作戰.

八. 在統一的組織未完成之前當面之革命工作, 本同盟仍須繼續進行.

九. 本同盟之經費及運動費以盟員之負擔與有志人事之義捐充用之.

· 組織

十. 選出常任委員七人執行盟務, 而且互選主席一人, 書記財務各若干人分擔事務.

· 附則

十一. 本簡章未備之事項以盟員會之決議可得補充之.

114. [卷名] 亞洲文化協會主催遠東各被壓迫民族革命先進連名贊同召集遠東會議

[入藏登錄號] 002-080106-00068-017

[發　信] 黃紹美

[受　信] 蔣介石

[時　間] 1932年 5月 10日

[番　號]

[內　容]

· 目的

一. 集中東方革命力量

二. 創辦遠東新聞

三. 組織遠東行動部

四. 組織東方鐵血軍

· 辦法

一. 採秘密方式進行一切籌備事宜

二. 組織籌備委員會以亞協三人韓二人臺一人越一人印一人菲一人協同組織之

三. 設籌備處於南京(卽亞洲文化協會總會辦公處)活動地於上海通訊處於各地

四. 籌備經費由籌備委員會負責籌措並擬定預算及決算(預算暫定十五萬以上二十萬以內, 各項開支由籌備委員會擬定)

五. 活動方案－調查聯絡通訊及各種對日行動實施, 由籌備委員會擬定

六. 派遣人員－東北六人韓六人臺二人越一人印一人菲一人日一人及南

洋各地三人

七. 籌備期間－暫定四個月，但因環境需要得縮短或延長

八. 大會日期－決定九月十五日

九. 大會地址－依環境關係由籌備委員會決定之

十. 召集方式－由亞洲文化協會具名主催東方各革命先進連名贊同召集之

右議案經韓國獨立黨最高會議議決，中韓臺各同志第一次協商遠東會議席上通過. 關於大會經費敬懇校座撥助不勝盼禱，謹呈校長蔣.

生黃紹美(印)呈 五月十日於大石橋三十八號.

四. 革命文獻－蔣總統訪韓

115. [卷名] 金九函蔣中正盟國勝利在望敝國參戰深盼貴國予以實力援助以示合作

[入藏登錄號] 002-020400-00034-073

[發　信] 金九

[受　信] 蔣介石

[時　間] 1944年 6月 21日

[番　號]

[內　容]

蔣主席閣下敬啓者. 溯自敝國臨時政府權駐貴國陪都以來承蒙貴國黨政各界之協助，復國工作日有進展曷勝感紉. 去年開羅會議特蒙閣下首倡保證戰後韓國之獨立，敝方人士聞之莫不感奮. 今盟國勝利在望，敝國之參戰任務尤感重要. 深盼貴國予以實力援助以示兩方切實之合作. 茲特檢奉聲明書暨備忘錄各乙份敬希垂察並請鈞安. 金九 敬啓.

116. [卷名] 金九函蔣中正請首先承認韓國臨時政府取消光復軍九個行動準繩

[入藏登錄號] 002-020400-00034-074

[發　信] 金九

[受　信] 蔣介石

[時　間] 1944年 7月 3日

[番　號]

[內　容]

· 關於韓國臨時政府請求承認事

(一)函請我方先承認韓國臨時政府, 並請賜見由

1. 去歲開羅會議渥蒙愛護仗義提唱保證敝國獨立, 獲得英美之贊同. 凡屬韓人, 莫不欽感, 近察國際形勢, 軸心崩壞有期, 敝國革命志士未能於此時效命沙場, 配合作戰, 深引爲憾. 惟以臨時政府尚未經盟國承認, 感召之力不宏, 軍事被約束於準繩, 推進之功不易, 心滋戚戚以是敬請閣下垂察情勢, 始終成全, 慨予首先承認敝國臨時政府, 嗣後關於政治軍事經濟之協商, 均由雙方遴派代表專負其責①

2. 敝國光復軍九個行動準繩, 則請採納敝國所擬'中韓互助軍事協定草案'予以更張. 庶軍事得以積極進行, 足以達成使命, 不負閣下頻年提挈之盛意②

3. 倘閣下萬機餘閒定期賜見, 俾得面頃積愫尤所感幸(附韓國臨時政府閣員名單一份)③

(二)報告遵飭核議中韓互助軍事協定草案辦理經過情形

· 何應欽7月10日簽呈

遵飭核議中韓互助軍事協定草案等因, 當卽發動由雙方承辦人之私人友

誼間進行交換意見之'國民外交接觸'以濟法律之窮.　雙方於和藹互諒之空氣中,　懇談兩次,　原則業獲一致(撤銷協定之要求另謀解決方法)經當場決定辦法二案如下:

・甲案

光復軍恢復民國三十一年以前未歸軍委會指揮時之狀態,　僅隸屬於韓國臨時政府以便宣傳(由中國方面借給實需之軍費).　但派往各戰區工作及通過戰區之招撫人員等,　須經軍事委員會之考核指派,　或施以相當訓練後,由軍委會掌握派遣或調動之,　俾我方對於實際工作人員,　更可切實掌握,以防流弊.④

・乙案

俟即將開辦之光復軍幹部訓練班(經費豫算早經核定公布)開始召集,　各隊員集中後,　其實際情形既與以前完全不同(以前分散各地無法掌握)由軍委會即時按事實需要,　將原定之行動準繩九條自動的修改或取消之,　俾無害於中國抗戰之安全,　並勉符韓方之希望.

上述二案,　經決定下次會談時續行談定具體辦法,　再報請核示擇一施行,謹先將本案商辦情形報請鑒核.

(三)關於韓國臨時政府請求承認事報請核示由

・宋子文 7月15日簽呈

案查在渝之韓國臨時政府於6月29日以該政府主席金九函一件,　聲明書備忘錄各一份送交職部轉呈鈞座,　並聞該臨時政府將該項聲明書備忘錄同時分送駐渝各國使節.　查該聲明書及備忘錄,　旨在請求我國承認韓國臨時政府,　其要點如此: (1)韓國之獨立運動業經統一韓臨時政府已取得領導地位. (2)韓臨時政府將實行民主政治一俟國土恢復後,　將召集國民代表大會,制定憲法,　成立正式政府. (3)韓國既經與聯合國協力作戰,　應與聯合國建立軍事及外交關係. (4)中美英蘇應援助韓國獨立運動, 承認韓國臨時政府, 以支持其作戰之努力.

查關於承認韓國臨時政府問題, 職部曾於31年奉總裁及常務委員會之指示, 經決定原則, 應確定先他國而承認, 其時期由職部秉承總裁指示選定之, 等因在案. 竊以開羅會議以後, 我國對於承認韓國臨時政府問題, 似應與美英兩國採取一致行動, 而目前對此問題, 仍有考慮兩點: (一)爲韓臨時政府能否眞正代表朝鮮內部人民意思. 美英兩國對此恐尙不無疑慮. 且開羅會議公布所稱, 在適當時期承認一節, 係指將來承認朝鮮之獨立而言, 至是是否於最近承認在渝之韓臨時政府, 實係另一問題. 美英二國或將認爲時機尙未成熟, 而不願卽有所決定. (二)爲蘇聯之態度. 查蘇聯未參加開羅會議, 對韓國獨立一事未作任何表示. 在蘇聯未參加太平洋戰爭之今日, 中英美三國如承認韓國臨時政府, 恐易啓蘇聯之誤懷, 度英美亦必顧慮及此. 我國鑒於目前對蘇關係, 似有審愼必要. 基於上述二點原因, 竊以爲我國對於承認韓臨時政府問題, 目前仍以稍待爲妥. 今後職部仍當遵照鈞示注意時機, 並隨時與美英採取連繫. 所擬是否有當, 理合呈請鑒核示遵.

批示:

① 已交何總長吳秘書長會同宋部長核議具報尙未据復, 但宋部長已另據韓國臨時政府備忘錄簽擬意見於本表第三項.

② 曾据孫院長轉呈韓國臨時政府請求撤銷行動準繩九條, 當交何總長核議, 据復於本表第二項.

③ 金主席請見一項敬請核示.

④ 韓國光復軍名義上自以隸屬韓國臨時政府爲宜, 其行動準繩九條, 我方亦可自動修改或取消, 俾無害於中國抗戰之安全, 並勉符韓方之希望. 至派往各戰區工作及通過戰區之招撫人員, 則須經我軍委會之同議派遣爲原則.

附: 韓國臨時政府閣員名單

主席	金九(獨立黨)
副主席	金奎植(民族革命黨)
國委兼外務部長	趙素昂(獨立黨)
國委兼軍務部長	金若山(民族革命黨)
國委兼財務部長	趙琬九(獨立黨)
國委兼內務部長	申翼熙(化名王海公)
法務部長	崔東旿
文化部長	崔錫淳
宣傳部長	嚴恒燮
國委	濮純 李始榮 黃學秀 曹成煥 申利錫 安勳(以上6員均屬獨立黨)
	張建相 金朋濬 成周實(以上3員均屬民族革命黨)
	金星淑(卽金奎光, 解放同盟)
	柳林(無政府主義)

117. [卷名] 林蔚陳布雷呈蔣中正韓國光復軍行動準繩九條規定與韓僅名義關係

[入藏登錄號] 002-020400-00034-075

[發　信] 林蔚·陳布雷

[受　信] 蔣介石

[時　間] 1944年 8月 10日

[番　號]

[內　容]

關於金九請求撤銷韓國光復軍行動準繩九條一案, 奉批此行動準繩指何而言查報'等因. 謹查前据何總長31年4月18日簽呈, 關於光復軍編成之經過一節略稱韓國光復軍改隸本會統轄指揮後, 爲考慮爾後在國際法上發生問題計, 曾頒定該軍行動準繩九條, 規定該軍在受我國軍令期間, 其與韓國獨立黨臨時政府之關係, 僅保留固有之名義關係, 已經彼方接受在案等語. 並經檢附原頒行動準繩九條呈奉鈞座核閱.

近据孫院長轉呈韓國臨時政府請求改訂光復軍現行九項行動準繩, 並擬具'中韓互助軍事協定草案'前來, 經交何總長核議, 据復經由雙方進行交換意見, 決定辦法二案呈核在案. 查韓國光復軍名義上自以隸屬韓國臨時政府爲宜, 其行動準繩九條, 我方亦可自動修改或取消, 俾無害於中國抗戰之安全, 並勉符韓方之希望. 至派往各戰區工作及通過戰區之招撫人員, 則須經我軍委會之同意派遣爲宜. 茲奉前因, 理合將本案辦理經過情形, 並抄呈前頒之光復軍行動準繩九條報請鈞鑒.

附呈光復軍行動準繩九條 侍六組 呈

· 光復軍行動準繩九條

一. 韓國光復軍在我國抗日作戰期間直隸本會由參謀總長掌握運用.

二. 韓國光復軍歸本會統轄指揮後, 在我國繼續抗戰期間及該國獨立黨臨時政府未推進韓境以前, 僅接受我國最高統帥府唯一之軍令, 不得接受任何其他軍令或受其他政治牽掣. 其與韓國獨立黨臨時政府之關係, 在受我國軍令期間仍保留固有之名義關係.

三. 本會以援助該軍向韓國內地及接近韓國邊境之地域活動, 以配合我國抗戰工作爲原則. 在未能推進韓邊以前應以有韓人可吸引之淪陷區爲主活動區域. 在其軍隊編練期間特准其在我國戰區第一線(軍部以前)附近組訓, 但須受我當地最高軍事長官之節制.

四. 在戰區第一線以後地區僅准在戰區長官所在地及本會所在地設立聯

絡通信機關, 均不得有招編部隊, 任意逗留或作其他活動情事.

五. 該軍總司令部所在地由軍事委員會指定之.

六. 該軍無論在淪陷區及戰區後方均不得招收我國籍之士兵及擅設行政官吏. 倘欲引用華籍文化工作及技術人員須呈由軍事委員會核派之.

七. 關於該軍之指揮命令及請領款械等事, 由本會指定辦公廳軍事處負責接洽.

八. 在中日戰爭未結束以前如韓國獨立黨臨時政府已推進韓境時, 該軍與臨時政府之關係, 另行議定明令規定之, 但仍以繼續接受本會軍令配合作戰爲主.

九. 在中日戰爭結束時而該臨時政府如尚未能推進韓境, 則該光復軍爾後如何運用由軍事委員會本一貫之政策按當時之情況自行負責處理之.

職林蔚・陳布雷呈, 33.8.10

118. [卷名] 吳鐵城呈蔣中正請增加韓國臨時政府援助費並指定機關負責承辦

[入藏登錄號] 002-020400-00034-076

[發　信] 吳鐵城

[受　信] 蔣介石

[時　間] 1944年 8月 19日

[番　號]

[內　容]

呈請增加韓國政府援助費並指定機關負責承辦,　此項經費事宜報請核示. 我國對韓國臨時政府援助經費, 原經核定按月撥給五十萬元. 現物價高漲, 此項經費確屬不敷支配, 似宜予以增加, 按月撥給一百萬元, 以應需要並一次另撥五百萬元作爲豫備費, 以備臨時支應之用,　均作韓國臨時政府借款, 特另行間具清單說明用途, 附件呈候核定撥發. 關於援助經費之借撥接洽事宜, 並請指定機關負責承辦, 以一事權而專責成, 是否有當敬乞鈞裁示遵.

判斷或擬辦:

關於對韓國臨時政府補助費一案, 4月18日朱前部長曾簽准自本年1月起增至每月五十萬元. 7月11日陳部長簽稱物價高漲, 韓僑生活不易維持, 擬請自7月起准予增至每月一百萬元等呈奉批'緩'在卷. 茲据所簽擬按月撥給一百萬元, 並另撥五百萬元爲豫備費, 及指定機關負責承辦經費事宜各節敬請鈞核.

批示:

照准. 由軍政部來給. 中正.

已辦 9.4

119. [卷名] 吳鐵城呈蔣中正擬請照准撥借韓國臨時政府辦公房屋四百萬元

[入藏登錄號] 002-020400-00034-077

[發　信] 吳鐵城

[受　信] 蔣介石

[時　間] 1944年 10月 31日

[番　號]

[內　容]

韓國臨時政府請求另案撥借辦公房屋租金四百萬元請核示. 關於韓國臨時政府辦公房屋事宜, 日前金九主席進謁鈞座時奉飭予以設法. 頃接金九主席函請已在七星崗覓得蓮池行館一處年租二百萬元, 押租二百萬元, 請求另案撥借四百萬元等語. 查所請另案一次撥借房屋租金四百萬元一節, 事屬需要, 擬請予以照准, 當否請核示.

判斷或擬辦: 似可照准

批示: 照准

已辦 11.20

120. [卷名] 吳鐵城呈蔣中正援助韓國光復軍辦法草案六條

[入藏登錄號] 002-020400-00034-078

[發　信] 吳鐵城

[受　信] 蔣介石

[時　間] 1945年 3月 6日

[番　號]

[內　容]

事由: 遵與韓國臨時政府及軍事委員會商定關於韓國光復軍, 中韓兩方商定辦法草案六條呈請鑒核示遵.

敬請者: 關於援助韓國光復軍辦法一案, 前奉鈞座14942號(34)子銑侍奉代電, 飭囑韓方派員先事洽商成議後再核等因. 遵經原案與韓國臨時政府及軍事委員會一再洽商, 同意修正如此:

一. 韓國臨時政府所屬韓國光復軍, 以光復祖國爲目的, 在中國境內時, 須配合中國軍隊參加抗日作戰.

二. 韓國光復軍在中國境內之作戰行動, 受中國最高統帥府之指揮.

三. 韓國光復軍在中國境內進行訓練招募工作時, 經兩方協商由中國予以必要之協助及便利.

四. 關於韓國光復軍之接洽事項, 由韓國臨時政府與中國軍事委員會所派代表協商之.

五. 韓國光復軍所需一切軍實, 經協商後以借款形式由中國交予韓國臨時政府, 但光復軍經常費, 依照中國軍隊現行給與規定, 由中國軍事委員會按月撥交韓國臨時政府.

六. 在中國各俘虜收容所所有韓國籍俘虜, 經感化後轉交韓國光復軍.

以上共六條均係韓方提出, 經我方同意者. 韓方原有: "中國軍事委員會派連絡參謀若干人取連絡並協助光復軍工作"一條. 軍委會主張該條'連絡參謀若干人'改爲'參謀團'而韓方則因此爲有違平等相處之原則, 堅持不可. 爲免增加韓方反感, 經軍委會同意, 予以刪除. 俟有必要時, 再由軍委會派一軍事代表團以控制之. 擬卽將前列六條通知韓國臨時政府付諸實施. 是否有當, 理合呈請鑒核示遵. 謹呈總裁蔣. 原件呈

核議照准, 但第五條借予之軍實軍費應由中國政府直接交給光復軍爲宜.
照准 中正.

121. [卷名] 吳鐵城呈蔣中正擬請按月加撥韓國政務費二百萬元連前共爲三百萬元

[入藏登錄號] 002-020400-00034-079

[發　信] 吳鐵城

[受　信] 蔣介石

[時　間] 1945年 3月 14日

[番　號]

[內　容]

敬呈者: 案查關於撥借韓國臨時政府補助費一案, 前經簽奉鈞座(33)申陽侍秦代電批准. 自去年九月分起按月撥發補助費一百萬元, 並一次另撥豫備費五百萬元在案. 近復迭接金主席九函, 略以因物價暴漲, 原撥數目實屬無法維持, 懇轉請按月加撥政務費四百萬元, 連原額共爲五百萬元等由. 查現時物價增高, 原助數目實屬無法維持. 惟驟增爲五百萬元, 似尙無

此需要, 擬請按月加撥二百萬元, 連前共爲三百萬元, 是否有當. 理合呈請,
鑒核示遵. 謹呈總裁蔣. 原件呈閱 簽呈 職 吳鐵成 34.3.14

一. 所簽按月增撥補助費二百萬元, 擬照准.

二. 飭將過去工作作一詳細檢討, 並擬具今後工作指導之具體方案報核.
照准

122. [卷名] 戴笠呈蔣中正蘇聯派人赴西伯利亞訓練朝鮮軍韓籍共黨準備進入朝鮮

[入藏登錄號] 002-020400-00034-080

[發　信] 戴笠

[受　信] 蔣介石

[時　間] 1945年 6月 3日

[番　號]

[內　容]

據蘇駐滬領館息, 蘇聯近派哥羅陸軍上將及伯克上校赴西伯利亞主持赤塔區朝鮮軍及韓籍共黨各種軍事訓練, 準備於局勢轉變時進入朝鮮活動. 其工作如下: (一)積極吸收朝鮮境內韓籍壯丁來歸, (二)擴充朝鮮軍組織, (三)訓練朝鮮籍特工人員, (四)灌輸共產思想, (五)以赤塔恰客圖尼布楚及上烏丁斯克等地爲訓練地點, (六)另編朝鮮軍三個騎兵聯隊, 一戰車聯隊及步兵二師團.

判斷或擬辦:

復據王芃生轉報, 6月24日天津轉東京電稱: (一)蘇當局連日與中韓日三國共黨駐莫斯科之首要人物秘密洽商, 似策動方針, 有所改變. (二)蘇聯復原計劃內之建設計劃, 以發展遠東區工業爲首要工作(北滿內蒙資源包括在內), 並擬取得清津羅津大連釜山爲其對外貿易口岸. (三)飛機及鋼鐵工廠,

均計劃於寒帶使用之生産. 侍六組謹註.

123. [卷名] 魏德邁上蔣中正美軍第二十四軍總指揮已被任為美駐朝鮮軍總指揮

[入藏登錄號] 002-020400-00034-081

[發　信] 魏德邁

[受　信] 蔣介石

[時　間] 1945年 8月 21日

[番　號] 第70717備忘錄

[內　容]

　奉盟軍最高統帥麥克阿瑟將軍本日電開. 美軍第二十四軍總指揮已被任爲美國駐朝鮮軍總指揮, 並代表美國太平洋方面軍隊總司令, 接收所有在朝鮮北緯三十八度以南各地區日本高級將領以及海陸空軍與補助部隊投降事宜等語. 特此呈報.

124. [卷名] 吳鐵城呈蔣中正擬請照准在渝韓國要員早日返國所請借款五千萬元

[入藏登錄號] 002-020400-00034-082

[發　信] 吳鐵城

[受　信] 蔣介石

[時　間] 1945年 9月 21日

[番　號]

[內　容]

　金九以臨時政府返韓及派幹部赴各地收編韓靑年轉請借款五千萬元. 准金主席函, 以該政府擬卽隨同盟軍歸國, 並分派幹部分隨我軍前往各地協助我軍收編投降韓籍青年，需款甚鉅，懇轉請撥借法幣五千萬元等語．茲以美蘇軍已占領韓國國內，政黨頗爲活動，似應協助在渝韓國要員早日返國．所請借款五千萬元，擬請子照准．當否乞核示．

判斷或擬辦：

前据8月3日金九函呈請撥機一二架運輸政府要員入韓，並請撥借活動費三萬萬元等情．經列呈未蒙批下．六組謹註．

批示：

共發一億元．先發五千萬元由財政部撥付．中 10.20

領收證　財政部緊急命令發款書(報告聯) 字第2541號

(一)． 領發緊急命令機關: 國民政府蔣主席．緊急命令日期及字號: 34.10.30 府參(二)字第384號．

(二)． 案由: 飭撥韓國臨時政府經費5,400萬元．

(三)． 金額: 國幣5千4百萬元整．

(四)． 領款機關: 中央銀行業務局．

(五)． 備註: 國幣5千萬元，美金20萬元共計．

民國34.12.11

簽呈 機秘(乙)第92955號 職商震 34.10.28

查關於韓國請撥經費事經先後列呈

一． 吳秘書長8月29日暨9月21日簽呈准金九函以該臨時政府返韓及派幹部赴各地收編韓青年轉請借款五千萬元等語， 擬子照准奉批共發一億元．先發五千萬元，由財政部撥付可也．經已分別飭知在案．

二． 吳秘書長10月15日簽呈內第3項彼等極需返國旅資及返國初期之工作費用．請核撥法幣五千萬元及美金五十萬元，以資應付因奉前批共發一億元除已發五千萬元外, 尙餘五千萬元. 故擬准撥借五千萬元, 俾符鈞座前批之數, 奉批'可'並'另美金二十萬元', 茲綜合前後二案, 擬卽批復如下:

前後兩次共計國幣一億元, 美金二十萬元, 飭知吳秘書長及財政部遵辦可否乞示

本件主要之點在請示(一)鈞座批發之款是否一億元或爲一億五千萬元, (二)此款是否作爲借款抑爲發給之款謹附簽明.

批: 共一億元 中

125. [卷名] 金九函蔣中正請求徵得美國同意運在渝同人僑民返國及撥借三萬萬元

[入藏登錄號] 002-020400-00034-083

[發　信] 金九

[受　信] 蔣介石

[時　間] 1945年 9月 26日

[番　號]

[內　容]

蔣主席閣下. 敬陳者. 暴日投降勝利完成和平幸福之新時代將來臨. 敝獨立黨同人等追隨貴國民黨之後從事光復運動垂三十餘年之久, 歷承垂愛扶助曷勝感奮. 今當千載難遇稍縱卽逝之機, 更懇賜子始終維持俾爭取時間達到最後目的是所感禱. 茲將請求數事列陳如下:

一. 國內民衆率得解放後黨會林立群龍無首, 秩序未克混亂, 尤其在北韓已由蘇國扶持組織人民委員會. 因之國內外多數民衆渴望敝臨時政府迅速回國主持統一. 懇祈惠子求得美國方面之同意(不拘形式名義), 將在渝敝同人等飛運入國, 如有未便時可否先以飛機運送至上海再由滬登船入國(獨立黨人員優先入國).

二．敝臨時政府雖未經國際承認，而年來蒙貴國特予以事實上政府之優遇曷勝感榮．值此國內情勢萬分緊迫之際，可否惠予提高於美國政府最小限度默認爲非正式革命的過渡政權俾迭入國，在盟國協助之下召集各方代表，擴大組織過渡政權，以迄成立民選正式民主政府．

三．在華韓僑總計約四百萬人，其中東北約三百萬，良莠不齊，至有甘作虎倀爲非作歹之類，敬望飾下各收復區軍政長官令嚴懲首魁寬恕脅徒以視懷柔．但其中最感困難者爲散處東北各省之韓人異色分子．彼輩足以阻撓再建東北及復興韓國之新措施，對此應設置特別機構收攬貴我兩黨幹練分子互助合作防患未然．

四．中國國民黨與韓國獨立黨確有永久合作之必要．值此兩國復興之新時機，兩黨應互定約束遴派代表連絡以期永敦睦誼．

五．敵軍中之韓籍士兵於繳械後迄飾交敝國光復軍編訓爲建國時期之基幹部隊．

六．居住渝市之敝國僑民有數百人之多，擬請惠飾交通當局迅速撥輪一次運送回國．

七．現值內外情勢緊迫，百端待理之機，一切動作在在需款而拮据萬分，無法措施．懇祈特准撥借華幣三萬萬元以充經費．

以上七項關係非常，特懇閣下垂念傳統崇高之友誼慨予玉成，不勝迫切待命之至肅此敬請健康．金九　敬啓．9月 26日．

126. [卷名] 吳鐵城呈蔣中正請照准韓方所請撥派大運輸機運送人員公文核撥借款

[入藏登錄號] 002-020400-00034-084

[發　信] 吳鐵城

[受　信] 蔣介石

[時　間] 1945年 10月 15日

[番　號]

[內　容]

事由: 爲韓國臨時政府金九主席函陳, 返國準備事宜六項呈請鑒核示遵由

准韓國臨時政府金九主席函, 略以該政府人員即待返國請求:

(一)彼等部長以上人員及秘書侍衛共29人, 重要公文檔案爲皮箱十餘件. 此外尙有各人隨身切要行李等,　爲免失連絡, 請准撥派大運送機一架或二架, 一次運送.

(二)請鈞座即派定隨同彼等回國之大員, 以便連繫, 並商請指示.

(三)彼等亟需返國旅資及返國初期之工作費用,　請准核撥法幣五千萬元及美金五十萬元, 以資應付.

(四)遴派濮純及閔石麟兩員,　繼續駐渝,　辦理臨時政府在渝人員及韓僑善後事宜, 並負責與本黨及我政府連繫, 請予存案.

(五)懇撥給回國人員無線電機一架, 以爲回國後與本黨連繫通信之用.

(六)請鈞座即示再予接見日期俾進謁辭行, 並申謝意等語.

查韓國臨時政府重要人員返國在即,　所陳各節尙屬急要, 擬請分別予以照准, 以利進行如何之處, 理合呈請鑒核示遵. 謹呈總裁蔣.

原件呈

核 一. 擬飭航委員會派機一次運送　　　　　　　　照辦

　　二. 擬交吳秘書長程代總長陳組織部長研提人選

　　三. 擬准撥借法幣五千萬元另美金二十萬元　　可

　　四. 擬予備案　　　　　　　　　　　　　　　可

　　五. 擬飭交通部撥發　　　　　　　　　　　　可

　　六. 請賜召見日期乞核示　　　　　　　約下星期一下午四時

前呈'金九擬返韓樹立政權敬請賜予玉成', '韓國問題'各一件均未奉批, 六

組謹註　　職 商震　　10月 19日

127. [卷名] 金九電蔣中正感謝中國相助返國並請邵毓麟同行

[入藏登錄號] 002-020400-00034-085

[發　信] 金九

[受　信] 蔣介石

[時　間] 1945年 11月 8日

[番　號]

[內　容]

事由: 關於韓國派渝革命領袖返韓事. 茲准美大使館照稱一俟該批人員抵滬卽行設法運送返韓簽請鑒核由.

關於協助韓國旅渝革命領袖返韓工作以利韓國獨立一案, 前准中央黨部秘書處函送韓國臨時政府主席金九所送韓人亟待乘機返國名單29人, 經卽照請美大使館洽辦返國手續及運送事宜去後, 茲准該館11月8日第33號照會內開.

"逕啓者. 關於在渝韓國人士一批擬行返國一案, 前准貴部長本年10月28日來略請予轉電麥克阿瑟將軍, 准予彼等入境等由業經閱悉. 當經轉請本國陸軍當局查照辦理, 去後茲准, 復稱麥克阿瑟將軍對該批韓國人士入境一節, 已予核准等由, 准此同時本代辦復悉關係方面期望該批人士早日抵韓. 故中國戰區美軍總部將俟彼等抵滬時卽行設法使其迅速啓程返韓相應照達. 卽希查照爲荷."等由.

查韓國臨時政府主席金九等一行29人業於11月5日由渝飛滬候機返韓. 除函請中央黨部秘書處通知金九等逕向上海美軍當局接洽派機運送外, 理合將上項辦理經過情形, 備文呈請鑒核. 謹呈委員長蔣. 簽呈 職王世杰呈

34.11.20

· 金九電報

即到渝國民政府蔣主席介石先生. 賜蒙歌日飛滬目睹僑民愛國熱情, 至深欣慰. 密. 敝政府此次返國出諸貴國之助, 閣下盛情厚誼尤爲感紐. 今後事宜業已邵毓麟先生返渝能陳一切, 尚祈多予指敎. 返國在卽至希邵先生速返, 俾先同行爲荷. 韓國臨時政府主席金九. 戌齊印.

128. [卷名] 駐滬美軍總部呈蔣中正備忘錄俟天氣允許卽載送金九等人返國

[入藏登錄號] 002-020400-00034-086

[發　信] 駐滬美軍總部

[受　信] 蔣介石

[時　間] 1945年 11月 21日

[番　號] 第833-3號 備忘錄

[內　容]

(駐滬美軍總部1945年11月21日第833-3號備忘錄譯文)

呈委員長. 貴方本年11月12日第170號備忘錄, 關於金九及其隨員之載送一事, 業已奉悉. 昨有C-47運輸機一架自朝鮮抵滬, 一俟天氣允許, 卽將載送金九一行15人返國. 其餘人員則候金九到達後, 逕與駐朝鮮美軍總司令洽辦. 謹以奉聞. 奉魏德邁將軍之命, 助理副武長巴斯葵(BOUSQUIN).

129. [卷名] 戴笠呈蔣中正蘇軍增兵設訪韓北支持左傾韓人設特務訓練班等

[入藏登錄號] 002-020400-00034-087

[發　信] 戴笠

[受　信] 蔣介石

[時　間] 1945年 11月 22日

[番　號]

[內　容]

一. 蘇軍增兵設防情形(11月 16日)

(1) 蘇續派軍往韓增防

駐韓北蘇聯陸軍爲第25軍團之兩個師, 現決續派第23軍團前往增防.

(2) 中東路軍運頻繁, 蘇加强韓北兵力(11月 15日)

中東鐵路軍運頻繁, 大批戰車部隊分向大連朝鮮兩地推進. 蘇聯似有加强朝鮮北部占領區兵力模樣.

(3) 韓北東西兩岸蘇構築工事(11月 15日)

蘇軍積極在韓北東西兩岸要點構築海岸防禦工事. 僅東岸中線一段已築成海岸要塞15處, 要塞上裝有海岸防禦砲, 兩側高地設有海軍哨位.

(4) 東朝鮮灣蘇軍佈置防潛網(11月 11日)

韓北蘇軍總指揮部海軍參謀處現已着手在東朝鮮灣之永興灣口由北起大江島南經庄島鹿島直至哈津岬止, 佈置潛艇防禦網.

(5) 蘇軍在淸津港成立海上運輸總局(11月 18日)

韓北蘇軍在淸津港成立海上運輸總局. 主要工作爲自海參崴運輸海空軍團所需之陸地器材至淸津港, 以供建築機場之用.

(6) 蘇軍擴修旅順海軍倉庫(11月 15日)

前日本在旅順港所築之海軍倉庫, 現由蘇軍擴修改建, 使成爲最新式及範圍龐大之軍械庫.

二. 蘇軍支持左傾韓人政黨, 開設特務訓練班(11月 14日)

韓北蘇軍總指揮部支持左傾韓人政黨, 在咸興成立韓國人民政府臨時執行委員會, 並設立特務訓練班, 收容左傾韓國靑年, 施以一個月訓練後派遣至美軍管理區內, 打入各工廠, 展開所謂'思想改造工作'以達到爭取韓國民衆之目的.

三. 蘇遠東軍總司令凡西勒夫斯基對美軍提出警告

蘇聯遠東軍總司令凡西勒夫斯基元帥, 因朝鮮左翼各黨受美軍壓迫, 頃向美軍當局提出警告二點

(1) 美軍入朝鮮後, 忽略朝鮮共産黨及其他革命政黨之時代使命橫加推殘, 甚至利用日本反動軍人對付朝鮮革命黨殊屬不合. 今後美軍如仍勾結日人對朝鮮人民作戰, 蘇軍勢將出面干涉.

(2) 要求美軍當局注意除遠東戰爭再起外, 朝鮮及其他東方弱小國家, 應早獲獨立自主, 決不能以壓力阻止其民主勢力之發展.

四. 駐韓美軍司令何傑對韓政策表示(11月 16日)

(1) 朝鮮人民無行政組織, 黨派複雜, 政見分岐, 故目前朝鮮軍隊必須由美軍負責.

(2) 美軍駐韓志在維護朝鮮獨立. 根據開羅會議及伯林會議之決定, 蘇軍宜自韓北撤退, 俾便打開目前朝鮮分裂狀態.

(3) 爲避免朝鮮發生內訌, 必須由聯合國確保其眞正獨立解放.

(4) 在華朝鮮人民臨時政府及在美各黨派與蘇軍占領區各政治組織, 必須自動解散, 使朝鮮産生統一政府.

130. [卷名] 李承晚電蔣中正請以鄙人名義存入美元霍奇已承認南韓民主同盟

[入藏登錄號] 002-020400-00034-088

[發　信] 李承晚

[受　信] 蔣介石

[時　間] 1946年 2月 15日

[番　號]

[內　容]

重慶蔣主席閣下. 請令魏道明大使將二十萬美金以鄙人名義存入美國安全信託公司(American Security and Trust Company), 並由 BENC. LIMB上校代鄙人出具收據. 吾人在美亟需此款. 閣下情誼韓人永遠銘感. 霍奇將軍已於昨日首都舉行之莊嚴儀式中承認南韓民主同盟(Representative Democratic of South Korea). 該同盟由鄙人任主席, 金奎植及金九二人任副主席. 李承晚.

所請資助二十萬美金一節, 應否酌助? 擬先交吳秘書長核議具復. 吳鼎昌 2.27

131. [卷名] 吳鐵城呈蔣中正美元仍暫存我大使館俟匯兌通後再匯交韓國臨時政府

[入藏登錄號] 002-020400-00034-091

[發　信] 吳鐵城

[受　信] 蔣介石

[時　間] 1946年 3月 11日

[番　號]

[內　容]

事由: 關於李承晚請將美金二十萬元存美一案, 經與韓國代表團商洽仍暫存我大使館, 報請鑒察.

案奉鈞座寅虞府交代電. 爲李承晚電請將美金二十萬元存美備用, 飭核議等因. 查此項美金係以前鈞座核撥爲韓國臨時政府活動費之用, 惟屢經交涉迄尚未能由美匯韓. 前據我駐美大使館譚紹華同志電同前情, 經與韓國駐華代表團商洽, 仍暫存我大使館, 俟匯兌通後, 再匯交韓國臨時政府, 謹報請鈞察謹呈. 總裁蔣. 職吳鐵成謹呈.

132. [卷名] 徐永昌呈蔣中正可否特准韓光復軍宋旭東免試進入陸大深造

[入藏登錄號] 002-020400-00034-092

[發　　信] 徐永昌

[受　　信] 蔣介石

[時　　間] 1946年 4月 14日

[番　　號]

[內　　容]

韓國臨時政府駐華代表團3月16日函請，　准該國光復軍參謀處上校宋旭東考入陸大深造等由．查陸大特八期召集辦法規定報考學員，以確係中華民國國籍者爲限，按所請與規定似未合．但援韓爲我國一貫政策，爲敦睦邦誼，可否特准免試入學之處，恭請核示．

　擬辦: 似可照准

　批示: 照准

5月14日函請

　查韓國駐華代表團，前請特准宋旭東入陸大特八期受訓，經簽奉准在案．頃復据李總司令青天電請，　准韓籍徐波・高一鳴等二員入陸大深造等情．查徐波資格不合，高一鳴資格相符．擬按宋旭東例，特准免試入特八期受訓．又爲限制起見，擬規定每期不得超過二員，當否恭請核示．

　擬辦: 擬子照准

133. [卷名] 陶希聖呈蔣中正轉呈李承晚致陳之邁參事函

[入藏登錄號] 002-020400-00034-095

[發　　信] 陶希聖

[受　　信] 蔣介石

〔時　間〕1946年 12月 30日

〔番　號〕

〔內　容〕

事由：　轉呈駐美大使館參事陳之邁兄轉寄李承晚(朝鮮民主黨領袖)自漢城來函.

昨冬金九兄歸國後屢欲樹立臨時政府，而美外部執守三相決議，不敢更進一步. 且韓人赤色分子，一以破壞爲主，仍致政權尙在外人掌中. 所謂三八線依然橫斷我半島，西北人的棄家南遷道路彷徨者，日不下三千名. 如是算在朝鮮各地之災民，已至九十餘萬人，其中有好亂樂禍煽動人心者，恐乘間其擾一唱百和，誰能阻止哉，此吾人所深慮者也. 邇者英使來京，修繕其使館，方在視務亦一幸事也，切望貴國亦隨以派送代表到此，則狀大有助兩國矣. 頃因駐美貴使館得聞惠附美金二十萬元之喜報，望卽可伸託使之交付則吾人將結草圖報也.

擬辦

擬將原函交由吳秘書長核辦具報

報告　中執委秘書處呈 36.2.6

事由：報告奉撥韓國臨時政府美金二十萬元處理經過請鑒察

案奉鈞座交秘字第34號子悠代電爲，李承晚請將捐贈韓國美金二十萬元卽子交付，飭核辦具報等因. 查自前年日本投降以後，奉撥韓國臨時政府美金二十萬元，由金九主席領用. 當時金主席因無法攜帶，請求將該款匯往紐約我國駐美大使館轉匯漢城. 嗣以美韓匯兌不通，美方復限制其提用額數，金主席託其駐華代表濮純來商，仍將該款匯回中國銀行暫存. 濮代表現正一再前來磋商提用辦法，尙未決定. 此款旣經指定交金主席領用，在未得其變更通知以前，自不宜轉交李承晚領用，如何之處，謹報請鑒察.

至關於派代表駐朝鮮一節, 我方早有此意, 似應飾外交部從速交涉, 派駐以資連絡. 謹呈總裁蔣. 職吳鐵成謹呈.

批: 謹案此事係陶希聖同志轉來李承晚上鈞座函, 請將該款交付, 奉批交吳秘書長核議, 合附註明. 吳鼎昌 2.13

134. [卷名] 李承晚電蔣中正二月上旬將自美返朝鮮擬經南京晉謁商談

[入藏登錄號] 002-020400-00034-097

[發　信] 李承晚

[受　信] 蔣介石

[時　間] 1947年 1月

[番　號] 來電10329號

[內　容]

二月上旬返朝鮮, 擬經南京進謁商談, 尊意如何.

經查此係朝鮮在美之領袖李承晚來電, 應否准其來京進謁, 請批示.

華盛頓駐美大使館顧大使. 南韓民主代表同盟李承晚先生鑒電來京舒解函表歡迎. 蔣中正 丑(魚)

135. [卷名] 顧維鈞電外交部韓李承晚擬於本月下旬飛華擬發給來華簽證

[入藏登錄號] 002-020400-00034-099

[發　信] 顧維鈞

[受　信] 蔣介石

[時　間] 1947年 2月 19日

[番　號] 外交部受電第397號

[內　容]

南京外交部. 南韓民主同盟李承晚擬來京進謁主席, 李奉主席電覆歡迎.

頃據李告，　擬於本月下旬飛華，　攜帶隨員韓人張基永，　美國人MRS．　G．
FRYE(佛萊倚夫人)及代表韓國新聞界之金東成．除擬發給來華簽證外，特
電陳．顧維鈞．

136. [卷名] 王世杰呈蔣中正擬設韓僑事務處隸屬東北行轅以統一指揮

[入藏登錄號] 002-020400-00034-100

[發　信] 王世杰

[受　信] 蔣介石

[時　間] 1947年 2月 21日

[番　號]

[內　容]

事由: 東北韓僑事務處請改隸東北行轅

　　查東北韓僑150餘萬人，　日本投降後東北保安司令長官部曾設專處辦理
韓僑事務．上年韓國代表團團長濮純以此事請由中央派大員辦理．奉批東
北韓僑事務責成東北外交官辦理，嗣經東北行轅召集軍政黨會議，議決東
北保安司令長官部韓僑事務處撤銷，在本部駐東北特派員公署下另設韓僑
事務處．竊以韓僑居住營業之管理，屬於內政範圍，而東北地區遼闊，韓僑
管理事務復極複雜，尤非本部特派員公署之簡單機構所得應付．行轅職權
遍轄九省，似應隸屬於東北行轅，而收統一指揮之效．至該處處長一職，似
可由本部駐東北特派員兼任，以增連繫．當否乞核示．

　　已辦．擬准予照辦，並飾東北行轅遵照．

137. [卷名] 陳誠呈蔣中正可否將韓國臨時政府補助費每月增為一千萬元

[入藏登錄號] 002-020400-00034-101

[發　信] 陳誠

[受　信] 蔣介石

[時　間] 1947年 2月 22日

[番　號]

[內　容]

韓國政府補助費, 可否每月增爲一千萬元請核示.

査韓國臨時政府補助費, 每月國幣五百萬元, 業由本部按月撥交中央黨部秘書處具領轉發. 頃准該處來函, 略以'韓國政局現尙在動蕩之中, 我國自應照旣定方針, 予以扶植, 邇來物價波動甚鉅, 前項補助費似有酌增必要, 請轉陳自36年元月份起, 每月增爲一千萬元'等由. 可否准增爲每月一千萬元, 謹請核示.

批: 似可照准

138. [卷名] 金九電蔣中正李承晚將至南京商談朝鮮獨立問題

[入藏登錄號] 002-020400-00034-102

[發　信] 金九

[受　信] 蔣介石

[時　間] 1947年 2月 22日

[番　號]

[內　容]

李承晚先生將至南京與閣下商談朝鮮獨立問題. 深願閣下顧念中韓兩國傳統之友誼關係, 多加支援.

擬辦:

謹案此案, 已另據顧大使少川轉呈李承晚將偕美國佛萊倚夫人等於二月下旬來華. 已奉鈞批准招待, 合附註明.

139. [卷名] 顧維鈞電外交部駐韓美軍司令對記者稱蘇聯確在韓北部訓練軍隊

[入藏登錄號] 002-020400-00034-103

[發　信] 顧維鈞

[受　信] 蔣介石

[時　間] 1947年 2月 25日

[番　號] 外交部受電第2460號

[內　容]

南京外交部. 駐高麗美軍司令Hodge將軍回國述職, 對記者稱蘇聯確在高麗北部訓練軍隊, 其人數約五十萬. 顧維鈞.

140. [卷名] 顧維鈞電蔣中正韓獨立促進協會盼莫斯科四強外長會議討論韓國獨立

[入藏登錄號] 002-020400-00034-104

[發　信] 顧維鈞

[受　信] 蔣介石

[時　間] 1947年 2月 25日

[番　號] 外交部受電第2451號

[內　容]

南京外交部轉呈主席鈞鑒. 漢城高麗獨立促進協會第一週年記念大會上鈞座一電略稱, 盟國雖於開羅及波次坦會議密允高麗獨立, 但蘇美占領結果, 分裂國土, 損壞工業, 使趨絕境, 韓人難在忍受, 對於盟國尚未立即撤銷託管辦法表示遺憾. 盆望高麗問題能於莫斯科四強外長會議中予以討論, 使高麗獨立即見實現等語. 除英文原電另呈外. 漢聞. 顧維鈞.

141. [卷名] 王世杰呈蔣中正已遴派劉馭萬為總領事駐漢城辦理保僑及維護權益

[入藏登錄號] 002-020400-00034-105

[發　信] 王世杰

[受　信] 蔣介石

[時　間] 1947年 2月 27日

[番　號]

[內　容]

事由: 奉交李承晚建議英使赴韓修繕使館望我國派代表赴韓一案已電, 劉總領事查復呈復鑒核.

案奉鈞座交秘字一四八號代電以關於我國派駐韓代表事, 韓民主黨領袖李承晚函稱, 英使業已赴韓修繕其使館, 希望我國亦迅派代表前往駐箚等語, 希從速核辦等因. 查我國曾擬遣派代表駐韓辦事, 與美方洽商結果, 美以英美只派總領事, 故只同意我國派遣總領事. 業已遴派劉馭萬爲總領事, 駐箚漢城, 辦理保僑及維護我國權益諸事項. 英修使館, 恐亦爲派總領事之準備, 奉令前因, 除電飭劉總領事查復外, 理合呈復鑒核, 謹呈主席蔣.

142. [卷名] 保密局呈蔣中正留韓美軍以安在鴻繼任軍政廳民政長官擬派外交代表

[入藏登錄號] 002-020400-00034-106

[發　信] 保密局

[受　信] 蔣介石

[時　間] 1947年 3月 4日

[番　號]

[內　容]

南韓軍政廳向中美英三國派遣外交代表，駐留韓南美軍，無時不在扶植韓國之獨立，進駐不久，卽成立軍政廳，該廳民政長官一席，前由美人岺遜博士充任，於本(36)年二月十日，讓與韓國獨立黨首要安在鴻繼任．美預定於本年三月中向中英美三國派遣外交代表，以尹正洙使英，李承晚使美，趙素昂使華．

143. [卷名] 吳鼎昌呈蔣中正韓國新進黨請重開美蘇委員會及李承晚資料

[入藏登錄號] 002-020400-00034-108

[發　信] 吳鼎昌

[受　信] 蔣介石

[時　間] 1947年 3月 20日

[番　號]

[內　容]

事由: 外交部來函兩件

一. 韓國新進黨代表金某請鈞座斡旋重開美蘇混合委員會早日促成韓國獨立.

二. 韓國獨立黨領袖李承晚擬來京進謁函送經歷一份請轉陳由.

· 外交部來函兩件

(一)据駐日代表團呈稱，近接韓國新進黨中央委員代表金某上主席函，請斡旋重開美蘇混合委員會議，以便促成韓國獨立．查關於廢除北韓界線及韓國獨立問題，美蘇駐韓軍政府曾於上年在漢城舉行會議，未獲結果．至韓國新進黨，係韓南最近成立之右翼黨，其暗中主持人爲該國資產家洪明熹等語，除電漢城劉總領事探明該黨背景及韓國政情報部核辦外，請先行轉陳．

(二)据駐美顧大使電稱，韓國獨立運動領袖李承晚擬來華進謁鈞座，本部亞東司楊司長在美時與李頗有接洽，已飭就李氏在美及返韓後之政治活動情形與美國對李之觀感等擬具摘要以資參考, 請轉陳. 上兩件請轉呈鈞閱, 謹呈主席蔣.

附抄呈李承晚經歷一份

· 關於李承晚博士

一. 李氏在美活動情形

李氏旅居華府多年, 曾任韓國臨時政府第一任總統, 且獲美國大學博士學位, 美國人士頗慕其盛名, 後並受任旅渝韓國臨時政府駐美代表. 李在美創辦同志會爲韓國獨立運動之革命團體, 後復加入獨立黨. 故同志會與獨立黨不啻一姉妹政黨. 氏在美復組織高麗委員會, 惟無甚表現. 李氏反共甚力, 對蘇亦抱反感, 常謂美之聯蘇, 非美之福. 在美韓僑團體有五, 其中之三均不肯與李合作. 反對李之聯合委員會會員千餘人, 勢力較同志會爲大.

二. 美國人對李氏之觀感

美國官方以李高齡(現已72~3)且時有反美言動, 與李極少往還, 李亦少與國務院連絡. 据美官方表示, 李之時代已成過去, 已不信其有充分號召力及領袖才幹. 舊金山會議時李曾探得並發表雅爾達會議之秘密協定, 謂不但出賣高麗且有出賣中國東北領土之條款.

三. 李氏與臨時政府

李氏爲韓國臨時政府駐美代表, 與主席金九友誼甚篤, 在美常爲臨時政府捐募基金, 但成績不佳. 34年臨時政府擬聯一旅美韓僑組織-聯合委員會, 但李因不滿臨時政府所擬名單, 未與僑領合作. 又舊金山會議時, 各派韓僑集中金山, 擬成立一綜合宣傳機構, 李因固持己見未加入.

四. 勝利後李返韓之活動

聞李氏於勝利後返韓, 高揭反對託治旗幟, 曾利用金性洙(韓資産家親日派)主持之民主黨繼續其政治活動, 曾聯合各黨派成立民主評議會自任主

席. 最近左右派政黨合作, 已産生一立法機構, 金奎植與呂運亨(左派)分任
正副主席, 李已無正式名義. 李氏之私人秘書有鄭漢清及林炳稷諸人. 近
林某已由美赴蘇與英方接洽獲得英方支持韓國獨立運動.

144. [卷名] 李承晚電蔣中正將於四月十一日抵滬擬留華兩日屆時請賜延見

[入藏登錄號] 002-020400-00034-109

[發　信] 李承晚

[受　信] 蔣介石

[時　間] 1947年 4月 7日

[番　號]

[內　容]

離華府延期, 將改搭西北航機離此, 4月11日抵滬. 擬留華兩日即去東京.
屆時請賜延見爲感.

　批示: 已轉知吳秘書長

145. [卷名] 俞濟時呈蔣中正彙報顧維鈞等呈供鈞座召見韓國李承晚時參
考資料

[入藏登錄號] 002-020400-00034-110

[發　信] 俞濟時

[受　信] 蔣介石

[時　間] 1947年 4月 9日

[番　號]

[內　容]

事由: 呈供召見韓國李承晚之參考

[發　信] 顧維鈞

[時　間] 1947年 4月 2日

　据美國務院人密告，美政府及駐韓美軍當局，對李承晚多表不滿，因李秉性頑固，不易與之合作，時有反美言論，並鼓動韓人要求美軍撤退及反對託管制度. 惟對彼之政治活動，不願加以制止，如其得韓人擁護執政，亦不反對，但將不予援助. 我應如何招待，以免美蘇疑忌乞鈞裁.

　已抄送吳秘書長參考

[發　信] 何應欽

[時　間] 1947年 3月 31日

　李承晚性情剛直，在美韓人多不擁護，美軍不願予以支持. 其抵我國時，似不宜隆重招待.

　已抄送吳秘書長參考

[發　信] 吳鼎昌

[時　間] 1947年 4月 7日(轉据外交部函)

　李承晚現年73歲，曾任韓國臨時政府第一任總統，旅居美國甚久，得美國大學博士學位，曾爲旅渝韓國臨時政府駐美代表，反共甚力. 在美創辦同志會爲韓國獨立運動革命團體，後復加入獨立黨. 美國官方以李氏有反美言動與李極少往還，李亦少與國務院連絡. 据美官方表示，李之時代已成過去，不信其有充分號召力與領袖才幹.

[發　信] 邵毓麟

[時　間] 1947年 4月 3日

　李承晚與金九同爲韓國獨立領導分子，渠等私誼甚厚. 李於第一次世界大戰後參加華盛頓會議時, 卽留美致力朝鮮獨立運動. 現以美國對韓政策改變, 李乘此良機訪華, 其用意似爲: (一)於南韓臨時政府成立之先, 求得我國之諒解與支持. (二)提高其本人在國內之政治地位, 但可能提出中韓經濟貿易等問題. 李對鈞座素極景仰, 尤以在史迪威事件發生時, 美國興論對我非議, 李常公開爲我辯護.

[發　信] 邵毓麟

[時　間] 1947年 4月 11日

　韓國李承晚於本(11)日抵京, 職曾與其單獨長談. 其要點如下: (一)李認鈞座爲亞洲民族領袖, 中韓兩國關係密切, 韓人均崇敬並擁護鈞座. (二)李與金九徹底合作, 將於本(36)年七月組織南韓臨時政府, 預定於八月間選舉總統, 深望中美等國援助統一全韓. (三)南韓臨時政府成立後一切行政由韓人主持, 但軍政實權仍由美軍秘密主持, 故美國六億元貸款, 如經國會通過, 卽可實現. 美對韓六億元貸款事, 据十一日上海各報披露聯合社華盛頓九日電, 美國對此項報道予以否認, 謹註.

146. [卷名] 保密局呈蔣中正韓金九密令金恩忠赴我國東北組織武力促韓獨立

[入藏登錄號] 002-020400-00034-111

[發　信] 保密局

[受　信] 蔣介石

[時　間] 1947年 4月 11日

[番　號]

[內　容]

事由: 金九密令金恩忠赴東北組織武力

韓國獨立黨領袖金九密令其姪孫金恩忠(韓駐華代表團秘書長)爲軍事連絡員, 前往東北視察韓僑情形, 並與我方軍政方面連繫, 以實施其所擬之埋伏組訓計劃. 其計劃內容爲排除韓共活動, 以補助我東北之治安, 並藉我對韓國之扶植, 建設軍事力量, 俾促韓國早日獨立.

判斷或擬辦: 擬飭熊主任查報.

147. [卷名] 王世杰函蔣中正似可原則同意李承晚之主張望其力求與美保持協調

[入藏登錄號] 002-020400-00034-112

[發　信] 王世杰

[受　信] 蔣介石

[時　間] 1947年 4月 12日

[番　號]

[內　容]

主席鈞右敬呈者. 李承晚博士原定十四日飛韓, 頃因原乘飛機不肯久候已離滬, 世杰刻正代爲接洽飛機或船位. 李君確爲韓國獨立黨中最優强之領袖, 年事雖高思想與奮鬪能力均優, 殆爲韓國目前最有領導能力之唯一元老, 故世杰甚望鈞座重視其人. 李君主張南韓立卽擧行普選, 成立一獨立自主之政府, 美占領軍只于必要時代爲維持安全與秩序, 不稍干與其行政, 如此則南韓政府可卽開始組織其武力, 庶幾異日美軍撤退後, 南韓不致爲北韓共黨所占取. 李君認爲此等準備工作必須韓人自行負責, 美國人不便代辦. 据李君言, 美政府現已接受其意見, 杜魯門並以鉅款助韓. 李君前次因美占領軍長官霍奇反對其主張, 曾發起驅逐霍奇等之運動, 以此美國國務院暨軍部頗有不滿于李君者. 依世杰之觀察, 美國政府現時似正準備對韓採取新政策, 以容納李君之主張. 惟美英中蘇旣已有適用五年託管制于韓國之協議，蘇聯復堅主託管，美政府在實行新政策之前，勢不能不採取若干外交步驟．今晨報在馬歇爾已對蘇聯提出統一南北韓之議，並稱韓國占領已逾16月，韓國尚未統一，韓國局勢必須迅子調整云云，似卽爲採取一種新政策之先聲．竊意鈞座對李君之主張似不妨子以原則的贊同，並告以我政府在適當時期與情況之下，可促美英等國接受其主張，但盼望彼力求與美國政府保持協助，勿決裂．蓋彼之主張如不得美國同情，則無法實現也．如何敬祈裁奪．關于東北問題及其他若干事宜，均候鈞座返京卽決，謹併陳明．謹叩．崇安．職王世杰敬呈．4月 12日晚．

148. [卷名] 金九函蔣中正感謝對李承晚湛愛禮遇

[入藏登錄號] 002-020400-00034-113

[發　信] 金九

[受　信] 蔣介石

[時　間] 1947年 4月

[番　號]

[內　容]

蔣主席惠鑒．未領雅教於焉三載，山川雖間嚮往彌切今者．敝邦李承晚博士洽蒙湛愛禮遇備崇，貴我親善不在興替感銘心肺何日忘之，謹代表同胞致此區區不盡所懷．敬祈康寧．四月 日 弟 金九

149. [卷名] 保密局呈蔣中正東北中共與韓共勾結情形

[入藏登錄號] 002-020400-00034-114

[發　信] 保密局

[受　信] 蔣介石

[時　間] 1947年 4月 22日

[番　號]

[內　容]

事由: 東北中共與韓共勾結情形

中共與韓共於本年三月一日在哈爾濱成立新協議, 其內容如此: (一)現在東北民主聯軍中之朝鮮軍尙有七萬人, 自三月份起由中共東北局協助調返北韓. (二)在日本投降部隊中之朝鮮官兵, 准暫居東北並分送中共軍政大學及保安團訓練. (三)中共派遣政治軍事代表團經常駐北韓, 協助北韓人民委員會訓練解放軍政治幹部.

呈供參考(已飾報國防部)

150. [卷名] 保密局呈蔣中正韓國獨立黨首領金九與李承晩政治謀略成功內情

[入藏登錄號] 002-020400-00034-115

[發　信] 保密局

[受　信] 蔣介石

[時　間] 1947年 4月 24日

[番　號]

[內　容]

事由: 金九與李承晩政治謀略成功之內情

自日本投降後, 韓國獨立黨首領金九李承晩兩氏, 相繼返韓. 但韓國在美蘇分割之下, 金九雖爲國內人民擁護, 然苦無國際支援, 致不能成立獨立政府. 李承晩旅美多年, 向來爲美政府所重視, 故李金二人, 決另謀途徑, 卽由金九掌握國內力量, 李承晩則往美國活動. 如李在美活動不如意時, 金則在國內發動政治運動, 以便李氏利用此種機會, 在美作側面活動, 務期美方爲保持其在韓國權益而積極援助李之要求. 此次美國援助李氏及宣布援韓復興計劃, 實由今春金九在國內發起成立政府運動, 並聲明不拘美國贊成與否, 必須達到目的之擧所促成者.

151. [卷名] 保密局呈蔣中正中共在東北誘惑韓僑參加組織李承晚返漢城民眾歡迎

[入藏登錄號] 002-020400-00034-116

[發　信] 保密局

[受　信] 蔣介石

[時　間] 1947年 4月 29日

[番　號]

[內　容]

事由: 中共對東北韓僑之措施

中共在東北以'劃定韓僑自治區', '反對國民黨壓迫韓僑', '完成中國革命援助韓國革命'等口號誘惑韓僑參加組織, 以加強其聲勢, 企圖將東北與北韓打成一片. 其對東北匪區韓僑措施如下:

(1) 除對中上層階級實行清算外, 對一般平民則與中國人民同等待遇以示優遇.

(2) 組織民主聯盟及韓僑自治會與農工青年婦女兒童等團體.

(3) 對學校教育, 以赤化宣傳爲主旨.

(4) 強徵青年男女編組民主聯軍義勇隊保安隊自衛隊等.

(5) 韓僑區黨政軍各機關之副職(如副省市縣長)均予韓籍人員擔任, 以收攬人心.

判斷或擬辦: 擬抄少知吳秘書長

事由: 漢城民衆歡迎李承晚情形

据送李承晚返韓之飛行員華世堯談稱, 李承晚飛抵漢城時, 夾道歡迎者
約二十萬人. 韓人見中國飛行員, 皆歡呼'中國空軍偉大'. 旅韓華僑, 見祖
國飛機, 倍極興奮. 此次李氏返韓能有如此盛況, 實皆由金九發動者. 金九
於是歡宴席間, 深致感激鈞座之偉大及扶植韓國獨立之至意, 一再強調中
韓永久親善之主張, 並祝我國國運昌隆, 韓國願永遠在我國領導下, 成爲
有力之一環, 以報知遇之恩.

152. [卷名] 保密局電蔣中正中共代表團訪問北韓已與北韓協議購買械彈協助建設

[入藏登錄號] 002-020400-00034-117

[發　信] 保密局

[受　信] 蔣介石

[時　間] 1947年 5月 19日

[番　號]

[內　容]

事由: 中共訪韓軍事代表團與北韓協議情形

中共中央派訪問北韓之軍事代表團, 以羅瑞卿爲團長, 林楓黃爲副團長,
一行二十五人進入韓北, 調查朝鮮解放同盟現勢. 四月廿九日返抵佳木斯.
該團並已完成工作如下:

(1) 與北韓方面協議購買前日軍遺留在北韓之機械化武器彈藥及軍事機械.

(2) 決定北韓軍工技術人員入東北共區工作之優待辦法.

(3) 由韓共代中國招募及組織支援技術工作隊, 開赴東北共區協助中共
之各種建設工作.

153. [卷名] 吳鐵城電蔣中正已函中國銀行撥付十萬美元給濮純餘十萬暫存

［入藏登錄號］002-020400-00034-119

［發　信］吳鐵城

［受　信］蔣介石

［時　間］1947年 6月 19日

［番　號］

［內　容］

　金九先生請撥濮純美金十萬元一案，除函中國銀行照數撥付外，請報請鑒核．查34年11月間奉鈞座飾撥韓國臨時政府金九主席活動費美金二十萬元一案，當經遵照匯由駐美大使館轉匯韓國．嗣因美國僅許以日圓比值匯韓，爰經決定仍將該款退回，由韓國代表團存放中國銀行，而須由職處證明，始准動用各在案．茲据駐漢城總領事劉馭萬冬電，以金九先生囑請交美金十萬給濮純，餘十萬暫存等語．除函中國銀行照數撥付外，謹報請鑒核．謹呈總裁蔣．職吳鐵城謹呈．

154. ［卷名］保密局呈蔣中正韓獨立黨反對四強託管擬發聲明分送我及美英蘇使

［入藏登錄號］002-020400-00034-120

［發　信］保密局

［受　信］蔣介石

［時　間］1947年 7月 8日

［番　號］

［內　容］

事由: 韓獨立黨中國總支部長發表反對託管宣言

　韓獨立黨中國總支部為表示其反對四強託管，擬發表聲明，分向我政府及美國務院，又美英蘇三使館送致，內容摘要錄後:

(一)託治制度爲戰勝國對付戰敗國之措施，韓國旣非二次大戰中作侵略行爲之戰敗國家，且其獨立權利已由開羅會議三强宣言中明白規定．獨立黨之反對託治，乃爲反對美蘇當局片面之非法決定．

(二)韓國獨立旣已在中美英開羅會議宣言中明白保證，則莫斯科會議中關於託治之協議無疑爲擴張政策與綏靖政策之直接産物，適足造成强權政治之惡例．獨立黨之反對託治，完全基於韓國人民之眞正愛國意志．

(三)北韓共産黨及其附庸黨派，竟別具肺腑贊成託治．蘇聯占領軍當局藉口各民主政黨反對託治，竟企圖排斥以造成靑一色之共黨韓國臨時政府．

呈閱：按該聲明書係閔石麟所草．据稱擬作爲黨中會議所決定，藉以加强對外視聽，但實際並未經黨之決議．謹註．

155. [卷名] 薛岳呈蔣中正轉呈韓代表團濮純致魏德邁備忘錄請求經援等

[入藏登錄號] 002-020400-00034-121

[發　信] 薛岳

[受　信] 蔣介石

[時　間] 1947年 7月 21日

[番　號]

[內　容]

韓代表團長濮純致魏德邁備忘錄

(一)美國對韓事情，因不瞭解與極疏隔，發生種種錯誤，韓人未免失望．

(二)俄有獨覇東亞之野心，如欲在美蘇協助之下覓取解決韓國問題之途徑，實屬夢想．

(三)託管韓國五年制，誓死反對．

(四)此次美蘇共同委員會雖徼幸形成南北統一的臨時政府，而蘇俄必提議美蘇共同撤退駐韓軍隊．如一旦實施撤兵，則蘇俄卽煽動久經編練之北韓韓籍紅軍攻占南韓, 與在中國東北扶植中共者, 如出一轍.

(五)美如不肯撤兵則蘇俄將進行離間挑撥破壞暗殺等種種暴行, 終乃顛覆混合政府.

(六)美如在南韓協助樹立單獨政府, 並予以經濟上之援助, 則不獨南部韓人鼓舞歡忭, 北韓饑民亦將逃遷南歸, 蘇俄實無法建立赤色政權.

(七)美軍當局低估韓人之政治能力, 濫用稍通美國語文之市儈, 受其愚弄, 對在國外多年奮鬪之革命先進與志士輩反視同草莽, 事事予以掣肘, 是非顛倒, 怨聲載道. 此宜迅速切實匡正收攬眾心者也. 請閣下返美後提請貴總統與國務院迅賜匡正.

156. [卷名] 鄭介民呈蔣中正駐韓美軍將領對麥克阿瑟忽視韓國表示不滿

[入藏登錄號] 002-020400-00034-122

[發　信] 鄭介民

[受　信] 蔣介石

[時　間] 1947年 7月 22日

[番　號]

[內　容]

事由: 霍奇不滿麥帥忽視韓國

駐韓美軍將領對麥克阿瑟忽視韓國表示不滿. 美總統派魏德邁使華兼考察韓國, 而不徵求遠東總司令部對韓意見. 此間(東京)認爲乃係韓國區美軍司令霍奇中將, 今年三月回美要求韓國區對政治外交問題直屬國防部及國務部之結果.

157. [卷名] 保密局呈蔣中正東北韓共軍派尹華來京滬秘密活動

[入藏登錄號] 002-020400-00034-123

[發　信] 保密局

[受　信] 蔣介石

[時　間] 1947年 8月 2日

[番　號]

[內　容]

事由: 東北韓共軍派員來京滬秘密活動

查尹華爲中共日本系韓籍軍總指揮張錫倫之最高幹部, 亦係韓籍軍事領導人之一. 現居上海吳淞路滬光醫院日籍醫生池田俊夫處. 其來滬活動之任務如下:

(一)連絡潛伏我國各地之日本軍屬及殘留之軍籍人員(日本特務人員現仍潛伏或逃避我國各地者).

(二)佈置奸黨細胞, 並設法使在華韓僑加入中共.

(三)使加入中共之韓僑設法打入我國各部門擔任技術上之工作, 以偵察各種情報. 又東北韓共軍隊約五萬人(報載十萬不確)計分四派, 其兵力及活動地區如下:

甲. 中共直系派. 由卜孝三指揮約萬餘人, 活動於哈爾濱長春之間.

乙. 中共日本系派. 由張錫倫指揮約九千餘人, 活動於吉林牧丹江之間.

兵. 韓共直系派. 由姜信指揮約二萬三千餘人, 活動於間島地帶(因其直接受蘇聯指揮, 故亦稱'蘇聯直系派').

丁. 混成募集雇用軍. 由王光(又名王子仁)指揮約一萬三千餘人, 活動於吉林東部及安東之間.

判斷或擬辦:

前据保密局報告, 東北韓共軍指揮官張錫倫近派其幹部尹華(日本士官學校畢業)來京滬秘密活動等情. 經飭復查該尹華秘密活動情形据報如上. 擬飭國防部第二廳及首都衛戌司令部及淞滬警備司令部注意.

158. [卷名] 濮純呈蔣中正抄送第二次致魏德邁中共在滿州養成韓武裝隊伍備忘錄

[入藏登錄號] 002-020400-00034-124

[發　信] 濮純

[受　信] 蔣介石

[時　間] 1947年 8月 4日

[番　號]

[內　容]

事由: 抄送致魏德邁將軍關於中共在滿洲養成韓人武裝隊伍備忘錄請鑒核.

· 韓國駐華代表團第二次致魏德邁備忘錄

東北住民中原無所謂共產黨之存在, 而圖們江一帶, 則有少數韓人共產黨之潛伏. 蘇俄占據滿洲, 中共軍隊進入東北後, 少數朝鮮義勇隊強制徵募東北韓僑青年, 編成‘紅光’部隊, 加入中共作戰, 其數將近十萬, 爲中共侵奪東北之特種力量, 但韓青之加入朝鮮紅軍, 與中共部隊竝肩作戰, 並非出於自願, 而受韓共之威逼欺騙任其愚弄者占大多數.

目下如在中共軍收復區內組訓韓籍青年, 發給武裝, 養成戰鬪部隊及情報工作人才, 積極進行剿共, 策反, 宣傳, 情報等工作, 則不但被迫加入中共作戰之韓青多數反正歸來, 現方呻吟於蘇俄鐵蹄下之幾十萬北韓青年, 踊躍投效, 願爲前驅, 第一步協助中國中央軍, 收復東北各省. 第二步儲備力量, 待機與南韓相呼應, 兩方夾擊, 則在戰略上必收巨大的效果.

最近東北地方軍事當局者, 對此雖稍稍注意, 而在給養困難和武裝缺乏之今日, 可謂自顧不暇, 安有餘力協助養成友邦軍隊, 切盼貴特使對此特予注意, 予以一臂之助, 則前途確有發揮絕大力量之可能. 請察照迅予協助實現.

159. [卷名] 劉馭萬電外交部北韓現有百萬以上警備隊最高領袖爲金日成

[入藏登錄號] 002-020400-00034-125

[發　信] 劉馭萬

[受　信] 外交部

[時　間] 1947年 8月 13日

[番　號] 外交部受電第10161號

[內　容]

南京外交部次長鈞鑒. 美蘇混合委員會本月初在平壤開會時, 美方代表連侍衛共八十餘人隨往出席. 茲由赴會者口頭及書面報告中採集有關北韓消息數則陳述如下: (一)北韓現有韓人警備隊百萬以上(俗稱金日成隊), 本年秋初將擧行大檢閱. (二)金日成爲北韓最高領袖無疑, 北韓公共場所均懸金氏與斯大林照片, 學校及文化團體亦多以金氏爲名. 自延安歸來之武丁曾一度與金氏爭雄, 現已成過去. 武丁現爲北韓保安隊司令, 尚有些許潛勢力, (三)在VOBOSHILOV城蘇聯設有共產青年學校, 可容學生二百至一千, 北韓青年多自該校受訓後返韓工作. (四)鴨綠江軍隊渡運極爲自由, 八路軍在平壤出現, 韓人已司空見慣. (五)蘇聯曾在北韓招募技工萬餘人赴西伯利亞工作. (六)蘇聯在北韓到處徵工徵糧, 鄉村尤須攤派一種紅軍招待費. (七)蘇聯統制北韓最有效工具爲配給證. 北韓人民食松樹皮者已不乏人. (八)聯總食物在北韓發見者不少, 蘇聯强調此擧之爲俄國貨, 因此聯總物資多在偏僻鄉村文盲之區配給, 以避識辨. (九)北韓基督教正在飽受壓迫之中, 天主教較易應付, 苟延殘喘. 長老會徒頑固, 摧殘盆厲, 北韓有長老會徒三十餘萬人, 文化水準極高, 抵抗赤化意亦堅强. 一般人均認爲北韓民主陳線中最有希望份子, 極待援救. (十)北韓親蘇分子中, 有蘇聯國籍者三四十人, 蘇聯正在積極準備移交政權, 一俟傀儡養成, 卽可脫穎而出. 且蘇韓境界毗連, 朝發夕至, 許多人觀察所得, 蘇聯頗有自北韓作總退出模樣, 以退爲進, 可慮也. 職劉馭萬.

160. [卷名] 王世杰電蔣中正美主張南北韓各先成立民選攻府再協議成立統一政府

[入藏登錄號] 002-020400-00034-127

[發　信] 王世杰

[受　信] 蔣介石

[時　間] 1947年 9月 3日

[番　號]

[內　容]

牯嶺蔣主席鈞鑒. 密. 茲呈報數事如下: (一)最近顧使並無關於軍器事件之報告. 在魏德邁離華前顧使曾向美國國務院某中級官吏詢及接濟軍械事, 該員認爲有困難. 該項談話似無關重要. (二)俞部長大維所擬軍械節略, 其中有已有成議者, 亦有爲純屬新要求者. 杰意似宜俟魏德邁返美時, 由鈞座察看情形, 決定應否提出. 倘決定提出, 似宜先由俞部長非正式詢問司徒大使, 美方大概能否接受, 並告以如無接受可能, 我外交部不擬正式提出. (三)關於韓國問題, 美國方案主張南韓北韓各舉行一選, 各先成立韓人民選政府, 再由此兩民選政府協議成立統一政府. 實際上蘇聯亦未必贊同此案, 且南北韓民選政府亦決難成立協議, 凡此當爲美政府所深知. 美方之意似在藉此以成立南韓韓人政府, 俾能組織其自衛力量. 此原爲我政府向美表示之主張, 及我對韓獨立黨人所默認者, 杰擬電知顧使, 大體予以支持. (四)杰定五日晨乘車赴滬, 六日起程, 將未歸國時, 擬便道過東京與麥克阿瑟一晤. 謹此呈明. 職王世杰叩. 申江申印.

161. [卷名] 保密局呈蔣中正蘇聯維辛斯基在聯合國提出美蘇共同由韓國

撤兵原因

[入藏登錄號] 002-020400-00034-129

[發　信] 保密局

[受　信] 蔣介石

[時　間] 1947年　10月　8日

[番　號]

[內　容]

事由: 蘇聯向美國提議由韓國撤兵之理由

据韓國駐華代表團副團長閔石麟談稱, 蘇聯外次長維辛斯基此次在聯合國大會提出美蘇共同撤退駐朝鮮之軍隊, 其原因如下:

(一)蘇聯確信韓國共黨不致背叛, 且韓北無其他有實力之黨派.

(二)蘇韓國境接壤, 蘇軍雖撤退, 可嚴陳於蘇韓國境, 必要時隨時可跨入韓北境內, 但美國則無此便利.

維辛斯基利用此項條件, 故對美國提出此議. 如美國因考慮撤兵後之困難不接受, 則蘇聯正可將不撤兵之責任諉諸美方.

162. [卷名] 李承晚函蔣中正感謝接待正於南韓推行選舉運動及急需經費

[入藏登錄號] 002-020400-00034-130

[發　信] 李承晚

[受　信] 蔣介石

[時　間] 1947年　10月　10日

[番　號]

[內　容]

蔣主席鈞鑒. 前次涖華渥承鈞座曁夫人殷殷款接莫名心感, 以鈞座親仁睦隣之德意益使貴國官民無不相接禮遇懇摯之情有加靡已凡屬. 韓國人民認知鈞座昔之惠賜韓人及今之施於晚者莫不同深感，篆承賜飾撮影留念惜未得與鈞座及夫人合照，竟與名聞寰宇之中國兩民主領袖. 失際交臂，悔恨曷已，緬懷厚愛，迄今不敢或忘，惟冀與內子同報盛德萬一於來日耳. 倘蘇軍已被迫撤退當請鈞座暨夫人憩遊至韓竭誠招待一攬金剛山之勝，其快人何如耶. 自回韓後屢欲將此間情勢變化肅函奉陳，惟與外間隔絕，有如日本統治時代. 與中國關係爲尤甚，無日不在與'檢查'及'强制孤立'奮鬪之中. 惟吾人旣無自己之政府，故進展極微. 現正於南韓推行選舉運動，附上備忘錄可覘一斑. 兹有懇者，目前急需經費在美活動，以消滅一切妨碍，南韓設置獨立政府之反宣傳，若在平時晚實不欲以此重瀆淸聽. 倘能將目前事實應爲有效闡明於美國人民之前，一切障碍自易廓淸. 此不將有助於吾人，亦有助於中國也. 良以此舉，目前極爲重要當邀鈞座洞鑒. 蓋將秘密反對美國政府高級當局及一般美國民衆所定政策之少數自私陰謀家子以剋制耳. 前蒙鈞座慨允，在經濟方面子以協助，即以鈞座前提款項之半數，亦是使吾人渡此重大難關. 倘不便大使館秘書親將款項存於華盛頓美國安全銀行，可由大使館派人訪問韓國委員會主席林本上校，則當妥爲處理，無使人知. 吾人目前之困難，即在吾人之金錢，不能兌換美金而所需之款，又在美國也. 專佈奉瀆，敬祝政躬康泰，國運昌隆，內子同候. 李承晚敬啓. 1947.10.10. 於朝鮮漢城.

遵查

(一)本案係鈞座面交周秘書宏濤在轉交職局譯呈，事先均未見其如何寄來.

(二)至於復信寄法，謹擬二案.

1. 由外交部王部長密封託美軍機轉送我國駐漢城總領事劉馭萬親交(中韓現無正式通信辦法).

2. 由外交部王部長用外交郵袋寄東京中國代表團商團長密收仍託美軍機轉送我國駐漢城總領事劉馭萬親交. 謹乞核奪. 職俞濟時謹註. 11.17.

· 備忘錄 36.10.9

吾人最後已將障碍消除, 現僅一較小之障碍, 卽霍奇將軍也. 自所謂解放以來霍奇卽爲朝鮮之統治者. 彼欲永遠保持此項職位, 故極力製造朝鮮內部分裂之映像, 謂朝鮮尙未能自治, 是以彼必需繼續統治與指導直至朝鮮能自治時爲止. 霍奇將軍誇稱共黨在南韓之力量, 暗中則以美國之中立態度爲掩護, 鼓勵共黨分子. 於是乃製造若干之反對團體, 設立所謂社會主義派聯合派等, 今其互相傾軋. 彼一面利用此種作風增强自己之地位, 一面復宣傳韓人之不統一. 卽在南韓霍奇將軍亦對任何普選之議, 置之不問. 蓋普選之結果必爲右派之空前勝利, 由普選産生之政府, 勢必有礙其行動之自由, 是以主張吾人接受莫斯科關於託管之決議, 謂此爲朝鮮獨立唯一之道路, 並主張美蘇混合委員會應完成南北韓之統一, 且僅於彼時方可擧行全韓之普選, 此卽霍奇將軍遲滯大選之法. 而爲要求大選之韓人, 所無可如何者也. 現託管之正式放棄, 莫斯科決議之障碍亦已消除, 霍奇將軍又謂聯合國大會將討論朝鮮問題, 大選不能不予停止而將普選延緩. 人人均知聯合國大會討論韓國問題, 實可使世界對韓同情, 加强吾人之地位. 惟蘇聯則不能於數週之中令其撤退耳. 是以吾人要求立卽擧行大選, 成立臨時政府, 俾其能參加聯合國大會之討論並解決吾人嚴重之經濟問題. 力謀使霍奇將軍成爲朝鮮之最高統治者, 亦不止霍奇將軍一人. 舊日綏靖派之在國務院者以及其在漢城之代表均予彼以支持. 自國務卿堅强主張朝鮮之獨立以後, 美國一般人士極爲同情吾人, 故霍奇將軍及其黨人不能將其計劃公開, 遂於暗中曲解吾人之觀點, 並影響現在美國軍政部之韓人, 命其簽署呈大表示願意接受美國軍政部爲其實際之政府, 而仍今霍奇將軍爲其政府領袖. 彼等希望能於美國政界産生一種映像, 以爲朝鮮需要美國保護, 因此需要霍奇爲其主人. 衆信魏德邁將軍亦抱同樣信念而歸, 認此爲目前最佳辦法. 若美國政府爲其所誘, 竟欲對韓託管, 則韓人將繼續奮鬪,至美國託管取消爲止. 現人民已準備對美託管舉行示威, 而非兵力所可停止或制壓也. 中國政府之應推進韓國獨立亦在此時, 卽在南韓開始亦可, 若朝鮮縱成爲美國之衛星國家, 亦非中國之利. 獨立民主之韓國, 應爲中國之主張, 余信中國之主張, 亦如是也. 若由大選而成立獨立政府於南韓, 亦可增强吾人之地位, 甚至可迫使蘇聯退出, 卽此在道義等方面, 已足有助於中國也. 祈令聯合國中國代表團, 要求立卽於南韓成立獨立政府, 不受外國之干涉. 朝鮮現在之要求, 亦卽在此.

附件

事由: 爲請令聯合國中國代表團要求於南韓成立獨立政府.

判斷或擬辦: 擬交王部長參考

· 簽呈 36.11.21

查10月10日李承晚函呈鈞座呼籲二點: (一)請子經濟援助. (二)請令聯合國中國代表團要求於南韓成立獨立政府. 經先後呈奉鈞批此信如何寄來, 將來復函如何寄去, 查報, 並指示復函可由外交部寄東京商團長轉寄漢城劉總領事馱萬親交等因各在卷. 惟復函要點尙未蒙指示可否發交王部長密爲擬後呈核之處伏乞核示. 再据16日報載聯合國大會已於14日以43票對零票通過設立聯合國委員團以監督朝鮮完成獨立之案, 並傳該團將由中國代表胡世澤率領等語, 合併陳明. 謹呈主席蔣. 職俞濟時謹呈.

163. [卷名] 國防部第二廳呈蔣中正北韓金日成密允派軍參加叛亂李承晚請發步槍

[入藏登錄號] 002-020400-00034-131

[發 信] 國防部第二廳

[受 信] 蔣介石

[時　間] 1947年　10月　15日

[番　號]

[內　容]

事由: 朝鮮共産黨積極活動

(一)金日成密允毛澤東經常維持韓共軍五萬參加奸匪叛亂.

(二)南韓李承晚派員赴日，以抵抗北韓爲理由，請求盟軍總部發步槍二十萬枝，並云有六週之訓練卽可用以應付北韓共軍之南侵.

164. [卷名] 陳誠呈蔣中正擬訂遴選韓僑加入我軍校受訓辦法四項

[入藏登錄號] 002-020400-00034-132

[發　信] 保密局

[受　信] 蔣介石

[時　間] 1947年　10月　15日

[番　號]

[內　容]

事由: 東北行轅請遴選韓僑五十名入我軍校受訓

据東北行轅申宥電節稱，准韓國駐華代表團東北總辦事處李處長光申皓代電略，以中韓兩國反共建國之國策相同，擬將東北韓僑靑年遴選五十名送入我國軍校深造等由. 查韓僑入我軍校受訓事有先例，但新制軍校名額少而要求嚴，受訓期限亦長，且籌備尙未完了，似應暫緩置議，謹擬具辦法如下: (一)凡具有中等以上程度之韓僑學生，准考選入陸軍軍官學校22期. (二)凡韓僑曾受軍事敎育之軍官或優秀軍士，准按規定入瀋陽軍官訓練班受訓. (三)入陸軍軍官學校及軍訓班之總名額，以五十名爲限. (四)上項核准入校之韓僑學員生，除來往旅費由該國政府負責外，其在受訓期內之一切待遇，槪與我國學員生同例辦理，以示優異，是否可行，祈核示.

擬辦: 擬予照准. 惟新聞局對於軍校所招韓籍學生, 應注意連繫組織運用.

165. [卷名] 邵毓麟函蔣中正南韓安在鴻派李華石來華致敬擬請賜見以便面呈私函

[入藏登錄號] 002-020400-00034-135

[發　信] 邵毓麟

[受　信] 蔣介石

[時　間] 1947年 11月 30日

[番　號]

[內　容]

事由: 安在鴻代表請求賜見, 並請示工作

　頃据韓民政長官安在鴻先生私人代表行政長官秘書官李華石君, 攜來安長官致毓麟親筆函一件, 略以: 本人特派私人秘書李華石君前來貴國擔任某一秘密使命, 乞賜協助. 另据李君面稱, 中共及民盟分子在南韓從事破壞國民政府之聲譽, 影響甚大. 中國駐韓總領事忙於僑務迄未能與安長官密切合作, 而美軍人方面, 亦乏政治遠見. 但中韓今後爲對付共黨之聯合戰線, 實應從今日做起. 故安長官特派本人前來貴國, 向蔣主席致敬, 並請示一節, 擬請代爲請示主席賜見, 以便面呈安長官私函及報告韓國情勢' 等語.

　查安在鴻爲南韓民政長官, 其所組之韓國民主黨爲介乎韓國獨立黨與左翼政黨間之一大中間黨. 此次派來之李華石君可否准予賜見, 以便李君面呈函件乞示.

擬辦:

1. 擬請賜見

2. 聯合國臨時朝鮮委員會中國代表一席, 王部長似另有人選, 轉囑毓麟在外交部擔任顧問名義, 應如何之處並乞請示. 呈閱.

166. [卷名] 王世杰呈蔣中正資助李承晚及對我在聯合國商討朝鮮問題經辦情形

[入藏登錄號] 002-020400-00034-136

[發　信] 王世杰

[受　信] 蔣介石

[時　間] 1947年 12月 19日

[番　號] 外交部機密第675號

[內　容]

　　案奉鈞座本年11月25日侍洪字第70807號代電,　交下李承晚君函及備忘錄各一件, 飭密擬復函呈核, 並檢還原件備查等因. 查李承晚君函內所謂資助一節, 業經吳秘書長鐵城匯撥美國, 由我在紐約參加聯合國大會之駐漢城總領事劉馭萬密交.　至前奉鈞座本年11月22日交字第14248號代電交下李承晚君來電, 以聞我國代表在聯合國大會主張重開四強會議商討朝鮮問題, 韓人反對託管, 切盼獨立, 乞電制止等語. 復經本部以"(一)中國之主張四強會議, 係在聯合國大會未成立決議以前, 蓋預料四強會議如能召集, 則中英美可以一致態度, 對蘇施行壓力. (二)中國對于撤兵問題, 曾主張須經聯合國大會所派韓國委員會決定, 不能僅由美蘇兩國決議, 如欲美蘇協議, 則須經中英美蘇四國協議. 中國此種主張, 在防止美蘇或聯合國委員會之多數, 對撤兵問題輕予同意, 嗣後中國對于四國協議之條件卽未堅持. 總之, 中國用意, 固無非爲韓國利益着想"等語. 密電我駐漢城總領事館口頭答復李君, 業經呈復各在案. 此次李君來函, 似可不再函復. 理合檢還原件, 呈復鑒核謹呈.

　　計檢還原發李承晚君來函及備忘錄各一件

　　批示: 旣經採取處置, 復奉主席批'閱'

167. [卷名] 保密局呈蔣中正中共韓共去年十一月在哈爾濱簽訂互助協定
內容

[入藏登錄號] 002-020400-00034-138

[發　信] 保密局

[受　信] 蔣介石

[時　間] 1948年 1月 13日

[番　號]

[內　容]

事由: 中共動態

一. 共匪與韓共簽訂互助協定

自共匪華南局關係人處獲悉中共與韓共於去年11月20日雙方在哈爾濱
簽訂互相協助議定書. 中共代表爲李立三林彪林楓彭眞, 韓共代表爲朝鮮
人民委員會副主席金策外務局長李康國及朝鮮愛國戰士協會主席金昌萬.
其內容如次:

(一)中共承認北韓人民委員會爲朝鮮人民政權, 並支持朝鮮領土主權不
容割裂, 以人民武力驅逐美帝國主義的暴力於朝鮮領土之外.

(二)韓國人民委員會對中國解放區的政治軍事外交經濟儘量予以支持.

(三)雙方各自在其邊界區徹底實行肅清對方的敵人及法西斯的反民主的
陰謀分子.

(四)雙方組織情報連繫局, 檢討對外戰略, 並進而協商對付中美雙方法
西斯黑色陰謀分子之聯合行動.

(五)雙方得隨時互相交換軍事政治技術人員及各項物資.

(六)在東北及內蒙地區之朝鮮民主軍義勇軍及人民支援隊一律由雙方派
員整編後, 歸中國東北解放區民主聯軍統帥部指揮.

(七)雙方對社會文化及經濟軍事各項工作, 完成最密切之合作.

（八）韓共武力局對於中共目前在東北及內蒙的軍事行動，採取武力協助，並以其他有效之各種軍事行動，協助中共完成革命戰鬪任務.

（九）韓共得在中國各地區設支部，並與中共地方組織交換情報，但不受中共任何組織之拘束.

（十）本協定自1947年12月開始實行. 其有效期間爲12年，並以中文本爲準則.

判斷或擬辦: 呈閱

已分報國防部及聯秘處

168. [卷名] 外交部呈蔣中正已飭劉馭萬極力疏通調解金九反對南韓擧行選擧事

[入藏登錄號] 002-020400-00034-142

[發　信] 外交部

[受　信] 蔣介石

[時　間] 1948年 4月 12日

[番　號]

[內　容]

事由: 金九反對南韓擧行選擧實情

金九表示決不參加組織單獨南韓政府，與李承晚之意見完全相反，而與金奎植安在鴻張建相等主張南北組織統一政府之意見趨於一致. 二金反對南韓選擧之動機: 1.不願給北韓成立單獨政府口實. 2.在占領軍未撤退前，無從施行選擧. 3.南北領袖會議應先擧行，如不能實現，再談選擧不遲. 4.韓國民主黨勢力浩大，有包辦選擧之嫌. 第4點似爲眞正原因. 金九等倘能於選擧前獲得李承晚等諒解，不致由一黨把持，似亦非不能加以緩和，已飭駐漢城劉總領事極力疏通調解. 呈閱.

169. [卷名] 邵毓麟呈蔣中正擬准韓人王逸曙除役返國服務

[入藏登錄號] 002-020400-00034-143

[發　信] 邵毓麟

[受　信] 蔣介石

[時　間] 1948年 5月 19日

[番　號]

[內　容]

事由: 請准韓人王逸曙除役回韓

迭据前韓國光復軍參謀長, 現任國防部少將部員王逸曙同志書面及口頭報告略稱. 韓國局勢變化日甚, 南韓民政長官安在鴻及統衛部部長柳東說曾囑本人歸國就任統衛部次長或參謀長等職. 爲加强中韓關係, 獻身韓國獨立計, 曾呈請國防部准予除役, 以便早日歸國, 以韓人身分爲祖國服務. 惟因韓國駐華代表人員, 黨派成見甚深, 迭次誣告本人爲共產黨員, 阻礙本人歸國. 國防部以此迄未准除役, 擬請据實轉呈總統特准除役等語.

謹查王同志在華服務三十餘年, 歷任我國部隊各職, 雖曾隸籍朝鮮民族革命黨, 但爲人忠直, 決非共產黨員. 職深知其人, 如准其歸國活動, 將來不失爲我國可能運用之一棋. 謹特負責呈請鈞座俯准, 交由國防部准予免役後, 以私人資格重返韓國如何乞示.

判斷或擬辦:

查王逸曙原籍朝鮮, 韓亡隨父至遼寧, 民元年入中國籍, 民八年在貴州講武學校二期畢業(校長何應欽). 民九至十年任職黔軍. 十五年十一月在汕頭加入本黨. 自十五年起, 服務國民革命軍東路總指揮部, 歷任營長科組處長主任參謀長, 參與北伐剿匪抗戰諸役. 曾經紀功並頒授華胄榮譽獎章有案. 民三十年由前十九集團軍總司令羅卓英保送入陸大特六期, 畢業成績甲等. 勝利後曾任東北保安長官部韓僑事務處處長, 現任國防部少將部員, 派新聞局服務. 以据報該員有掩護韓共, 破壞中韓邦交情事, 經輾轉密查, 惟各方所報不一, 經綜合研判, 以非共產黨之成分爲多. 後經函詢何部長查證, 何復稱, 對其思想爲人, 不甚清楚, 謂可查詢羅副總司令. 經復据羅副總司令函復, 謂深知其思想純正, 忠於當局, 志切返韓, 似應早予玉成等語.

謹按該員非共黨, 則以其經歷, 自應允其所請, 以期增進中韓關係, 如係共黨則留之無益, 不如善遣尙留將來運營餘地. 所請除役以私人資格返韓一節, 擬予照准, 當否乞示.

170. [卷名] 俞濟時呈蔣中正報告軍務局承辦韓人金思牧案經過情形

[入藏登錄號] 002-020400-00034-144

[發　信] 俞濟時

[受　信] 蔣介石

[時　間] 1948年 5月 28日

[番　號]

[內　容]

事由: 軍務局承辦韓人金思牧案經過節略

37年5月13日据陳總長熙虔第1041號節稱:

查北平市民政局長馬漢三薦介朝鮮革命志士金思牧一員, 擬與吾人商討對共工作進行辦法, 願與我軍事合作, 並負責先從情報着手等情來部, 經召金氏來京面談後得知情況如下:

一. 金爲反共理論家而非實行家. 但對韓國若干團體, 尤其學聯確能影響把握.

二. 金來華目的, 爲成立中韓聯合反共參謀部, 並非單純代我蒐集情報.

三. 金氏似無金錢上之慾望.

擬辦意見:

一. 如我對金氏過於冷淡, 可能招致該氏及韓國學聯等團體之反感, 對我不利. 惟成立中韓聯合反共參謀部, 勢不宜行. 爲敦睦感情計, 擬予以本部第二廳額外專員名義(不支薪)禮送該員返韓.

二. 擬飭本部第二廳現有駐韓小組, 運用外圍人員與金氏間接連絡, 協助蒐集情報當否請鑒核等語. 因適鈞座公忙, 乃於5月19日改列代批表, 以辰皓侍洪第60303號代電復飭金思牧應利用中韓聯誼之人民團體, 與取連繫, 不宜予以政府名義爲要' 在卷. 謹呈總統蔣.